博雅

21世纪经济与管理应用型本科规划教材

财务管理系列

网络财务管理

Network Financial Management

熊细银 熊晴海 主 编

王文冠 黄慧雯 副主编

北京大学出版社
PEKING UNIVERSITY PRESS

图书在版编目(CIP)数据

网络财务管理/熊细银,熊晴海主编. —北京:北京大学出版社,2012.2
(21世纪经济与管理应用型本科规划教材·财务管理系列)
ISBN 978-7-301-19735-6

Ⅰ.①网… Ⅱ.①熊… ②熊… Ⅲ.①计算机网络-应用-财务管理-高等学校-教材
Ⅳ.①F275-39

中国版本图书馆CIP数据核字(2011)第231660号

书　　　名:网络财务管理
著作责任者:熊细银　熊晴海　主　编
　　　　　　王文冠　黄慧雯　副主编
策 划 编 辑:叶　楠
责 任 编 辑:李　娟　樊　果
标 准 书 号:ISBN 978-7-301-19735-6/F·2953
出 版 发 行:北京大学出版社
地　　　址:北京市海淀区成府路205号　100871
网　　　址:http://www.pup.cn　电子邮箱:em@pup.pku.edu.cn
电　　　话:邮购部62752015　发行部62750672　编辑部62752926　出版部62754962
印　刷　者:北京鑫海金澳胶印有限公司
经　销　者:新华书店
　　　　　　787毫米×1092毫米　16开本　14.25印张　304千字
　　　　　　2012年2月第1版　2012年2月第1次印刷
印　　　数:0001—4000册
定　　　价:29.00元

丛书出版前言

《国家中长期教育改革和发展规划纲要(2010—2020年)》指出,目前我国高等教育还不能完全适应国家经济社会发展的要求,学生适应社会和就业创业能力不强,创新型、实用型、复合型人才紧缺。所以,在此背景下,北京大学出版社响应教育部号召,在整合和优化课程、推进课程精品化与网络化的基础上,积极构建与实践接轨、与研究生教育接轨、与国际接轨的本科教材体系,特策划出版《21世纪经济与管理应用型本科规划教材》。

《21世纪经济与管理应用型本科规划教材》注重系统性与综合性,注重加强学生分析能力、人文素养及应用性技能的培养。本系列包含三类课程教材:通识课程教材,如《大学生创业指导》等,着重于提高学生的全面素质;基础课程教材,如《经济学原理》《管理学基础》等,着重于培养学生建立宽厚的学科知识基础;专业课程教材,如《组织行为学》《市场营销学》等,着重于培养学生扎实的学科专业知识以及动手能力和创新意识。

本系列教材在编写中注重增加相关内容以支持教师在课堂中使用先进的教学手段和多元化的教学方法,如用课堂讨论资料帮助教师进行启发式教学,增加案例及相关资料引发学生的学习兴趣等;并坚持用精品课程建设的标准来要求各门课程教材的编写,力求配套多元的教辅资料,如电子课件、习题答案和案例分析要点等。

为使本系列教材具有持续的生命力,我们每隔三年左右会对教材进行一次修订。我们欢迎所有使用本系列教材的师生给我们提出宝贵的意见和建议(我们的电子邮箱是 em@ pup. cn),您的关注就是我们不断进取的动力。

在此,感谢所有参与编写和为我们出谋划策提供帮助的专家学者,以及广大使用本系列教材的师生,希望本系列教材能够为我国高等院校经管专业的教育贡献绵薄之力。

北京大学出版社

经济与管理图书事业部

2012年1月

前　言

以网络为基础的电子商务和电子政务的极大发展改变着全球的经济模式、企业的经营管理模式以及人们的工作、生活、消费模式。财务管理作为企业经营管理的核心部分,无论在管理环境、技术方法运用,还是在职能执行以及管理观念等方面都受到网络的强烈冲击,因而应更新财务管理观念以适应新的经济模式。

网络财务管理,又称财务管理信息化,是指企业运用网络来实现财务管理职能。企业将网络技术应用于财务管理中,从而解决一系列目前的财务活动无法解决的问题,如跨地区财务数据传递、会计报表合并、动态分析财务及资源状况等,便形成一种全新的财务管理体系。网络财务管理依靠网络财务软件来执行完成,网络财务软件将完成财务与业务的协同管理、在线管理和对电子商务的管理。通过网络财务软件可以实现事中动态会计核算与在线经济资源管理,实现企业对分支机构的远程财务管理、物资管理及诸如远程报表、报账、查账、审计等远程控制行为。网络财务管理将现代网络技术与财务管理技术有机结合,代表了21世纪财务管理的方式,标志着一个饱含高科技的新的财务管理时代的到来。网络财务管理的核心是财务管理的数字化与远程化,其技术支撑主要是企业财务管理软件以及保证网络安全的其他硬件及软件系统,从而可以保证物流—付款—结算的顺利进行。

随着计算机和网络技术的发展及其在企事业单位管理工作中的广泛应用,越来越多的企事业单位开始构建自己的网络财务系统,绝大多数大专院校的会计专业都将“网络财务系统设计”课程(或类似课程)作为重要的教学内容列入了教学计划,众多的会计人员和计算机技术人员积极投入网络财务系统的开发实践,越来越多的有识之士开始研究网络财务的理论和方法。然而,与这种形势形成鲜明对照的是,系统阐述网络财务理论方法的书籍数量少、起点低、可操作性差,不足以用于指导网络财务系统的开发实践。

本书是各相关高等院校倾力合作与集体智慧的结晶。江西农业大学南昌商学院、江西工业贸易学院、南昌理工学院、南昌大学、南昌航空大学、江西城市学院、江西大宇学院和江西先锋软件学院大力配合，由从事多年教学工作的教师，融合多年教学经验，收集资料、编排章节、特色定位、选择案例，根据学生的需要编写了这本书。本书的特点是：准确把握理论，重在理论联系实际；把握发展前沿，启发学生思维；简练易懂，激发学生学习兴趣；书后有练习题，便于复习提高。本书可作为大学会计专业和财务管理专业本科生的教科书、作为硕士研究生的教材，也可作为企事业单位实际工作者的参考用书。

本书由江西农业大学南昌商学院熊细银教授、江西工业贸易学院熊晴海副教授任主编，王文冠、黄慧雯老师任副主编，由樊南昌高级会计师对教材进行全面审核。具体分工是：熊细银，第 1 章、第 2 章、第 3 章；熊晴海，第 4 章、第 5 章、第 6 章；徐发亮，第 7 章；王文冠，第 8 章；黄慧雯，第 9 章。在编写过程中，我们参考了国内外许多专家学者公开发表的论文和书籍，得到了袁瑾洋教授、杨光耀博士和熊根泉厅长的支持和帮助，在此，向以上各位表示衷心的感谢。

网络财务管理是一门新兴的边缘交叉学科，处在不断发展和完善过程中，将会不断出现新观点、新技术和实践的创新与突破。再加上编者水平有限，本书中会有疏漏和不妥之处，敬请专家和读者批评指正。

编者

2011 年 7 月

目　录

第1章 网络财务管理概述

本章框架结构

概述
- 网络财务管理的含义
- 网络财务管理的经济背景
- 网络财务管理的影响
- 如何实现网络化财务管理
- 现代企业财务管理的发展思路

本章学习目标

- 了解网络财务管理的含义；
- 理解网络财务管理的特征、目标和经济背景；
- 掌握如何实现网络化财务管理和现代企业财务管理发展思路。

实现网络化财务管理快捷性和便利性，是我们关注的。网络财务管理对传统财务管理的筹资管理、投资管理、财务风险管理和运营资金管理会产生重大的影响，同时也为企业更好地进行财务管理提供了一种技术手段。

1.1 网络财务管理的含义

财务管理网络化打破了地域限制，提高了信息传输速度，增加了信息的有用价值，降低了企业成本，并促使传统的财务管理演化为网络财务管理。

网络财务管理，又称财务管理信息化，是企业运用网络来实现财务管理职能。企业将网络技术应用于财务管理中，从而解决一系列目前的财务活动无法解决的问题，如跨地区财务数据传递、会计报表合并、动态分析财务及资源状况等，形成一种全新的财务管理体系。网络财务管理依靠网络财务软件来执行完成，实现财务与业务的协同管理、在线管理和电子商务管理。通过网络财务软件可以进行事中动态会计核算与在线经济资源管理，实现企业对分支机构的远程财务管理、物资管理，以及诸如远程报表、报账、查账、审计等远程控制行为。

网络财务管理将现代网络技术与财务管理技术有机结合,代表了21世纪财务管理的方式,标志着一个高科技含量的新的财务管理时代的到来。网络财务管理的核心是财务管理的数字化与远程化,其技术支撑主要是企业财务管理软件以及保证网络安全的其他硬件及软件系统,从而可以保证物流—付款—结算的顺利进行。

1.1.1 传统财务管理的局限性

1. 传统财务管理方法不能满足日益发展的电子商务要求

随着电子商务和网络经济的快速发展,传统的企业财务管理的弊端日益凸显。电子商务的特点是贸易双方从磋商、签订合同到支付均通过网络完成,整个交易远程化、实时化、虚拟化。这使财务预测、计划、决策等工作时间缩短,对财务管理方法的及时性、适应性、弹性等提出了更高的要求。传统的财务管理是在没有实现网络化的条件下进行的,企业财务部门处在"信息孤岛"上,只能进行事后算账,这无法满足日益发展的电子商务对财务管理方法提出的更高要求。

2. 在传统财务管理条件下所获得的财务信息具有局限性

(1) 财务信息失真。财务信息在企业内部和外部传输过程中有可能遗漏,也有可能被人为篡改或人为做假使得财务信息不具有价值,难以为企业管理层提供真实、有效的决策依据。

(2) 财务信息分散。对于企业特别是大中型企业来说,其内部机构设置繁多,业务流程复杂,即使同一企业集团下的不同的企业也存在着不同的利益关系,因此从企业整体利益角度来看,企业总部所获得的信息比较分散,传统财务管理条件下的财务部门无法收集到齐全的财务信息,导致传统财务管理的技术含量较低,无法形成高效、畅通的信息传输途径。

(3) 财务信息滞后。由于规模较大的企业的下属机构和部门较多,位置分散,故从企业整体讲,要对所有部门的财务信息进行汇总、分析,这在较短时间内是无法完成的,导致无法将有用的信息及时提供给企业决策层以及需要该信息的相关部门。

3. 传统条件下的财务管理与现代企业管理模式不匹配

在电子商务环境下,企业对财务管理方法要求更高,研究的内容更加广泛,并要求在财务管理方式上实现电算化、业务协同、在线管理、远程管理等。而传统的财务管理不能真正地打破时空限制,与业务活动在运作上存在时间差,这导致企业内部各部门之间的信息难以相互衔接和相互利用,企业的财务资源不能实现最优化配置。

1.1.2 网络财务管理的概念与特征

1. 网络财务管理的概念

网络财务管理是指在一定的网络环境下,以内部网和因特网为手段,将信息技术与财务管理技术相结合,实现对企业筹资、投资等财务活动的网络化管理的一种财务管理方式。作为一种新型的全面基于网络技术的财务管理模式,它具有以下特点:

从空间上看，企业的一切业务活动都可以通过网络进行远程处理，便于整合企业的财务资源，全面提高企业的竞争力。

从时间上看，企业的一切活动均可以通过网络进行实时报告，便于企业管理层进行网络化管理，从而提高企业的工作效率。

在网络财务条件下，电子化货币将得到普遍使用，这不仅极大地提高了结算效率，更重要的是加快了企业资金周转速度，降低了企业资金成本。在这种条件下，企业财务信息能够以更快的速度、更灵活的方式及更广泛的共享性满足利益相关者不同的信息需求，进而帮助企业管理层更加有效地管理企业。

2. 网络财务管理的特征

网络财务管理突破了传统管理模式，形成了与网络技术相结合的全新的财务管理模式，其特征表现为以下几个方面：

(1) 实现资源共享

在网络化条件下，企业通过网络技术对信息进行整合，对各项经济业务进行网络化处理，并与企业外部的信息系统相结合，从而实现企业资源共享。

(2) 实现远程处理

在网络技术普及之前，由于受空间限制，企业对不同地域部门进行财务管理的技术难度和成本都较高。网络财务管理则突破了这一空间限制，使企业各部门之间的物理距离大大缩短，企业财务管理能力能够通过网络延伸到全球的任何一个节点，从而强化了企业管理层对各部门的财务监控。

(3) 实现财务管理方式和手段的创新

与网络技术相结合，这促进了财务管理的现代化，为财务管理职能的拓宽提供了技术条件。企业通过建立现代化的财务管理系统，从而实现高效的业务集成和财务管理角色的转变，促进企业财务管理手段的不断创新。

(4) 实现财务集中管理

① 信息的集中。网络财务管理能够实现信息的高度集中，这种实时的动态集中不同于传统财务管理条件下的事后集中，可以将分散在各个部门的信息集中起来并作为信息资源提供给相应的部门，使各个部门各尽其责，达到将集中的权力分解，调控资金流和物流的目的，为企业管理层提供决策依据。

② 管理的集中。在网络财务环境下，企业进行集中管理有利于整合企业的财务资源，全面提高企业的市场竞争力。利用网络财务管理系统对二级部门实现集中财务管理、集中资金调配，可为企业领导提供经营状况的实时信息，实现事前计划、事中控制和事后监督相结合的集中管理。

(5) 实现财务信息与业务信息协同

① 与组织内部业务的协同。它贯穿于组织的全程业务中，包括网上采购、网上销售、库存管理、网上服务及网上费用管理等。财务部门的预算控制、资金准备、网上支付、网上结算等工作应与业务部门的工作协同进行。

② 与供应链的协同。企业是整个供应链上的一部分,供应链上的其他部分为供应商、运输商、零售商和客户等。与供应链相对应的是持续不断的信息流、产品流和资金流,与供应链的协同的目标是实现供应链的整体价值最大化。在企业内部,各部门在供销、控制、预测等业务活动过程中都会产生各种信息,并伴有财务信息,企业需要及时将这些财务信息输入财务管理系统并进行处理,再将产生的结果反馈给业务系统,实现财务、业务的协同处理并集成各种管理信息。

③ 与社会其他相关部门的协同。企业在发生经济行为的同时,需要借助企业外部的其他一些条件,以保证这种经济行为的顺利完成。

1.1.3 网络财务管理的目标

传统财务管理的目标是实现企业利益最大化和价值最大化,这些目标均以本企业为主体,注重企业自身的利益。在网络财务条件下,财务管理目标向多元化发展,即在注重本企业利益和价值的同时,也追求其他相关者的利益;关注企业自身利益,也关注社会利益。网络财务管理的目标逐步演化为以下几点:

1. 兼顾相关利益主体的利益

相关利益主体包括股东、债权人、企业职工、顾客、供应商、政府部门和其他相关利益主体。不同相关利益主体所处的地位不同,其所体现的目的也不同,如企业股东期望财富最大化,企业员工期望薪金收入最大化,债权人期望能如期收回本金和利息等。因此,在网络财务环境下,企业需要兼顾和均衡各相关利益主体的利益要求:既考虑企业股东的利益,又兼顾其他利益相关者的要求;既要适应网络经济时代的发展要求,又要体现企业持续发展的财富特征。只有这样,企业才有可能实现目标,达到企业利益和价值的最大化。

2. 履行企业的社会责任

企业出于自身发展的需要必须重视社会责任。企业将履行社会责任纳入财务目标体系,既有助于企业实现经营目标,也有助于企业自身和社会的发展。

3. 保持企业的可持续发展

财务管理必须考虑企业未来的增长能力,即不仅要追求现实利益,更要关注企业的未来预期利益,以保证企业的可持续发展。这就要求企业在现实利益和未来利益之间找到一个平衡点,以真正实现企业利益和价值的最大化。

网络时代的企业财务管理既要兼顾企业内部利益和外部利益,又要考虑现实利益和未来利益,从而实现相关利益主体的共同目标。

1.2 网络化财务管理的经济背景

1.2.1 网络经济是从以产品为中心到以客户为中心的服务经济

信息时代以网络为主要特征,故信息时代的经济亦被称为网络经济。在网络经济条件下，生产者在网上发布其产品的详细信息，包括产品的性能、三维模型、产品定价、销售方式等许多消费者关心的产品信息。消费者则根据自己的需求及嗜好，利用网络寻找适合自己的生产厂商，有较大的选择余地。这样减少了消费者和生产厂商之间的中间环节，极大地降低了交易成本，其优势还在于通过这种面对面的直接接触，可以使企业按照消费者的需求量安排生产量，从而不需要大量的库存。

1.2.2 在网络经济条件下，边际效益呈递增趋势

根据经典的经济学原理我们知道，在传统经济中既定的生产要素配置条件下，随着生产要素的不断投入，边际效益是递减的。而在网络经济条件下，其边际效益呈递增趋势，原因在于网络经济的外部性。进入网络经营的生产厂商越多，网络经济的效应就越大。

1.2.3 在网络经济条件下，“注意力”成为稀缺资源

网络是传播信息的通道。在网络平台上，消费者可以迅速、便捷、低价地获得商品，这造成信息的超载。诺贝尔经济学奖获得者赫伯特·西蒙著名的观点就是“信息的丰富产生注意力的贫乏”。在网络经济条件下，“注意力”成为一种稀缺的资源，使得人们不得不花时间在“注意力”上。网络经济条件下的这一特性使获得“注意力”的竞争成为企业竞争的主要目标，所以对更加个性化的需求信息的收集就显得尤为重要。

1.3 网络化财务管理的影响

在时间上，网络化财务管理信息可即时生成和处理，可实现财务管理由静态向动态管理的跨越。企业财务管理者可在准确的时间拥有准确的信息。

在空间上，网络经济条件下的物理距离变成了鼠标距离。企业财务管理者可以方便地实现财务信息的远程处理和财务活动的集中化管理。企业的关注重点为更多地关注整合企业外部财务资源。

在效率上，网络化财务管理下的各种经营数据和财务信息都是网页数据化的，并可在网络上流通，实现信息共享。结算支付的电子货币大大提高了结算效率，加快了资金周转。

1.4 如何实现网络化财务管理

1.4.1 在企业内部，应尽量加大网络化硬件投资力度

在引进先进的网络化财务管理软件的同时，企业应把实现网络化作为契机，以全新的管理理念为指导，对财务管理机构进行战略性调整。企业应将分散的部门整合成统

一经营的商流、物流系统，统一营销、统一采购、统一结算，使整合后的企业直接面对市场，从根本上提高财务管理效率和满足网络经济的个性化需求。

1.4.2 在企业外部，通过网络与银行建立良好的关系，全面提升资金的运作水平

一方面，由于"注意力"成为稀缺资源，企业应通过网络与银行建立良好的关系，利用银行的一些服务资源，争取融资，投资于有吸引力的新产品以形成竞争优势，全面提升资金的运作水平，从而使企业能够及时、足额地筹集到资金，投入新产品的开发，吸引"注意力"。

另一方面，通过互联网，银行可以及时了解企业的经营状况，从而为运作良好的企业提供资金支持。网络经济条件下建立起的良好的企业与银行的关系，不但大大增强了企业的融资能力，加速了企业的现金流转，而且还大大降低了企业的财务风险。因为企业一旦通过网络与银行建立了良好的关系，那么在银行许可的范围内，可以较为自主地使用银行资金，从而可以有效地降低企业的筹资成本及资金持有风险。

1.5 现代企业财务管理的发展思路

1.5.1 企业财务管理观念的更新

知识经济时代的到来，信息技术的发展，改变了企业的生存环境。国际互联网的发展，信息、卫星通讯等新技术的创新，改变了传统的时间和空间概念，企业的财务管理环境发生了重大的变化，企业的财务管理不能再局限于本企业、本地区，而是要加强对世界经济形势变动的分析，及时掌握和了解相关的各类信息。企业财务管理必须进行相应变革，最关键的是企业财务管理观念要全面更新。企业要以全新的理财观念和现代化的财务管理观念进行理财，要有以人为本的观念（要做到责权利相结合并强化对人的激励和约束，积极发挥和调动人的积极性、主动性和创造性）、信息观念（要利用最先进的信息技术，及时、全面、准确、迅速地获取信息以进行有效的财务管理）、无形资产观念（加强对企业商誉、专利等无形资产的管理）、风险理财观念（增强风险意识）、知识化理财观念（加强对新技术、新知识的应用）、知识资本观念（要重视对知识资本的管理）、竞争与合作相统一的观念（企业要顺应知识和技术的共享性和开放性，为了共同的利益，加强与其他企业之间的合作，形成企业之间竞争的"双赢"）。

1.5.2 财务管理效率的最优化

在具体的生产领域，企业财务管理效果的最优化具体表现在注重"三效"上，即注重经济效益的提高、注重经济效果的好坏、注重经济效能的高低。企业同时要具备与知识经济相适应的管理思想和管理意识。管理意识具体包括效益意识、战略意识、市场意识、改革意识、竞争意识、开发意识、时间意识、人才意识、科技意识、质量意识、名牌意识。

1.5.3 财务管理对象要素的转变

企业财务管理对象要以有形生产要素为主转向以无形生产要素为主。传统的管理主要是对劳动力和物化劳动(劳动工具和劳动对象)等有形生产要素的管理,随着社会财富生产过程和结果的科技含量的增大,科技知识等无形生产要素对一个企业的生存和发展越来越发挥着举足轻重的作用。知识资源的开发与有效利用成为重要的管理课题。在知识经济时代,知识的价值和作用超过资本的价值和作用,知识生产力已成为经济发展的关键因素,任何企业都必须重视知识资源的开发和利用,迅速将知识转化为直接生产力。

1.5.4 财务管理风险的规避

在新世纪里,规避风险和获取收益是企业财务管理必须同时考虑的两大方面。企业对知识的重视和利用、一项新技术的获得、一个新产品的开发,无疑能给企业带来高收益。但高收益通常与高风险相伴而生,在市场经济条件下,完全高收益低风险的项目是不存在的。因此,企业财务管理要在追求高收益的同时,加强对风险的防范和规避。企业规避财务风险的关键在于:

1. 提高企业财务实力

拥有雄厚的财务实力是防范风险的根本,提高企业的财务实力可以提高企业抗风险的能力。企业财务实力的改善主要应依靠生产经营、投资、筹资等多方面的综合战略安排来实现。

2. 培养高素质的财务管理人员

高素质的财务管理人员必须对财务风险有敏感的职业判断能力,能及时、准确发现和估计潜在的风险,能熟练运用现代企业财务管理知识进行财务风险分析,在运用这些理论方法进行财务风险分析时,能对具体环境、方法的适应性及某些条件进行合理假设和估计。

3. 建立科学有用的财务预测和风险监控机制

企业财务预测是对未来融资需求的估计。准确的财务预测对于防范财务风险具有重要作用。企业可以通过财务预测了解自己的财务需求,提前安排融资计划,并根据融资计划安排企业生产经营和投资,从而把投资和筹资相联系,避免因两者脱节而造成现金周转困难。同时,建立风险监控机制,使企业具备风险自动预警机制,能对事件的发展状态、发展过程进行有效监测,并及时进行信息反馈,以及时对可能发生的或已发生的与预期不符的变化进行反映和修正,把风险降到最低程度。

1.5.5 财务管理中心体系的建立

企业财务管理要服从和服务于企业生产经营的需要,一切以有利于改善和提高工作效率及经济效益为目的。企业要建立健全会计信息和统计信息相结合的电算化管理，将企业生产情况与财务情况及时、客观地反映出来，并深入分析，寻找经营管理中的薄弱环节，提出改进措施，堵塞漏洞，提高效益，同时加强成本管理，以更低的成本获取更高的收益。总之，企业要使财务管理贯穿企业经营全过程，覆盖企业经营的全方位，以适应现代企业发展的新要求，适应知识经济时代对企业财务管理变革的要求。

1.5.6 财务报告模式的创新

传统的财务报表是以资产负债表、损益表和现金流量表为主的报告模式。财务人员通过这三张报表对企业的资产状况、已获收益、资金营运等财务信息进行确认、表述和披露，但这只能定时对企业的生产经营活动予以反映与监督。随着知识经济时代的到来，各方面对会计信息的需求发生了质的变化，信息的使用者不但要了解企业过去的财务信息，更要了解企业未来的以及非财务方面的信息，尤其是对知识和技术给企业创造的未来收益更为关注。为适应知识经济条件下信息使用者对信息的新需求，传统财务报告模式应进行相应调整。

1. 增设无形资产等重要项目的报表

无形资产是今后财务报告披露的重点，它包括各类无形资产的数量与成本、科技含量、预期收益及使用年限等内容。另外，还需增加非财务信息，包括企业经营业绩及其前瞻性与背景方面的信息。这些项目所提供的信息均是信息使用者判断企业未来收益多少与承担风险大小的重要依据。

2. 增设人力资源信息表

通过编制人力资源信息表，披露企业人力资源的结构、年龄层次、文化程度、技术创新能力、对人力资源的投资、人力资源收益、成本、费用等方面的信息。

3. 披露企业承担社会责任方面的信息

企业要步入可持续发展的轨道，必须承担相应的社会责任。在消耗资源创造财富的同时，要保护好环境，把近期利益与长远利益有机结合起来。通过披露企业有关资源消耗、土地利用及环境污染等方面的信息，让信息使用者了解该企业应为其行为负多大的社会责任，更正确地认识企业。

1.5.7 实施财务再造策略

管理专家迈克尔·哈默倡导的再造思想流行于欧美各国的企业界，正成为一种最新的管理趋势。哈默把再造工程定义为："对企业过程的根本性的再思考和重新设计，从而使成本、质量、服务和反应速度等具有时代特征的关键指标获得巨大的改善。"在企业管理不断创新的今天，企业财务再造策略应成为企业努力降低成本、提高经济效益的重要企业财务管理策略。企业财务再造策略要求从零开始，用集体智慧将企业财务系统所能达到的理想功能一一列出，再经过综合评价，从中筛选出最关键、最基本的系统功能，并将其优化组合成企业财务运行的新系统。这样，既可更明确财务部门各环节的权责利，又可降低人力成本，提高工作效率，使每个员工都处于自主管理状态，让顾客导向的观念在整个财务流程中得到体现,以发挥群体优势。财务再造策略包括:财务流程再造、财务人员再造、融资机制再造、投资机制再造、收益分配机制再造等内容。这一策略的实施能使企业财务资源重新优化配置,更好地使企业财务管理系统适应其所处的内外部环境,从而改善企业的财务职能,增强企业的抗风险能力,提高企业盈利能力和创新能力,使企业得以持续发展。

本章小结

网络财务管理,又称财务管理信息化,是企业运用网络来实现财务管理职能。网络财务管理将现代网络技术与财务管理技术有机结合,代表了 21 世纪财务管理的方式,标志着一个高科技含量的新的财务管理时代的到来。网络财务管理的核心是财务管理的数字化与远程化,其技术支撑主要是企业财务管理软件以及保证网络安全的其他硬件及软件系统,从而可以保证物流—付款—结算的顺利进行。

网络财务管理的特征是:实现资源共享、实现远程处理、实现财务管理方式和手段的创新、实现财务集中管理、实现财务信息与业务信息协同。网络财务管理的目标是:兼顾相关利益主体的利益、履行企业的社会责任和保持企业的可持续发展。

实现网络化财务管理,主要是在企业内部应尽量加大网络化硬件投资力度,在企业外部通过网络与银行建立良好的关系,全面提升资金的运作水平。

现代企业财务管理必须进行相应变革,最关键的是企业财务管理观念要全面更新。企业要以全新的理财观念和现代化的财务管理观念进行理财。企业要有以人为本的观念、信息观念、无形资产观念、风险理财观念、知识化理财观念、知识资本观念、竞争与合作相统一的观念。

练习题

1. 名词解释

(1) 网络财务管理

(2) 资源共享

(3) 远程处理

(4) 网络经济

(5) 信息观念

2. 选择题

(1) 财务管理网络化(　　)了地域限制,提高了信息传输速度,增加了信息的使用价值,降低了企业成本,并促使传统的财务管理演化为网络财务管理。

A. 打破　　　　B. 连通　　　　C. 更新　　　　D. 重组

(2) 传统的财务管理是在没有实现网络化的条件下进行的,使得企业财务部门仍然处在“信息孤岛”上,只能进行(　　)算账,而无法满足日益发展的电子商务对财务管理方法提出的更高要求。

A. 事前　　B. 事后　　C. 事中　　D. 预先

(3) 在具体的生产领域,企业财务管理效果的(　　)具体表现在注重"三效"的提高上,即注重经济效益的提高、注重经济效果的好坏、注重经济效能的高低。

A. 最差化　　B. 最低化　　C. 最优化　　D. 中等化

(4) 拥有雄厚的(　　)是防范风险的根本,提高企业的财务实力可以提高企业抗风险的能力。

A. 存货　　B. 固定资产　　C. 无形资产　　D. 财务实力

(5) 企业财务再造策略要求从零开始,用(　　)智慧,将企业财务系统所能达到的理想功能一一列出,再经过综合评价,从中筛选出最关键、最基本的系统功能,并将其优化组合成企业财务运行的新系统。

A. 集体　　B. 个人　　C. 最高层管理者　　D. 职工

3. 判断题

(1) 网络财务管理将现代网络技术与财务管理技术有机结合,代表了21世纪财务管理的方式,标志着一个高科技含量的新的财务管理时代的到来。(　　)

(2) 网络财务管理并不是指在一定的网络环境下,以内部网和因特网为手段,将信息技术与财务管理技术相结合,实现对企业筹资、投资等财务活动的网络化管理的一种财务管理方式。(　　)

(3) 信息时代以网络为主要特征,故信息时代的经济亦被称为网络经济。(　　)

(4) 无形资产并不是今后财务报告披露的重点,它包括各类无形资产的数量与成本、科技含量、预期收益及使用年限等内容。(　　)

(5) 企业财务再造策略要求从零开始,用集体智慧,将企业财务系统所能达到的理想功能一一列出,再经过综合评价,从中筛选出最关键、最基本的系统功能,并将其优化组合成企业财务运行的新系统。(　　)

4. 复习思考题

(1) 什么叫网络财务管理?

(2) 网络财务管理有什么特征?

(3) 网络财务管理的目标是什么?

(4) 网络财务管理有何经济背景?

(5) 现代企业财务管理发展思路是什么?

第2章　先进管理思想的发展

本章框架结构

先进管理思想
- 物料需求计划
- 制造资源计划
- 企业资源计划
- 供应链管理
- 客户关系管理
- 商业智能与管理决策

本章学习目标

- 了解先进管理思想的起源与发展；
- 熟悉信息技术与管理融合的必然性；
- 掌握 ERP 概念和内容；
- 掌握财务管理与企业管理的融合。

信息技术的广泛应用给整个世界经济、文化、教育、科技、军事带来了深刻的影响和变革。时代的变迁使得曾在工业时代创造辉煌业绩的管理理论一如明日黄花，新时代不断要求管理理论创新，同时管理理论的创新又推动了管理软件的发展。管理软件的广泛应用不仅指导了管理实践，提升了管理水平，反过来又推动管理理论和管理软件的发展和完善，使得管理理论和实践呈螺旋式上升。当企业管理的环境从手工转向 IT 环境，特别是互联网技术在企业管理信息化中的应用，使得物流、资金流、信息流有机融合和集成后财务与业务的融合变得更加紧密。

2.1　物料需求计划

2.1.1　物料需求计划的产生

20 世纪六七十年代，西方工业经济时代竞争的特点是如何有效地降低生产成本。

在制造业发展为大规模工业化生产以后，随着生产的发展和技术的进步，制造业面临的主要矛盾表现为：生产所需材料不能准时供应；零部件的生产不配套，且库存积压严重；产品生产周期过长且难以控制，劳动生产率下降；资金积压严重，周期长，使用率低。因此，要降低成本，就必须解决库存积压和短缺问题。

为了解决这些问题，美国于 1957 年成立了美国生产与库存控制协会，开始进行生产与库存控制方面的研究。20 世纪 60 年代，随着计算机商业化应用的开始，将信息技术与生产和库存控制方面的研究成果相结合，研究物料需求计划（MRP）成为当时的热点问题。

2.1.2 MRP 与闭环 MRP 的基本原理

1. MRP 的基本原理

MRP 是 ERP 的核心，对任何应用于制造业的 ERP 系统都是必不可少的。企业的生产活动应该围绕相应的市场需求展开，在没有需求的时候，企业不应盲目补货。需求本身又可分为独立需求和相关需求：独立需求是指需求量和需求时间由企业来决定的外部需求，如客户订购产品的需求、科研试制样品需求、售后维修需要的备品备件等；相关需求是指根据物料之间的结构组成关系，由独立需求物料所派生出来的需求，如半成品、零件、原材料等的需求。MRP 的基本思想是以主生产计划（Master Production Schedule, MPS）、产品结构或物料清单（Bill of Material, BOM）以及库存信息为依据，从最终产品的生产计划（独立需求）导出相关物料（原材料、零部件）的需求量和需求时间；根据物料的需求时间和生产（订货）周期来确定其生产（订货）的时间。根据产品的物料清单，由计算机自动计算出原料或零部件的相关需求，将相关需求汇总，再根据在途产品、当前库存，求得原料或产品的净需求。

从管理信息系统的角度理解，MRP 是一种数据处理系统，其逻辑流程如图 2-1 所示。

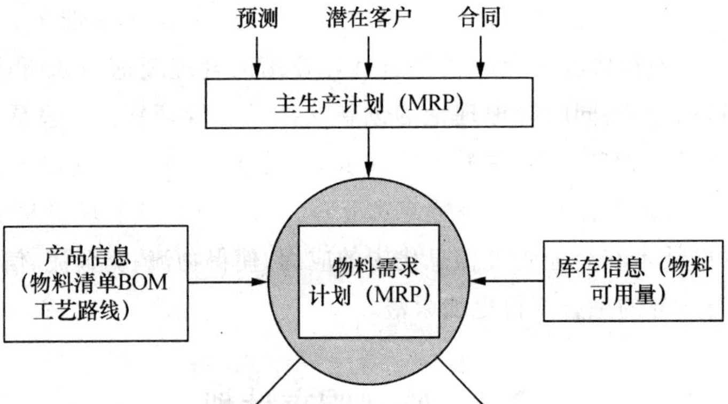

图 2-1 MRP 系统

在信息技术的支持下，通过输入（需求管理、主生产计划、产品信息、物料清单、库存信息)、处理(物料需求计划)、输出(采购计划、生产计划等)三个过程,求解制造业的通用公式,即在编制计划时必须解决四个问题:

(1) 生产什么? 主生产计划根据预测、潜在客户、销售合同等信息,回答了要生产什么产品的问题。

(2) 用到什么? 物料清单清晰地反映了产品结构或某些在制造过程中必要的资源(如能源、工具等),回答了要用到什么物料的问题。

(3) 已经有什么? 在计算机环境下库存信息是动态信息,它实时反映出物料的现存量、计划收到量、已分配量、提前期、订货批量、安全库存量,回答了已经有什么的问题。

(4) 还缺什么? 什么时间下达计划? 由 MRP 运算得到的采购计划和生产计划回答了还缺什么和什么时间下达计划的问题。

当市场变化时,MRP 系统根据源头的变化,迅速、自动调整或修订采购计划和生产计划,有效地解决了上述问题。

2. MRP 的进一步完善和发展——闭环 MRP

MRP 虽然能够根据有关数据计算出相关物料需求的准确时间和数据,但它还不够完善,其主要缺陷是没有考虑到生产企业现有的生产能力和采购的有关条件约束。因此,计算出来的物料需求的日期可能因设备和工时的不足而没有能力生产,或者因原料的不足而无法生产。同时,它也缺乏根据计划实施情况的反馈信息对计划进行调整的功能。

为了解决上述问题,人们在 20 世纪 70 年代将两项内容加入 MRP:第一项是能力计划,第二项是反馈信息,如图 2-2 所示。

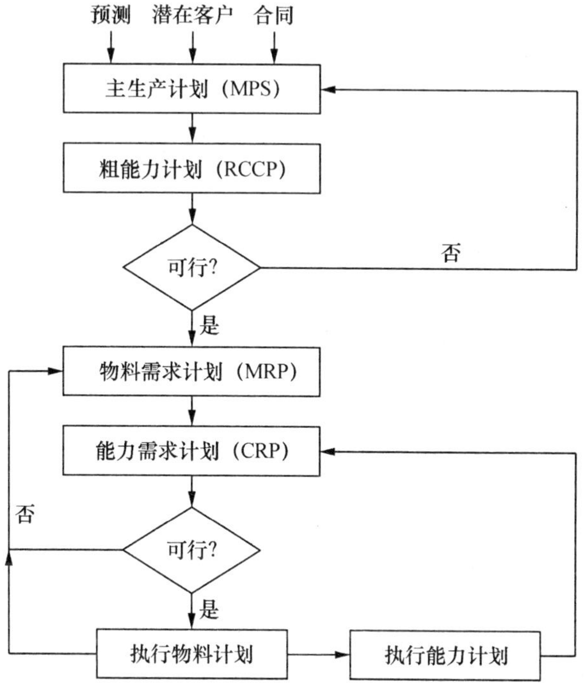

图 2-2 闭环 MRP 的逻辑流程图

(1) 能力计划。增加的能力计划包括两部分:一个是粗能力计划(RCCP),它是根据生产产品所需的资源清单和关键工作中心能够提供的能力(各个时间段的小时数),在约束理论的指导下,找出约束产出量的瓶颈工序。如果能通过粗计划能力计划运算,验证主生产计划是可行的,则进入物料需求计划;另一个是能力需求计划(CRP),它根据所有物料的工艺路线(主要是各工作中心的时间段和小时数)和所使用的工作中心的平均可用能力,进行反复来模拟结果,查看加工能力是否满足对负荷的需求。在不满足需求的情况下,需要如何调整(如通过加班、外包、调整优先级、变更工艺线)才能达到所需结果,等等。这两种能力运算是非常费时的,现在人们又研制出高级计划与排程算法(APS),使 MRP 与 CRP 同步进行,提高了对环境变化的反应速度。

(2) 反馈信息。闭环 MRP 弥补的 MRP 的另一个不足是增加了反馈信息。由 MRP 产生的计划经过能力计划落实后,可以下达执行。执行的结果通过物料计划的执行情况(如采购、加工是否按时)和能力计划的执行情况(工作中心的预计可用能力是否实现)两方面落实。如果不能落实,则把信息反馈给相应部门加以调整,或修订后再下达。这样既有自上而下的计划信息,又有自下而上的执行信息,形成了一个闭环 MRP 系统,通过信息流对物流进行计划与控制。

2.1.3 MRP 的效果

通过 MRP 思想与信息技术的有机结合形成 MRP 管理信息系统,在当时看来 MRP 管理信息系统能有效地支持企业管理。从管理角度看,闭环 MRP 达到的效果是能够减少企业延期交货的现象,使销售部门的信誉大大提高,实现供产销部门物料信息的集成,并保证既不出现短缺,又不积压库存。

2.2 制造资源计划

2.2.1 从 MRP 到 MRP Ⅱ 的发展

随着生产的发展,企业管理已不能满足于生产管理一个方面,而需要实现对物流和资金流的统一管理,即将财务子系统与生产子系统结合到一起,形成一个整体系统。20世纪 80 年代,信息技术得到了极大的发展,其有能力将生产、财务、销售、采购、工程技术等各子系统集成为一个系统,使企业实现物流和资金流统一管理,因此制造资源计划(MRP Ⅱ)成为人们研究的热点问题。

2.2.2 MRP Ⅱ 的基本原理

MRP Ⅱ 的基本思想是把企业作为一个有机整体,从整体优化的角度出发,通过应用科学方法,对企业各种制造资源和产、供、销、财各个环节进行有效计划、组织和控制,使它们得以协调发展并充分发挥作用。

在信息技术的支持下，MRPⅡ在闭环 MRP 系统的基础上将财务的功能囊括进来，增加了成本会计和财务会计的功能，并由生产活动直接产生财务数据，把实物形态的物料流动直接转换为价值形态的资金流动，保证生产和财务数据相一致；财务部门从系统中及时取得资金信息用于控制成本，通过资金流动状况反映物料流动和企业生产经营情况，实时分析企业的成本和利润，提供决策所需的数据，协调和指导生产经营活动并动态监控供、产、销的经营全过程。

MRPⅡ基于企业经营目标制订生产计划，围绕物料转化组织制造资源，实现按需按时进行生产。具体地说，是将企业产品中的各种物料分为独立需求物料和相关需求物料，并按时间段确定不同时期的物料需求，从而解决库存物料订货与组织生产问题；按照基于产品结构的物料需求组织生产，根据产品完工日期和产品结构规定生产计划；根据产品结构的层次从属关系，以产品零件为计划对象，以完工日期为计划基准倒排计划，按各种零件与部件的生产周期反推出它们的生产与投入时间和数量，按提前期长短区别各种物料下达订单的优先级，从而保证在生产需要时所有物料都能配套齐备，不需要时不要过早积压，达到减少库存量和占用资金的目的。从一定意义上讲，MRPⅡ系统实现了物流、信息流与资金流在企业管理方面的集成，并能够有效地对企业各种有限制造资源进行周密计划，合理利用，提高企业的竞争力。

MRPⅡ系统分为五个计划层次：

- 经营规划（Business Planning, BP）
- 生产计划大纲
- 主生产计划（MPS）
- 物料需求计划
- 车间作业计划（PAC）（生产作业控制）

MRPⅡ计划层次体现了由宏观到微观，由战略到战术，由粗到细的深化过程。MRPⅡ的计划层次结构及处理逻辑流程图如2-3所示。

这些特点表明了 MRPⅡ是一个完整的生产经营管理计划体系，是制造业梦寐以求的得力管理工具，是实现企业整体效益的有效管理模式。

2.2.3 MRPⅡ的特点

MRPⅡ不仅仅是一个计算机系统，更是一个完整的生产经营管理体系，它反映了市场经济环境下制造企业生产经营的客观规律。从本质上讲，MRPⅡ本身的技术领域并不是计算机科学的延伸，而是管理和组织理论的延伸。MRPⅡ实质是一种管理模式，它的推行与实施要靠全员参与，其主体应是管理者而不是计算机人员。

1. 管理系统性

对企业的各种资源和产、供、销各个环节，实行有效、合理计划、组织、指挥和调整，使它们在生产经营中充分发挥作用，协调有序。

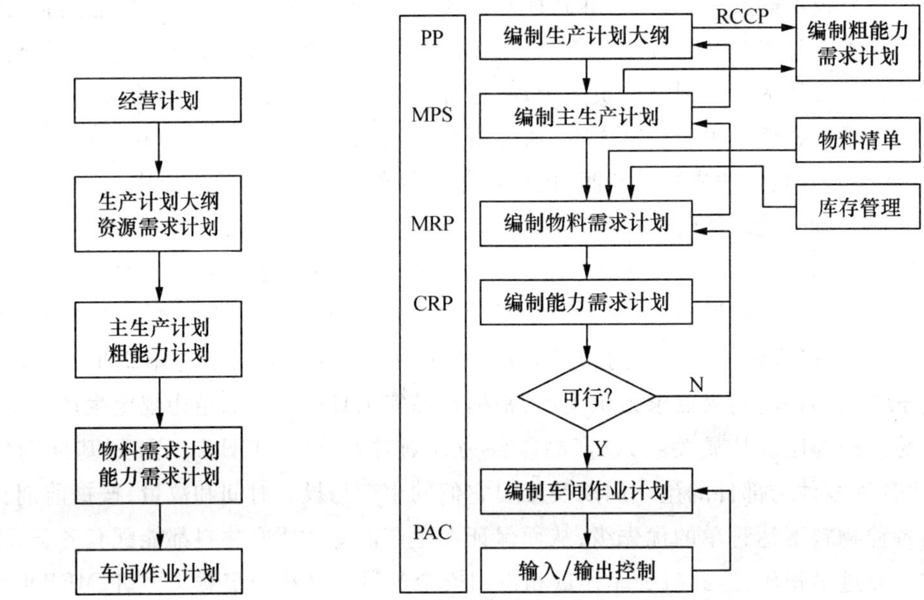

(a) MRPⅡ的计划与控制层次结构　　(b) MRPⅡ的组成结构和处理逻辑流程图

图 2-3　MRPⅡ的逻辑结构和流程

2．计划的可行性和统一性

全厂上下实行一个计划，把企业的三级计划统一于厂部制订，按零件组织生产，对生产计划进行层层分解细化，并经过粗、细能力平衡，达到均衡、连续的生产。同时，系统又可根据车间和市场信息的反馈，及时、有效地调整生产计划，提高企业的应变能力和竞争力。

3．运作推动性

MRPⅡ是一种计划主导型的管理模式，它是依靠生产计划的层层分解和执行，推动企业的运作和目标的实现。这种推动式的生产管理方式体现出较好的自主性。

4．生产预见性

MRPⅡ在计划展望期里分时间区间进行生产计划的编排，并进行能力平衡，使下达的计划是可执行的，在当前就能够基本预知未来一定时段的加工对象和加工时间。在计划投产之前进行任务的分配和安排，出现突发需求变化时进行模拟仿真，从而使生产过程中有很大的预见性。

5．协作整体性

MRPⅡ是一种系统工程，它把企业所有与经营生产活动直接相关的部门工作联成一个整体，每个部门的工作都是整个系统的有机组成部分。MRPⅡ要求每个员工都能从整体出发，十分清楚自己的工作质量同其他职能的关系，在“一个计划”的前提下，条块分割各行其是的局面将被团队和协作精神取代。

6．环境应变性

MRPⅡ是一种闭环系统，要求不断跟踪、控制和反映瞬息万变的实际情况，使管理人员可随时根据企业内外环境条件的变化,迅速做出响应,满足市场不断变化的需求,并保证生产计划的正常进行。为了做到这点,必须树立全体员工的信息意识,及时、准确地把变动了的情况输入系统。

7. 决策模拟性

MRPⅡ是生产管理规律的反映,按照规律建立的信息逻辑很容易实现模拟功能。在计划改变等决策之前首先进行模拟,分析"如果怎样——将会怎样"的问题可以预见比较长远的时期内可能发生的问题,以便事先采取措施消除隐患,而不是等问题已经发生再花几倍的精力去处理。为了做到这点,管理人员必须运用系统的查询功能,熟悉系统提供的各种信息,致力于实质性的分析研究工作,并熟练掌握模拟功能,进行多方案比较进而做出合理决策。

8. 数据共享性

MRPⅡ是一种管理信息系统,企业各部门都依据同一数据库提供的信息按照规范化的处理程序进行管理和决策,数据信息是共享的。手工管理中那种信息不通、情况不明、盲目决策、相互矛盾的现象将得到改善。

9. 财物一致性

MRPⅡ包括了产品成本和财务会计的功能,可以由生产活动直接生成财务数据,把实物形态的物料流动直接转换为价值形态的资金流动,保证生产和财务数据的一致性。财会人员及时得到资金信息用来控制成本,通过资金流动状况反映物流和经营生产情况,随时分析企业的经济效益,参与决策、指导和控制经营生产活动。

10. 管理机动性

MRPⅡ按计划的合理安排严格执行,有条不紊,管理具有更大的机动性,可以从忙碌的事务里解放出来,进行实际管理分析和协调控制工作。

2.3 企业资源计划

企业资源计划(ERP)这个名词并不陌生,但是当人们提起 ERP 时往往对其涵盖的范围和表现形式并没有清楚的认识。实际上,对应于管理界、信息界、企业界不同的表述要求,ERP 分别有着特定的内涵和外延。一般来说,对于 ERP 的定义可以分别从管理思想、软件产品、管理系统这三个层次给出。

1. ERP 是一种管理思想

ERP 是在 20 世纪 90 年代中期由美国著名的计算机技术咨询和评估集团加特纳提出的一整套企业管理系统体系标准,其实质是在 MRPⅡ基础上进一步发展而形成的面向供应链的管理思想。

2. ERP 是软件产品

ERP 是综合应用了客户机/服务器体系、关系数据库结构、面向对象技术、图形 ERP 是用户界面、第四代语言(4GL)、网络通信等信息产业成果,以 ERP 管理思想为灵魂的软件产品。可以说,ERP 是当今管理软件的代表。

3. ERP 系统

ERP 是整合了企业管理理念、业务流程、基础数据、人力物力、计算机硬件和软件于一体的企业资源管理系统。

从概念层次上看,ERP 系统由三大层次组成,即管理思想、软件产品、管理系统,它们之间的逻辑关系如图 2-4 所示。

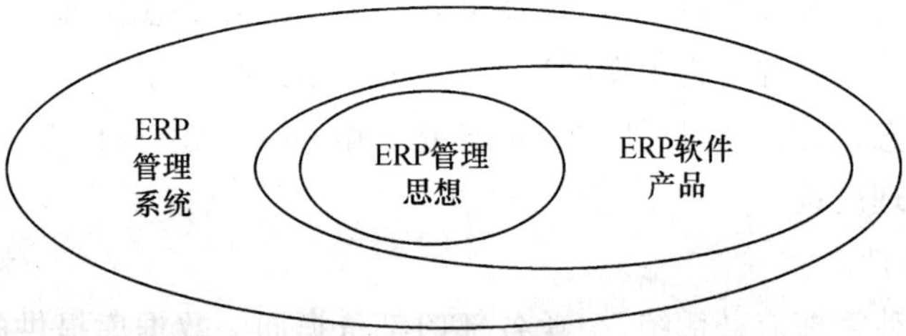

图 2-4 ERP 概念层次图

ERP 的核心层次是管理思想,即从人、财、物、供、销全面结合、全面受控进一步发展而成的以效益为中心的管理思想;其中间层是综合应用了浏览器/服务器体系、Internet/Intranet 技术、数据库技术、面向对象技术、图形用户界面、OLAP(联机分析处理)、数据挖掘技术、网络通信等信息产业成果,以 ERP 管理思想为灵魂的软件产品;最后是整合了企业管理思想、业务流程、基础数据、人力物力、计算机硬件和软件于一体的企业资源管理系统。

管理思想和管理软件并非静态的,而是随着时间的推移不断发展和完善。ERP 的发展经历了从 MRP、MRP Ⅱ 到 ERP 三个阶段,其内容不断丰富,管理范围也不断扩大,如图 2-5 所示。

2.3.1 从 MRP Ⅱ 到 ERP

到了 20 世纪 90 年代中期,随着互联网的广泛应用,企业所处的竞争环境发生了很大变化。在此市场环境中,一切都要求企业能够对客户的需求做出快速反应,而要做到这一点,仅凭一个企业拥有的资源是不够的。ERP 的研究和运用成为当时人们关注的热点问题。

最早提出 ERP 概念的是美国著名咨询公司加特纳。1990 年 4 月,该公司发表的《ERP:设想下一代的 MRP Ⅱ》分析报告,总结了 MRP Ⅱ 的发展趋势,提出了企业资源计划(ERP)的概念,并很快被学术界承认,其使用也逐步扩大。

2.3.2 企业资源计划的基本内容

ERP 包含的内容很多,其基本内容主要包括以下方面:

1. 核心理念和管理思想

ERP 认为企业资源包括厂房、仓库、物质、设备、工具、资金、人力、技术、信誉等全部

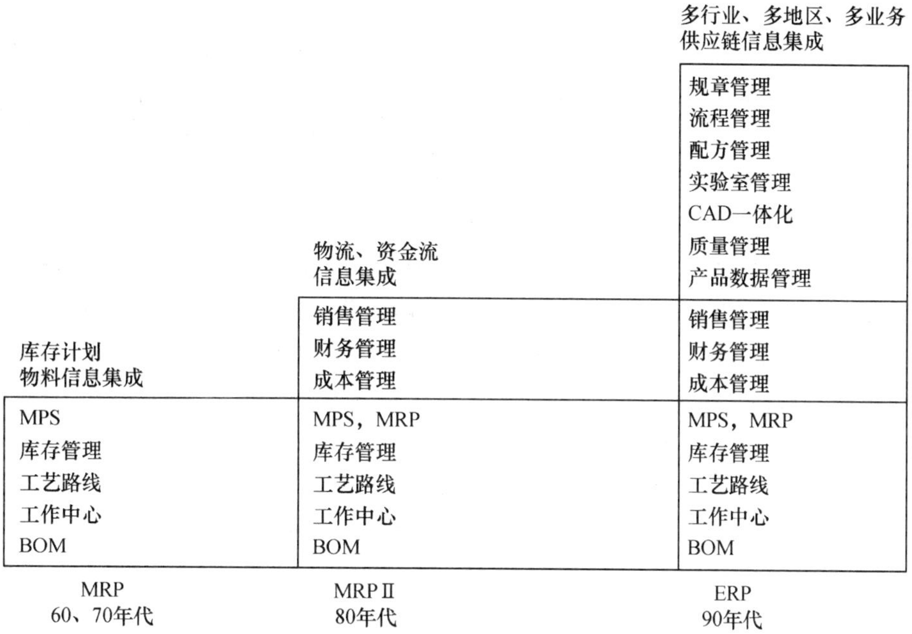

图 2-5 ERP 的发展历程

可供企业调配使用的有形和无形资产。ERP 强调人物财、供产销全面结合、全面受控、实时反馈、动态协调，解决客户、供应商、制造商信息的集成，优化供应链，实现整个供应链的协同和合作。

2. 技术和方法

ERP 采用图形用户界面(GUI)、关系数据库、第四代语言、客户/服务器技术构架，支持多数据库集成。

3. 功能和范围

ERP 除包含 MRPⅡ的功能外，还增加了规章管理、流程管理、配方管理、实验室管理、CAD 一体化、质量管理、产品数据管理等。

当加特纳公司提出 ERP 概念时，互联网的应用才刚刚开始，企业之间所谓的外部信息集成主要是通过电子数据交换(EDI)来沟通信息，管理整个供应链仅仅作为 ERP 系统的愿望功能看待。

2.4 供应链管理

2.4.1 供应链管理的产生

供应链管理(SCM)思想方法兴起的原因很多，主要在于企业所面临的市场环境发生的巨大变化：从过去供应商主导的、静态的、简单的市场环境，变成现在顾客主导的、动态的、复杂的市场环境。

20 世纪 80 年代以前市场供不应求，企业所面对的市场相对稳定，所以供应链中各组织之间、各部门之间的协调问题相对比较容易，企业绩效也主要取决于本组织与部门的绩效。20 世纪 80 年代以来，市场中供需双方的关系出现了 180 度大转变，顾客在买卖关系中占据了主导地位。企业的生存与发展不再仅仅取决于供应链中各组织、部门本身，更重要的取决于用户，企业需把顾客满意放在首位。然而在传统的企业管理思想下职能部门相互独立地进行管理，供应链中的各职能部门以及各组织通常只追求部门的利益，而且各部门、组织之间缺乏有效的信息沟通与集成。其后果是通常会出现一种现象：一旦消费者需求有所波动，就会引起供应商订货量的较大波动，并且这种波动程度沿供应链向上游不断扩大。现代管理学家将此现象称为“牛鞭效应”，如图 2-6 所示。许多实证研究与企业调查发现，这种现象存在于包括汽车制造、计算机制造、日用品制造等行业的供应链中。

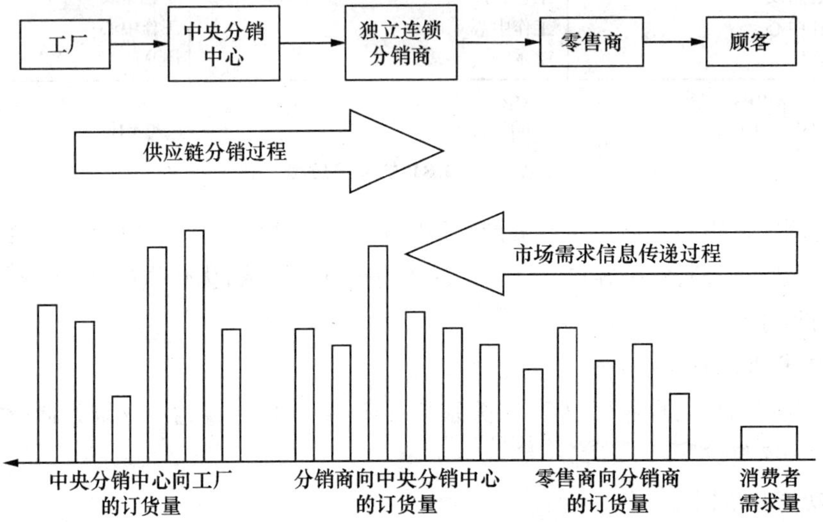

图 2-6 “牛鞭效应”示意图

显然，这种现象会给企业造成产品库存积压严重、服务水平不高、产品成本过高及质量低劣等问题，这必然会使企业在市场竞争中处于不利地位。另外，当今企业之间的竞争不再仅仅是比价格、比质量，供应时间已经成为当前激烈市场竞争中的一个重要竞争因素。

随着先进制造技术在七八十年代的迅速发展以及对传统制造系统的不断改进，制造周期已经大大缩短。因而非制造时间在总供货时间中所占比例显著增加，因此要进一步缩短供货时间，就必须考虑对现有供应链做出改进。东南亚企业——尤其是日本企业——取得成功的一个主要原因在于它们将供应链中的各环节进行协调、集成。比如，在企业内部，采用全面质量管理（TQM）、适时制管理（JIT），强调通过各部门的合作来降低成本、提高质量。在企业外部，采用外包制减少零部件供应商数目，并与它们建立合作伙伴关系以共同提高质量，提高企业应变能力和服务水平。欧美企业为了应对这种国际化竞争，也引入了供应链管理思想。

另外一个推动供应链管理发展的关键因素是近二十年来科学技术尤其是信息技术的飞速发展。科学技术的发展使得各国之间的地理和文化的差距大大缩小，各国的工商组织能够在全球范围内获取资源并销售产品，加上产品生命周期不断缩短，供应链管理的作用就更加突出，全球供应链迫切需要更加有效的管理理念和协调技术。EDI、Internet、Intranet 以及各种信息系统应用的发展极大地促进了现代供应链管理理念的实现以及组织结构的转变。同时，20 世纪 80 年代中后期许多企业所开展的业务流程重组也促进了供应链管理的发展。

近年来对供应链管理的研究热情空前高涨，主要原因在于人们对供应链管理在企业生存发展中的作用和地位有了新的认识。现代供应链管理理论与方法是在现代科学技术条件下产生的，是当今激烈的全球市场竞争中生存与发展的一个重要武器，是赢得市场竞争优势的一种最新手段。

2.4.2 供应链管理思想的实质及特点

供应链管理是指借助网络技术，使分布在不同地区的供应链合作伙伴在较大区域范围内进行集成制造或系统集成化管理，力图通过各组织之间相互的责任分担和利益共享等机制来共同获取利益。

供应链管理的基本思想是：如果把供应链看做一个完整的运作过程对其进行集成化管理，就可以避免或减少各个环节之间的很多延误、浪费，即有可能在更短的时间内用更少的成本实现价值的增加。

供应链管理的主要特点包括以下几个方面：

1. 系统集成性

供应链管理思想是在科学技术高度发达的条件下产生的现代管理思想，强调整体性的全局观念，它以整个供应链而不是某几个组织为出发点，以整体的效率提高、成本降低、资源合理配置等为最终目标。这种管理过程实质上是在一种全局集成思想的指导下，使供应链上所有企业关联集合成一个整体，在对物流的精确控制中实现系统整体优化。

2. 信息共享性

供应链管理中物流的精确控制依赖于准确、及时的相关信息。供应链上的各成员不仅需要知道下游客户的需求，还需要了解上游供应商的供应能力。信息的充分共享是企业及时安排生产、响应市场需求的首要前提。

3. 快速响应性

供应链管理改变了传统的按订单组织生产的管理模式，它及时反馈用户端不断变化的需求信息，并据此调整计划，迅速组织生产，这就缩短了从生产到消费的周期，促进了各个企业对市场机遇的共同把握，提高企业快速响应市场的应变能力。

4. 利益协同性

企业的各种行为都是围绕企业价值最大化这一最终目标展开的,供应链管理的内在机制在于各成员利益协同一致。没有双赢或三赢的利益协同机制,就会使个别成员目标背离整体供应链目标并最终导致个体行为的偏离。供应链建立在双赢或三赢的利益基础上,各个成员之间平等合作、取长补短、互惠互利。

5. 组织虚拟性

为了实现某一目标,从供应链上有条件地选取一些厂家,以最佳的动态组合方式组成一种比较紧密的供应、生产、销售的联系,就形成虚拟企业。基于供应链的虚拟企业根据市场机遇的变化不断重组和优化,它随任务的出现而形成、随任务的终结而消失,这种动态虚拟性保证了供应链的形式灵活、结构快捷和迅速响应市场的能力。

2.4.3 供应链管理的几种模式

早期的观点认为供应链管理是制造企业中一个内部过程,它是指将采购到的原材料和收到的零部件,通过生产转换和销售等过程传递到制造企业的用户这一过程的管理。后来供应链管理的概念注意了与其他企业的联系,注意了供应链的外部环境,并将供应链管理定义为通过不同企业的制造、组装、分销、零售等过程,将原材料转换成产品到最终用户的对转换过程的管理。

目前,人们对供应链管理模式的理解主要有三类:企业内部供应链、生产供应链或动态联盟供应链和全球网络供应链。

1. 企业内部供应链

它将企业内部经营的所有业务单元,如订单、采购、库存、计划、生产、质量、运输、市场、销售、服务等,以及相应的财务活动、人事管理,均纳入一条供应链内进行统筹管理。企业重视的是物流、资金流和企业内部资源的管理,即如何更快、更好地生产出产品并将其推向市场,这是一种“推式”供应链管理。

2. 生产供应链或动态联盟供应链

在这种供应链的管理过程中,首先在整个行业中建立一个环环相扣的供应链,使多个企业能够在一个整体的管理下实现协作经营和协调运作,把这些企业的分散计划纳入整体供应链的计划中,实现资源和信息共享,从而大大增强该供应链在大市场环境中的整体优势,同时也使每个企业均可实现以最小的个别成本和转换成本来获得成本优势。其次,在市场、加工/组装、制造环节与流通环节之间,建立一个相关的动态企业联盟(虚拟公司)。

3. 全球网络供应链

互联网、交互式 Web 应用以及电子商务的出现,将彻底改变人们的商业方式,也将改变现有供应链的结构,传统意义上的经销商将消失,其功能将被全球网络电子商务取代。传统多层的供应链将转变为基于互联网的开放式全球网络供应链。在全球网络供应链中,企业的形态和边界将产生根本性改变,整个供应链的协同动作将取代传统的电子订单，供应商与客户信息交流层次的沟通与协调将是一种交互式、透明的协同工作。

供应链管理思想的真正应用是在20世纪90年代后期，它随着互联网技术、电子商务、计算机电话集成技术的成熟，以及客户关系管理系统的问世而逐步成熟。人们将供应链管理思想与信息技术有机融合，研究出供应链管理软件，解决市场和客户需求与企业之间的信息沟通和集成问题。目前，人们对供应链思想的认识不一，供应链管理软件从功能角度看也可以分为三类，分别支持这三种模式。

2.5 客户关系管理

很多企业在考虑如何提高企业利润时，常常想到的是努力提高销量、降低成本等，却忽视了凝聚客户资源是提高利润的重要途径。事实上，消费者和潜在客户将给企业带来现金流和利润。但是，很多企业却忽视了客户关系管理（CRM）。结果，有些客户被竞争对手拉走了，有些趣味转移了，有些对企业产品不满，更严重的是员工对公司低劣的客户关系管理失去信心进而带走客户。这都给企业造成巨大的经济损失。

当我们审视现行环境时会发现，20世纪90年代买卖双方的角色地位发生了逆转，客户不再是被猎取的对象，而是得到了特殊的对待和培养。客户从供应商和服务提供商那里需要得到的是灵活性、实用性、创造性以及价格优势。国际上有些先进的公司深刻地认识到客户的重要性，如美洲航空公司CEO指出："自由市场竞争的精灵就是客户，是他们决定着谁输谁赢，而且最终客户将是最大赢家。"罗纳德（Ronald S. Swift）在《客户关系管理——加速利润和优势提升》一书中指出："留住老客户比赢得新客户的代价低得多——实际上两行为的成本相差五倍。假如你留住客户，长期而言他们也是为你创造更多利润的客户。"如何留住老客户，如何吸引新客户，如何应用80/20理论分析客户，如何把握提高价值的、回头的、满意的、创利的客户等问题，成为全世界所有盈利型和增长型企业关注的焦点，CRM也因此成为企业管理研究的热点问题之一。

CRM是指企业通过富有意义的交流沟通，理解并影响客户行为，最终实现提高客户保留率、客户忠诚度和客户创利的目的。早在40年前管理大师德鲁克就意识到企业的目标在于创造客户，但是企业在获得、保留和建立客户关系方面一直未能有更大的突破。随着数据仓库、数据挖掘等IT技术的出现，CRM管理思想和信息技术有机地融合在一起，在客户服务理念的基础上客户关系管理系统应运而生。

目前，客户关系管理的核心思想是：凝聚客户关系、提升资源价值，通过实时挖掘潜在客户、实时跟踪现实客户、实时维护重点客户，达到提高用户满意度、实现增加收入和利润的目的。一般来说，CRM主要包括以下几个方面的内容。

2.5.1 市场营销

通过实时获取产品特征、产品购买周期、拳头产品的信息，支持市场活动方案的制订、规划和评估分析;通过获取和收集竞争厂商、竞争产品、竞争策略、竞争力度的信息,对竞争信息进行分析和预测,把握市场商机;通过获取渠道厂商及产品服务信息、渠道产品库存信息、渠道销售机会跟踪信息,实现对业务进程和渠道的控制管理、价格和折扣管理等。

2.5.2 销售管理

通过对客户档案信息、交往记录、报价记录、交易记录、反馈记录等信息的动态获取和分析,使企业多角度地把握客户需求,实时了解客户动态信息,采取灵活对策;通过对交易历史记录和销售、服务等具体业务中产生的客户信息的分析,挖掘出最有价值的20%客户,以珍惜价值客户,保护其最大利益;通过 CRM 与电子商务的有机结合,企业将产品与服务信息迅速传递给大量潜在客户,降低销售成本,提高销售率,客户可以通过网络完成服务请求的录入,也可以直接在网络上下订单,使企业对客户的服务变成全天 24 小时的不间断方式。

2.5.3 服务管理

从收到客户的服务请求开始,全程跟踪服务任务的执行过程,保证服务的及时性和质量;引入一对一个性化服务理念,建立标准的服务知识库,帮助所有服务人员共享服务经验,迅速提升员工的服务水准;提供销售、服务等过程中的客户关怀管理,提升销售、服务效果、客户满意度和企业形象。

目前,很多软件公司将客户关系管理的思想与信息技术有机融合起来,设计、开发了具有上述基本功能的软件,并应用于企业实践。

通过上述分析可以看出,信息技术革命对经济环境产生了重大影响,对管理提出了挑战。为了应战,人们不断研究新的管理思想和方法,同时又将信息技术与管理思想有机融合起来设计管理软件,推动企业的应用和管理创新。企业管理创新又推动了管理软件的发展,并出现了“百花齐放”的现象。现在我们认识到企业管理信息化不等于ERP。如果从软件角度看 ERP,狭义的 ERP 主要指用在制造业的管理软件,对非制造业,如电力行业、建筑业、金融业和保险业等并不适用。这些行业可以根据自己的需要,选择适合本行业特色的广义 ERP 管理软件和解决方案。

2.6 商业智能与管理决策

2.6.1 商业智能的起源与发展

商业智能(Business Intelligence,BI)不是一个新名词。多年来,企业一直在寻找对商业智能的理解和实现的方式,以增强企业的竞争力。1964 年一个叫 Michael S. Scott Morton 的研究员在哈佛商学院提出了“决策支持系统”的想法,这便是 BI 的萌芽。

当人类进入 21 世纪,会出现以下情形:

1. 全球化竞争加剧,呼唤 BI 成为促进价值链增值的重要工具

20 世纪 90 年代以来,以互联网为代表的信息技术的广泛应用推动了全球经济一体化的进程。供大于求的市场状况和同质化的竞争,使企业原有的生产、技术、资金和信息等优势越来越不明显,企业之间的竞争已从单一企业间的竞争演变为企业供应链之间的竞争,从改进企业运作流程、降低成本、提高管理效率演变成增强企业价值链之间的竞争。因此,企业需要围绕价值链重组企业内外部的业务活动构架,提高竞争优势;企业管理需要从内部资源的管理延伸到供应商、销售商、服务商和客户的管理;企业信息化也需要从实现企业资源管理上升到构建价值链获得价值增值,实现价值链的战略管理,提升企业的核心竞争力。

2. 抵御商业风险,期待 BI 成为支持规范经济秩序的重要工具

在现代市场经济中,盈利和风险并存。面对国际、国内两个市场的激烈竞争,制造业必须树立正确的风险观,把握各种市场机会所蕴涵的收益/损失可能性,既克服"凭运气行事"的鲁莽风气,又避免因害怕风险而导致的畏缩不前。经济全球化要求具有严格的行业规范和竞争规则。例如,针对世通财务丑闻给美国资本市场带来的打击,美国颁布了严厉的《2002 年萨班斯—奥克斯利法案》,要求在美的上市公司必须实时提供财务信息,对违反的 CEO 和 CFO 给予最长 20 年的监禁;《财富》及《福布斯》要求上榜企业进行经济附加值(EVA)评价。这些都刺激了 BI 的研究和应用,推进了 BI 商务模型的不断丰富和发展。

3. 科学管理决策,需要 BI 推动企业信息化从运营层向管理决策层的发展

20 世纪六七十年代,西方发达制造企业主要关注物流管理,解决既不缺货又不积压库存的问题(MRP);80 年代,制造企业主要关注物流与资金流的集成管理(MRPⅡ);90 年代,在互联网广泛应用的时代,制造企业关注制造资源的管理,解决企业物流、资金流、信息流的集成问题,提高企业的运作效率。欧美企业在过去十几年里对 ERP 的投资非常普遍,并成为企业最大的 IT 投资项目。

进入 21 世纪,企业的经营环境发生了根本性的变革,企业管理不得不解决如下问题:如何制定有效的战略,保证企业持久的竞争力?如何正确评价企业给客户、员工、企业、股东和社会带来的价值?如何进行动态、科学决策,在日益竞争的环境中快速制定敏捷、正确的解决方案?如何为利益相关者股东、监督部门、银行、评价机构提供其所需信息的自助服务,从而保证企业健康发展?BI 是解决这些问题的基础,BI 的发展推动了西方企业管理信息化从运营层向管理决策层的发展。

2.6.2 BI 的思想与特点

BI 发展历程比较短,到目前为止人们对 BI 还没有形成统一的认识。一般认为 BI 具有如下思想和特点:

(1) BI 是为提高企业运营性能采用的一系列方法、技术和软件的总和。BI 是帮助

企业提高决策能力和运营能力的概念、方法、过程以及软件的集合。

（2）BI具有四个层面，如图2-7所示。

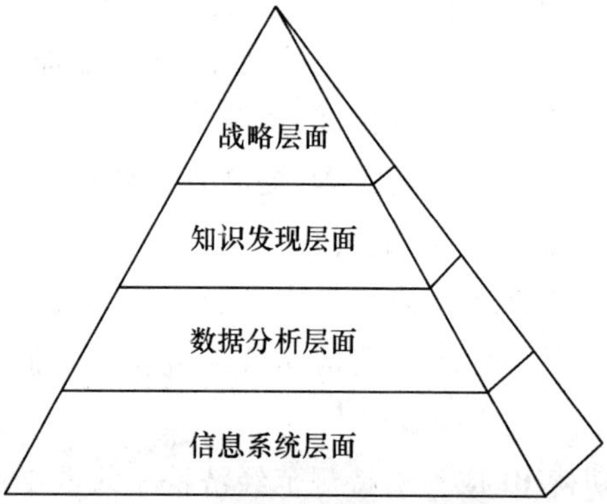

图2-7　商业智能的四个层面

信息系统层面，是商业智能系统（BI System）的物理基础，表现为具有强大决策分析功能的单独的软件工具和面向特定应用领域的信息系统平台，如SCM、CRM、ERP。与事务型的MIS不同，商业智能系统能提供分析、趋势预测等决策分析功能。

数据分析层面，是指一系列算法、工具或模型，包括获取与所关心主题有关的高质量的数据或信息，然后自动或人工参与与使用具有分析功能的算法、工具或模型，帮助人们分析信息、得出结论、形成假设、验证假设。

知识发现层面，与数据分析层面一样，是一系列算法、工具或模型，具体是指将数据转变成信息，然后通过发现，将信息转变成知识，或者直接将信息转变成知识。

战略层面，是指将信息或知识应用在提高决策能力和运营能力上以及企业建模等。BI的战略层面是利用多个数据的信息以及应用经验和假设来提高企业决策能力的一组概念、方法和过程的集合。它通过对数据的获取、管理和分析，为贯穿企业组织和各种人员提供信息，以提高企业战略决策和战术决策能力。

（3）BI是帮助企业更好地利用数据提高决策质量的系统，是数据仓库等先进工具和各种分析模型的融合体，如图2-8所示。

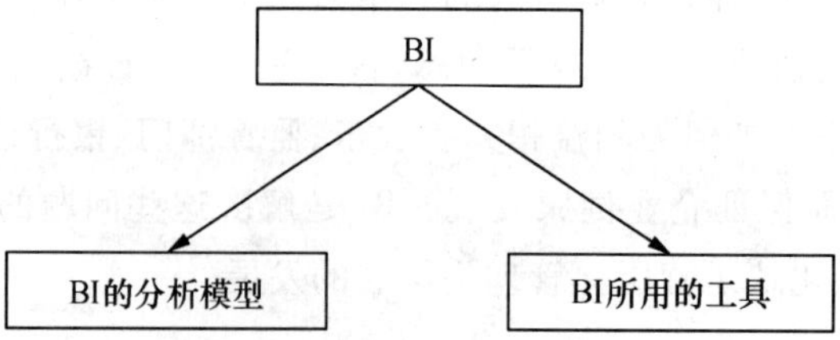

图2-8　商业智能：分析模型与所用的工具

BI的分析模型主要包括：① 财务管理与分析（杜邦，EVA、ROI）；② 平衡计分卡；③ 供应链管理与分析；④ 关键绩效指标（Key Performance Indicators，KPI）；⑤ 客户分析等；⑥ 从各种渠道（软件、系统、人，等等）发掘可执行的战略信息。分析模型可以根据企业决策和管理需求，不断发展完善。

BI 所用的工具主要包括：① 抽取（Extraction）；② 转换（Transformation）；③ 加载（Load）软件（搜集数据，建立标准的数据结构，然后把这些数据存在另外的数据库中）；④ 数据挖掘和在线分析（Online Analytical Processing，允许用户容易地从多个角度选取和查看数据）等。

2.6.3 BI 的价值

BI 正是通过对 ERP 等经营数据的提取、整理、分析、展现，使企业最终通过分析结果制定有关策略、规划，实现资源的合理配置，节约成本，提高效益，从而成为促进世界制造业价值链获得价值增值能力的重要工具。

从企业决策层次化需求分析角度看，BI 的应用可以解决以下问题：

（1）发生了什么？——提供事先制好的报告、企业平衡计分卡或者“仪表盘”，利用集中管理的 KPI，解决企业运营绩效问题，监控企业的发展，实现将复杂的报告用简单的方式表现出来。

（2）为何发生？——业务部门可以从固定的报表、报告和一些关键的 KPI 中得到很多相关信息，但是当它们发现问题时，需要了解为何发生了问题，这时就需要即时查询和例外（OLAP）分析。

（3）现在发生了什么？——这个层次的 BI 是实时的信息分析，BI 帮助决策层建立当前情况下的业务战略和决策。

（4）即将发生什么？——客户发现仅仅了解现在还远远不够，对于将来会发生什么，风险的预测和评估是非常重要的。

今天，越来越多的企业不断将信息技术与管理融合，构建和完善管理信息系统。管理创新推动了信息技术的应用，同时信息技术的应用又进一步推动了管理创新，信息技术与管理创新的融合和推进按照螺旋式轨迹不断上升。

本章小结

新时代不断要求管理理论创新，同时管理理论的创新又推动了管理软件的发展。管理软件的广泛应用不仅指导了管理实践，提升了管理水平，反过来又推动管理理论和管理软件的发展和完善，使得管理理论和实践呈螺旋式上升。当企业管理的环境从手工转向 IT 环境，特别是互联网技术在企业管理信息化中的应用使得物流、资金流、信息流有机融合和集成后，财务与业务的融合变得更加紧密。

先进管理思想的发展经历了物料需求计划、制造资源计划、企业资源计划、供应链管理、客户关系管理和商业智能与管理决策等阶段。

管理创新推动了信息技术的应用，同时信息技术的应用又进一步推动了管理创新，信息技术与管理创新的融合和推进按照螺旋式轨迹不断上升。

练习题

1. 名词解释

(1) 物料需求计划

(2) 制造资源计划

(3) 企业资源计划

(4) 供应链管理

(5) 客户关系管理

2. 选择题

(1) 20 世纪 60 年代,随着计算机商业化应用的开始,将信息技术与生产和库存控制方面的研究成果相结合,研究(　　)计划(MRP),成为当时的热点问题。

A. 物料需求　　B. 制造资源　　C. 企业资源　　D. 地区资源

(2) 从管理信息系统的角度理解,MRP 是一种(　　)处理系统。

A. 数据　　B. 信息　　C. 计算　　D. 汇总

(3) MRPⅡ的基本思想是把企业作为一个有机(　　),从整体优化的角度出发,通过应用科学方法,对企业各种制造资源和产、供、销、财各个环节进行有效计划、组织和控制,使它们得以协调发展并充分发挥作用。

A. 部分　　B. 整体　　C. 框架　　D. 形式

(4) ERP 是在 20 世纪 90 年代中期由美国著名的计算机技术咨询和评估集团加特纳提出的一整套企业(　　)系统体系标准,其实质是在 MRPⅡ基础上进一步发展而形成的面向供应链的管理思想。

A. 财务　　B. 管理　　C. 生产　　D. 销售

(5) BI 是帮助企业提高决策能力和(　　)能力的概念、方法、过程以及软件的集合。

A. 筹资　　B. 投资　　C. 运营　　D. 创利

3. 判断题

(1) 当企业管理的环境从手工转向 IT 环境,特别是互联网技术在企业管理信息化中的应用,使得物流、资金流、信息流没有有机融合和集成后,财务与业务的融合变得并不是更加紧密。　(　　)

(2) MRP 虽然能够根据有关数据计算出相关物料需求的准确时间和数据,但它还不够完善,其主要缺陷是没有考虑到生产企业现有的生产能力和采购的有关条件约束。　(　　)

(3) ERP 的核心层次不是管理思想,即不是从人、财、物、供、销全面结合、全面受控、进一步发展而成的以效益为中心的管理思想。　(　　)

(4) 供应链管理(SCM)思想方法兴起的原因很多,主要在于企业所面临的市场环境所发生的巨大变化:从过去供应商主导的、静态的、简单的市场环境,变成现在顾客主

导的、动态的、复杂的市场环境。（　　）

（5）1964 年，一个叫 Michael S. Scott Morton 的研究员在哈佛商学院提出了“决策支持系统”的想法，这便是 BI 的最终完成。（　　）

4．复习思考题

（1）物料需求计划是怎么样产生的？

（2）MRP 的基本原理是什么？

（3）简述 MRPⅡ 的效果。

（4）企业资源计划的基本内容有哪些？

（5）供应链管理思想的实质和特点有哪些？

（6）BI 的价值在哪里？

第3章　网络财务管理系统

本章框架结构

网络财务管理系统
- 网络——网络传递和信息共享的基石
- 数据库——存储和管理数据的黄金宝库
- 管理软件——财务管理的应用载体
- IT环境的技术构架
- IT环境对财务管理创新价值
- 网络财务的实施条件
- 网络财务的实施方案
- 网络财务的实施评价

本章学习目标

- 了解网络财务管理系统的概念；
- 理解环境对财务管理的影响；
- 掌握网络财务的实施条件、实施方案及实施评价；
- 掌握网络财务实施的业务协同，组织保障、软件准备及人才储备；
- 掌握网络财务实施的目标、步骤及方法；
- 掌握网络财务实施后的评价内容、评价指标及评价方法。

企业利用信息技术创建网络财务管理的环境，是一项非常重要的工作。从财务管理角度来说，财务管理的IT环境包括网络、数据库和管理软件。其作用是：一方面，能使信息可以被实时传递、存储、共享，它像强力黏合剂一样，将企业内部成员单位、企业与供应商，企业与客户、企业与其他公众的各种职能、各个部门、各个项目和一系列经营活动连接起来；另一方面，先进的管理思想与IT融合的管理软件，不仅可以增进组织成员之间的信息交流和了解，而且使首席财务官（CFO）团队能够利用实时信息对企业经营活动进行指导、协调、约束和促进，提高了企业的经营效率和效益，从而保证企业战略目标的实现。

网络财务的实施是网络财务得以运用的重要步骤，实施后的评价是网络财务应用上水平、上台阶和日趋完善的基本前提,也是网络财务理论发展和应用升华的必然结果。

网络财务管理系统是财务管理和网络技术的结合,是以网络技术为基础全面实现各项财务管理功能的计算机系统。具体说就是,通过先进的网络技术和通信技术,对外安全、高效、便捷地实现电子货币支付、电子转账结算和与之相关的财务业务电子化,实现资源共享和信息及时互动,对内有效地实施网络财务监控和管理。这主要包括如下四个方面:

(1) 系统硬件。网络财务管理系统的硬件主要包括:计算机硬件、网络通信设备和办公设备。

(2) 系统软件。网络财务管理系统的正常运作除了需要有硬件作为物质基础,还需要有一套与硬件设备相配套的软件作为支持。软件是系统的核心,分系统软件和应用软件两类。

(3) 人员。网络财务管理系统作为一个新生事物,能够对其有全面了解并熟练使用它的人员很少。这就要求在软件安装完成后,企业还应该对相关人员进行培训。

(4) 相关的法律法规及环境。

3.1 网络——信息传递和信息共享的基石

20 世纪 90 年代,高速发展的计算机网络为大范围的信息交流和资源共享提供了前所未有的良好环境。计算机网络的广泛使用改变了传统意义上的时空观,对社会各个领域,包括人们的日常生活产生了变革性的影响,同时为会计管理活动和财务管理理论带来了发展和创新的机遇。在信息需求的驱动下,企业努力将各自独立的计算机连在一起,构成各种各样的计算机网络,提供信息传递、信息共享的平台,为达到实时控制目的奠定了基石。

3.1.1 计算机网络的定义

计算机网络是计算机技术和通信技术相结合的产物,它将位于不同地域的多台具有独立处理功能的计算机设备通过某种通信介质连接起来,并由网络软件进行协调管理,给予用户共享软件、共享信息、共享设备和相互通信的能力,并能分享处理能力。

3.1.2 计算机网络的分类

计算计网络的分类方法很多,可以按网络拓扑结构来分,也可以按网络范围和计算机互联距离划分,还可以按交换方式划分等。其中,最常用的分类方法是按网络范围和计算机互联距离,划分为 Internet 国际互联网、Intranet 企业内部网络和 Extranet 企业间网络。

1. Internet 国际互联网(广域网)

国际互联网是按照一定通信协议(TCP/IP)将分布于不同地理位置、具有不同功能的计算机或计算机网络,通过各种通信线路在物理上连接起来的全球计算机网络的网络系统。互联网用户使用互联网上的应用程序(如电子邮件 E-mail)、万维网(www)等、Web 技术和设备,彼此通信以获得大量信息。互联网是目前国际上最大的广域网(Wide Area Network,WAN),广域网的发展起源于 20 世纪 60 年代末 70 年代初。广域网涉及的范围较大,一般可以从几千米到几万千米,它将远距离的计算机连接起来,例如一个城市、一个国家或洲际建立的网络都是广域网。在广域网内,用于通信的传输装置和介质一般由电信部门提供,网络规模大,能够实现较大范围内的资源共享。广域网的主要特点是:传输距离长,传送速率相对局域网低,网络结构不规范,可根据用户需求随意组网等。

2. Intranet 企业内部网络(局域网)

企业内部网络是应用互联网技术将企业内部具有不同功能的计算机通过各种通信线路在物理上连接起来的局域网。在该网络中,企业内部部门之间可以共享程序与信息,增强员工之间的协作,简化工作流程。局域网(Local Area Network,LAN)是 20 世纪 70 年代末发展起来的,它是一种在小区域范围内(一般在几千米内)使用的、由多台计算机组成的网络,这种网络属于一个部门或单位组建的小范围网,例如在一栋建筑物内,一个工厂、校园内等。它的主要特点是:数据传输距离较短,数据传输率高,传送误码率低,网络结构规范(常为星形和总线形)等。

3. Extranet 企业间网络(城域网)

企业间网络是采用互联网技术、网络协议和设备构成的企业间的城域网(Metropolitan Area Network,MAN)。随着局域网使用带来的好处,人们逐渐要求扩大局域网的范围,或者要求将已有的局域网相互连接起来,使其成为一个规模较大的区域或城市范围内的网络。城域网是介于广域网和局域网之间,满足几十千米到几百千米内大量机关、企业、公司与社会服务部门计算机联网的需求,实现大量用户、多种信息传输的综合信息网络。例如,城市中企业与税务部门、银行间的联网,实现缴税款的自动控制等。城域网也可以说是局域网进一步向企业外延伸,使其使用范围扩大到企业与企业之间,从而使企业关联企业、上游供应商和下游经销商之间形成范围更广阔的网络。它涵盖了企业与协作厂商之间的联系,建立了非常密切的交换信息和数据联系,提高了社会协同生产的能力和水平。城域网的主要特点为:传输距离在 100 千米以内,传输速率较高,网络系统机构灵活,综合性应用强等。

3.1.3 从财务管理的视角理解计算机网络的作用

计算机网络具有两方面的作用。

1. 软资源共享

软资源共享是指存放在网上的软件资源,企业各个部门、集团各个利益相关者均可上网共享软资源。例如，用户可上网查询各种存货的现存量、各种产品的销售价格、企业的财务状况和经营成果等。

2. 硬资源共享

硬资源共享主要指各种服务器及价格昂贵的外部设备(高速打印机、彩色激光打印机、服务器等)实现共享。例如，用户均可通过上网使用异地的上述设备，将信息存入共享服务器中并实时获取信息等。

3.1.4 信息传递和交换

信息传递和交换主要是指通过网络系统，使企业各部门、企业的各个利益相关者跨时空地进行信息传递与交换。例如，财务部门可以在自己的办公室将费用预算标准等价值信息传递给各个业务部门；集团可以将会计制度、政策等实时传递到全国乃至全球的分公司，共享集团的统一财务信息。

3.2 数据库——存储和管理数据的黄金宝库

3.2.1 数据库的概念

计算机数据处理的应用领域中存在着大量需要存储、处理和调用的数据，因此在计算机应用科学中开展了对数据库的研究工作。几十年来伴随着网络技术的发展，数据库技术不断发展和完善，推出了越来越多适用的数据系统。

早在 20 世纪 50 年代后期和 60 年代就出现了主要由文件系统来实现的数据库系统，70 年代出现了面向数据处理方式的数据库系统，如 1979 年 Oracle 公司发布了第一个商品化的 SQL 的关系型数据库(RDBMS)。80 年代后期网络技术发展把关系数据库推向高峰，客户/服务器网络模式将应用系统一分为二，数据库服务器负责数据管理部分，客户机负责接口，彼此经过网络交换信息，其中 Sybase 公司开发出的与 C/S 紧密集成的数据库系统闻名业界。进入 90 年代，Internet/Intranet 以及 Web 技术在全球流行，丰富的多媒体信息与业务信息组成了新的业务处理对象，为此，数据库必须能够存储和处理一些新的非结构化数据类型，如图像、图形等。目前又出现了面向对象的数据库管理系统(Object Oriented Database Manage System，OODBMS)。

随着数据库的发展和人们对其的认识不同，数据库的定义也不同：数据库是组织的数据集合，服务于多种应用；数据库是相关文件的集合；数据库是计算机数据的集成化；数据库是相关文件的超级集合；数据库是一个信息的集合，在这个集合中可以按照信息的逻辑结构对其进行组织与存储。

我们认为，数据库的概念有广义和狭义两种。

(1) 从广义上理解，数据库应该理解为数据库管理系统，它是能够定义数据库的逻辑组织结构，并对数据库进行存取访问，对数据进行存储和管理的系统。

(2) 从狭义上理解,数据库是一个数据或信息的集合,这些数据按照逻辑结构进行存储。

值得一提的是,从严格意义上讲数据和信息是有区别的,但在通常情况下人们常将这两个名词混淆使用。

3.2.2 数据库的主要特征

1. 信息集合

对于企业来说,当一项经营活动发生时,就会有反映经营业务的信息产生,如采购信息(采购价格、数量、供应商等)、销售信息(销售价格、销售数量、销售税金等)的产生。在经营活动发生的同时,会产生支持活动的信息,如财务信息、人事信息、生产信息等。数据库就是存放这些信息的"仓库",并构成巨大的信息集合。

2. 逻辑结构

数据库中的信息并非随意存放,而是按照逻辑结构进行组织和存放的,即按照文件、记录、字段进行存放。

(1) 数据库由若干个相关的文件组成。

(2) 每个文件由若干条记录组成,它包含一个实体集合的所有记录。

(3) 每条记录由若干字段组成,表示实体特定属性,对于一个实体的每一个属性都要用字段描述。

(4) 字段是数据库的最小单元,它有名称、类型、长度和格式等属性。

3. 信息中的逻辑关系

从物理上看,数据库中的文件是独立存在的,但是从管理和控制角度看,这些独立存在的文件之间必然存在着密切的联系,正是通过这种密切的联系,才能为管理和控制提供所需的信息。因此,数据库的另一个特征就是:在数据库中能够为每一个文件指定一个特定的字段,称为主关键字。正是通过两个或多个不同文件中共同的主关键字,建立起文件之间的逻辑关系,从而满足管理需求。

4. 信息的组织方式

信息在存储器中的存储的方式称为组织方式。组织方式主要包括:

(1) 顺序组织方式,是指记录按照先来先存储的先后顺序依次在一个文件中存储的方式。

在管理信息中,各种信息被存储在数据库的文件中,一般来讲,各种单据文件,如采购发票文件、销售发票文件、记账凭证文件等,都是按照顺序组织方式进行的,即严格按照业务发生时间的先后次序存储在数据库文件中。

(2) 索引组织方式,是指文件中的记录按照关键字从小到大或从大到小的次序安排在一个文件中的存储的方式。

不同的组织方式导致信息的存、取、增、删、改等操作方法不同。

如果从管理的角度看,需要按经济业务的分类进行统计,以便按分类进行资金支出控制。这就需要将现金收支文件按索引组织方式进行存储。

3.2.3 从财务管理的视角理解数据库的作用

目前数据库管理系统(简称数据库)非常多,如 DB2、ORACLE、SQL、Server 等,它们不仅能够组织和存储数据,而且提供定义数据、查询数据、控制数据,在数据存储量、数据处理能力、数据系统的安全、数据的自动复制和数据权限管理等方面具有强大的功能。

从财务管理与控制的角度看,数据库能够起到如下作用:

(1) 定义数据结构:建立并修改数据库的逻辑结构,使得信息使用者能够按照管理需要获取数据。

(2) 存储数据:按照特定逻辑结构和组织方式存放反映经营活动的数据。

(3) 处理数据:查询、增加、修改、删除数据库中的信息,保障管理所需数据能够根据经营活动的进展情况,实时、动态、全面地反映和更新。

(4) 管理数据:确定谁能使用数据、使用哪些数据、数据备份和恢复方法等。

通过分析可知,数据库存放大量数据不是最终目的,更重要的是在数据库中能够定义数据、处理数据、管理数据,为管理者利用信息对经营活动过程进行控制,为有效地控制资金、成本等,保障企业战略目标的实现提供支持。

3.3 管理软件——财务管理的应用载体

3.3.1 管理软件的概念

管理软件是建立在网络和数据库之上,对经济活动中的物流、资金流和信息流进行管理的应用载体。

1. 从 IT 角度看

管理软件是获取企业经营活动全过程的数据,通过加工、存储、检索、整理,将数据转换为信息,并将这些信息及时、准确、高效地提供给信息使用者,以支持管理、提高效率。

2. 从管理角度看

管理软件是将企业管理思想、管理模型与信息技术有机融合的软件,它能够将满足企业管理需求的规则、制度、标准、流程管理基础信息进行存储和固化;通过网络获取企业经营活动全过程的数据,并根据规则、制度、标准等进行有效控制;按照管理者的要求生成管理信息,通过网络动态报告信息。

管理软件与网络和数据库不同,它在设计时要充分考虑不同企业的类型、管理模式、管理思想对管理软件应用的影响。因此,这种应用软件是伴随着网络和数据库技术的发展,特别是企业管理模式、管理思想、管理方法的发展而不断发展和完善的。管理软件是将管理思想、管理方法和信息技术有机融合的产物。

3.3.2 管理软件的核心功能

随着管理的进步和需求的不断增加,管理软件也成为一种商品,其核心功能也随着企业管理的进步和需求不断增加和丰富。

不同的软件公司提供了各种商品化的管理软件,如SAP公司、ORACLE公司、微软公司、用友软件股份有限公司、金蝶软件公司、浪潮软件公司等,它们将当前最新的信息技术与管理理论有机融合,为企业提供管理软件,支持企业利用信息技术进行管理创新。

从横向看,企业管理的各个方面都有相应的管理软件或子系统的支持,这些子系统可以相对独立运行,解决企业管理某一方面的问题(如生产制造、财务管理),同时又可以集成起来,相互联系、相互作用,共同为企业管理提供支持。

1. 生产制造管理

在21世纪竞争多变的市场环境中,制造业面临着巨大的挑战,生产制造管理系统正是为了应对这种挑战,按JIT/敏捷制造的管理思路进行构建的,使系统可对家电、装配等制造类型的企业提供良好支持。生产制造管理主要包括主生产计划、重复生产排程、物料需求计划、生产订单管理等功能。

2. 财务管理(FM)

为了支持首席财务官CFO实现“管家”和“战略家”双重职能,目前很多管理软件财务系统提供三个层次的功能模块:财务业务层、财务管理层、财务战略与决策层,并和ERP生产制造管理、客户关系管理、供应链管理、人力资源管理等模块一起动态传递信息,协同管理。

3. 人力资源管理(HRM)

企业间竞争的关键因素之一是人才的竞争,因此,人力资源管理的内容也纳入管理软件中,使财务会计、管理会计以及其他系统有机融合在一起。人力资源管理主要包括:薪资管理、福利管理、人事信息管理、员工自助、考勤管理等。

4. 供应链管理(SCM)

为了满足竞争的需要,供应链管理的内容也纳入管理软件中,主要包括:采购管理,即采购合同管理、采购价格管理、供应商评估、采购管理、采购订单管理、发票校验、质量管理;渠道管理(PRM),即销售合同管理、销售价格管理、渠道管理;库存管理与存货管理;分销资源计划(DRP),即委外加工、配送/运输管理等。

5. 客户关系管理(CRM)

为了满足竞争的需要,客户关系管理的内容也纳入管理软件中,主要包括:服务管理、客户档案管理、机会管理、客户关怀管理、销售管理与职员管理等,实现实时挖掘潜在客户、实时跟踪现实客户、实时维护重点客户。

6. 商业智能(BI)

为了满足企业管理层评价和管理的需要,将企业不断创新的模型(如 EVA、平衡计分卡、风险管理模型、经营决策分析模型等)与最新的数据挖掘、数据清洗等信息技术有机融合,从战略和决策层为管理者提供支持。

目前,管理软件的功能正随着信息技术和管理需求的发展不断增加,很多企业也根据其管理需要选择相应的功能模块或系统,搭建管理信息化应用平台,并形成相应的解决方案,使企业置身于集成化的信息环境,实现信息的实时获取、处理、传递和共享,并实时、动态地控制经营活动,从而提高企业的竞争力。

3.3.3 管理软件的层次特征和作用

从纵向看,管理软件可以分为三个层次:业务执行层、管理控制层、决策支持层,如图 3-1 所示。

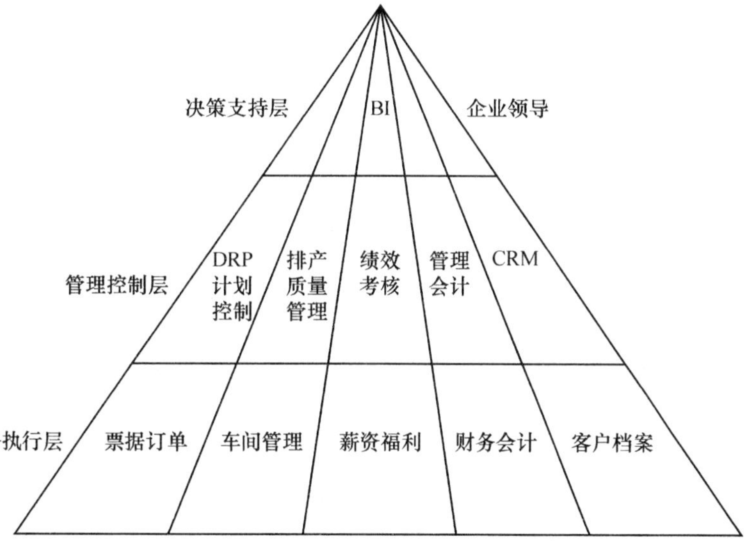

图 3-1 管理软件的三层功能结构图

1. 业务执行层的主要作用

业务执行层的主要作用包括对企业经营全过程的反映,即供应链(采购、库存、销售)、生产、薪资福利、财务会计、客户资源管理等环节的信息获取、加工、输出等,实时、动态地反映经营活动的实际情况,实现物流、资金流、信息流的有效集成。

2. 管理控制层的主要作用

管理控制层的主要作用包括对企业经营全过程的管理和控制,通过管理模型或模式,利用业务层的信息对资金、资源、成本等进行有效管理或控制。例如,供应链管理过程中应用分销资源计划(DRP)模型,就是通过实时获取每个分销网络及分销节点的现存量、要货申请及预测量,测算出每个分销节点要货申请的合理性,自动给出合理的补货建议或调拨建议,完成对分销网络存货水平的自动平衡和控制,从而支持大范围内的物流控制,降低渠道存货成本。又如,在财务管理过程中,应用管理会计思想建立资金集中管理模式、成本控制模式等,应用预算控制等方法对资金和成本进行有效管理和控制,达到提高资金的使用效率和效益,降低成本的目的。

3. 决策支持层的主要作用

决策支持层主要通过数据挖掘,及时、准确地获取可供决策的信息(企业内部当前数据和历史数据以及企业外部的合作伙伴、互联网上的信息等),利用决策模型(筹资决策模型、投资决策模型、企业经济价值评估模型等)实时得出各种方案,快速总结业务运作的实际情况以及市场或客户的趋向,从而做出正确、及时的决策。

从图 3-1 中我们可以看出,财务软件也可以分为三个层次:第一层,财务会计层,主要用管理软件解决会计核算问题;第二层,管理控制层,主要是引进管理思想,结合控制方法(预算控制、标准控制)等实现预算管控、资金管控等,提高财务管理水平;第三层,决策支持层,利用财务信息或非财务信息支持企业的绩效评价与决策活动。

3.3.4 管理软件具备的个性化应用特征

不同企业的组织结构、业务流程、管理制度、管理模式等都不尽相同,即使同一企业在不同时期,其也会随着经济环境的变化而变化。因此,先进的管理软件应该具备以下应用特征:

1. 组织结构的个性化应用

组织结构的个性化问题是管理软件必须解决的问题之一,一方面组织结构反映出业务、人员、核算和管理之间的关系,另一方面组织控制是实现管理控制的重要方法之一。因此,先进管理软件应该支持企业组织结构个性化的设置和变革,从而支持有效的组织控制。

2. 业务流程再造与个性化配置

业务流程的合理与否直接影响到企业运作的效率和实时控制的质量,无论国内还是国外企业,在激烈的市场竞争中都会面临这一问题。先进管理软件应该支持业务流程再造,对工作流、单据、界面等进行有效配置,从而保证物流、资金流、信息流在企业内部和企业之间通畅流动,并为实时控制提供信息。

3. 管理制度的个性化设置

当今,企业管理制度的有效执行已经受到越来越多企业管理人员的关注,并希望根据企业环境、业务流程、管理模式的变化,利用管理软件满足不同企业管理制度个性化的需要,将管理制度设置在 IT 环境中,让各个部门、企业集团的成员单位在 IT 的制约下有效执行。因此,先进管理软件应该提供管理制度、控制制点和控制指标的个性化设置机制,使不同业务流程的管理者能够在不同的控制点用相应的控制指标,从而对流程进行有效的控制。

4. 管理模式创新与构建的个性化需要

企业管控模式并不是一成不变的,它随着信息技术的应用和对管理认识的提高不断发展和创新,如手工资金控制模式、电算化资金控制模式,与网络化集中管理环境下的动态资金控制模式截然不同,其控制思想有质的变化。因此,先进管理软件应该支持管控模式的创新和构建,以适应不同时期管控模式创新和构建的需要。

目前,商品化财务软件层出不穷,不同软件公司提供的财务软件中包含的功能模块不尽相同,如应收应付模块、费用报销模块、总账模型等。从系统观来看,人们称之为子系统,如应收子系统、应付子系统、总账子系统等。而且,同一软件公司在不同时期提供的功能模型也不尽相同。可以说,财务软件功能模块的种类随着企业经济业务的发展和扩张在不断增加和完善。

3.4 IT环境的技术构架

3.4.1 理解IT环境技术构架的意义

我们知道,网络是提供信息传递和信息共享的基石,数据库是提供存储和管理数据的黄金宝库,管理软件是为企业管理的主体——人(如业务及财务人员、业务及财务主管、企业高层管理者)——提供直接服务的应用平台。然而并非将这些任意堆积就能构建起支持财务管理的信息化环境,而是需要对网络、数据库、管理软件等进行有机集成,建立满足管理需求的应用体系结构,即技术构架。随着以计算机网络为代表的信息技术的发展,国内外技术构架也经历了文件/服务器系统(F/S)、客户/服务器系统(C/S)以及浏览器/服务器系统(B/S)等的发展和变迁。目前,C/S在企业中应用较多,但是B/S是技术构架发展的趋势和主流结构。下面我们就对C/S和B/S技术构架的工作原理、优缺点和应用范围进行分析。

3.4.2 客户/服务器技术构架

1. 基本工作原理

随着网络技术、数据库技术等的发展,20世纪90年代一种新的分布式技术构架——客户/服务器技术构架(C/S)——受到越来越多企业的欢迎,并用于构建IT环境。这种结构的硬件环境与文件/服务器技术构架的硬件环境基本一样,就是通过选择一台或多台处理能力较强的计算机(微机、小型机等)作为服务器,并在数据库中存放共享数据,根据业务处理和管理的需要设置若干工作站,把应用系统全部放在各个工作台上,构建一个局域网环境。但其管理软件的分布结构及数据库对共享数据管理的结构是不同的。C/S技术结构在服务器上不仅存放了共享信息资源及数据库管理系统(DBMS),而且将部分管理软件(对数据库中共享数据的增、删、改等操作)也放在服务器上,在客户终端也存放部分管理软件,主要存放管理软件中除对共享数据操作以外其他操作的部分(如输入/输出界面操作等)。当客户发出请求时,客户端管理软件对其进行处理,并将请求传送到服务器端;服务器端对其进行处理,并将结果传送到工作站上;

客户端管理软件完成显示、打印或对结果数据的进一步处理工作。其工作原理如图 3-2 所示。

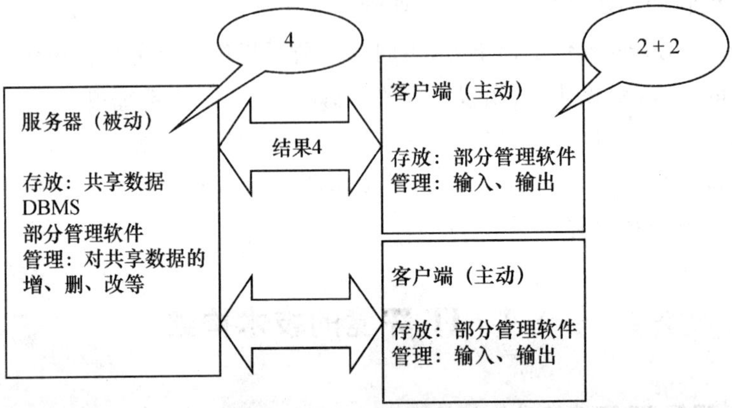

图 3-2 客户服务器技术构架

2. C/S 技术构架的主要优点

(1) 提高了系统的安全、可靠性。对共享的数据进行集中管理，增加了数据的安全性、可靠性、一致性控制，增加了系统的稳定性。

(2) 提高了系统的运行效率。在网络通信上只传递请求服务和结果数据的信息，大大减轻了通信线路的负荷，得高了系统的运行效率。

(3) 较强的开放性。客户端与服务器端可以选择不同的平台。例如，客户端可以选择在 Windows 环境下的各种软件工具，如 VB、VC 等，在服务器端可以选择各种 DBMS，如 Foxpro，Access，Oracle 等。

3. C/S 技术构架的主要缺点

随着应用的深入，人们发现 C/S 技术构架也有不少致命的弱点。

(1) 在实施二层 C/S 技术构架（只有客户端和服务器端）时，如何在客户机和服务器之间合理分工以提高整体性能、降低网络传输的负荷是一个十分复杂的问题。如果管理软件中大量处理程序留在客户端，在处理复杂应用时客户端仍显肥胖。当访问数据量增大和业务复杂时，客户端往往变成瓶颈。同时，放太多的应用在服务器上会影响响应速度。当大量用户访问时，易造成网络瓶颈。

(2) 维护成本高。在二层 C/S 技术构架方式下，客户机很多时，如果要进行系统维护，升级就相当复杂。维护人员需要维护、升级所有客户机上的管理软件，维护成本很高。

(3) 应用软件局限性大。在二层 C/S 技术构架方式下，客户端配置复杂。客户软件随服务器软件的不同而不同，访问不同的服务器需要不同的客户软件。随着功能的扩展，客户端变得越来越复杂，使得系统的维护管理越来越复杂，广泛应用的局限性大，限制了大企业、大集团数据实时传递和共享的程度。

(4) 灵活性、扩展性差。由于用户界面与业务处理是做在一起的，其中有一方发生改变，客户端管理软件就需要重做。另外，该结构不支持 Internet。

3.4.3 浏览器/服务器技术构架

为了改进技术构架,不断完善 IT 环境,研究人员在二层 C/S 技术构架的基础上研制出"三层 C/S 技术构架",它较好地解决了二层 C/S 技术构架的问题。随后研究人员在客户端采用 Internet 浏览器,后台增加 Internet 服务器,推出 B/S 技术构架,并成为 IT 环境的主流。当我们迈进 21 世纪之际,德国 SAP、美国 Oracle、英国 Sun System、中国用友软件公司等都推出了基于浏览器/服务器(B/S)技术构架的管理软件,联想集团、斯达集团、申银万国等均应用了基于 B/S 技术构架的管理软件。

1. B/S 技术构架的工作原理

B/S 技术构架是目前世界范围内最先进的 IT 环境,它配合 Internet/Intranet 建设的最佳方案,最大限度地方便了用户部署和维护大型软件系统,从而大大降低了用户目标系统的总体拥有成本(TCO),其工作原理如图 3-3 所示。

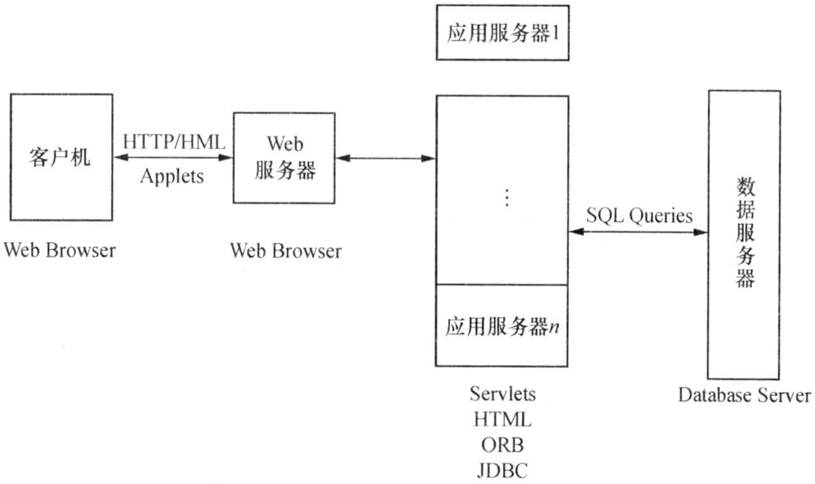

图 3-3 B/S 技术构架

可以看到,B/S 技术构架从逻辑上分成了四个层次:客户机、Web 服务器、应用服务器、数据服务器。

(1) 客户机,即客户端,主要负责人机交互,包括一些与数据和应用关系的图形和界面运算。客户端一般由微机担任,客户可以在千里之外通过网络在客户机上完成各项任务。

(2) Web 服务器,主要负责对客户端应用的集中管理。

(3) 应用服务器,主要负责管理软件中逻辑结构和数据关系等事务处理。应用服务器又可根据其处理的具体业务不同分为多个。

(4) 数据服务器,主要负责数据的存储和组织、分布式管理、备份和同步等。

下面我们以一个简化的账务处理系统为例,说明 B/S 技术构架的特点,如图 3-4 所示。

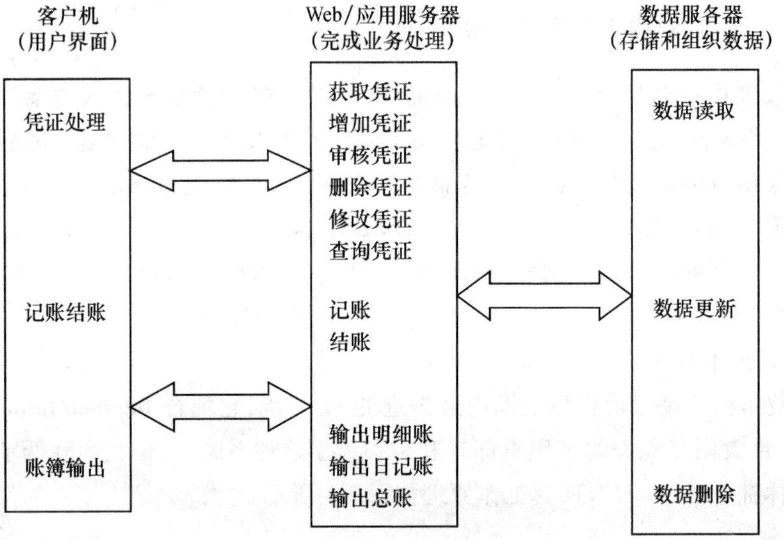

图 3-4　B/S 技术构架财务处理示意图

某分公司财会人员在远离总部的其他城市登上网络,通过客户端机发出请求,如凭证处理,Web 应用服务器通过对数据服务器中的凭证数据进行读取、更新、删除等,完成获取凭证、增加凭证、删除凭证等业务任务。

当采用 B/S 技术构架之后,原来 C/S 技术构架中以运行在客户端的部分管理软件将移植服务器端,也就是说管理软件完全集中在服务器端,这将永久地简化实际应用,意味着用户完全可以通过浏览器来执行应用程序。随着数据库数据容量的逐渐增加,数据将统一集中在少数的大型数据库服务器上,客户端只存放与管理软件无关的浏览器应用程序。通过使用低成本的网络,以及用浏览器传递网上众多的数据,应用将从局域网扩展到广域网。

2. B/S 技术构架的优点

B/S 技术构架与 C/S 技术构架相比,其主要优点有:

(1) 实施速度快且易部署。在实施二层 C/S 技术构架(只有客户端和服务端)时,如何在客户机和服务器之间合理分工以提高整体性能、降低网络传输的负荷,是一个十分复杂的问题。而 B/S 技术构架,其客户端、应用服务器、数据服务器之间分工清楚合理,解决了 C/S 技术构架的上述问题,同时服务器安装完成后客户端没有实施的工作量,因此,B/S 技术构架模式实施速度快、易部署。

(2) 低成本维护。C/S 的维护工作量等于(【服务器】+ n ×【客户端】)的维护量,即维护工作主要集中在客户端,客户端越多,维护量越大,维护量是随着客户端的增加而增加的。B/S 的维护量主要在服务器端,而客户端的维护可以称得上“零成本”维护,在大规模应用 B/S 模式时,节约的维护成本可想而知。

(3) 点对点的实时通信。B/S 模式提供了点对点的通信方式,即支持分布在不同地区和城市的客户端进行业务数据的输入、输出和处理请求,并通过点与点的通信方式把信息实时传递到服务器,实现了数据实时、动态、自动的传递。

(4) 数据集中存储。C/S 技术构架是将共享数据存放在服务器中,而 B/S 技术构架下,客户端能够通过网络、点对点通信,将全部数据都集中在数据库服务器中。

3. B/S 技术构架是支持协同商务集中管理的基础

通过 B/S 技术构架的工作原理和突出优点进行的分析可以看出,B/S 技术构架支持 Internet、Intranet 和 Extranet,支持点对点的通信,保证了核心企业、核心企业和供应商之间实时获取数据、传递数据,并将企业的全部数据集中存储在总部数据库服务器中,实现了信息共享。对于大企业、集团公司来说,无论组织成员身在何处,当经济业务发生时,业务及财会人员在客户端利用管理软件直接将业务信息送入同一数据库中,使得网络中成员共享数据更加全面,做到"数据一门,信息集中",有力地支持了事中实时控制对数据共享的需求;各级管理者无论身在何处,都可以从同一数据库中实时获取数据,自动生产出"信息产品",支持决策、控制组织成员的经济活动,做到"集中于咫尺之内,监控于天涯之外"。此外,B/S 技术构架实施速度快、易部署和维护成本低等优点,保证了企业所有成员在低成本投入下,构建良好的 IT 环境。因此,B/S 技术构架是支持协同商务集中管理的基础。

总之,现代企业为了提高管理水平,提出了协同商务、集中管理、实时控制的管理需求,这些需求只有在有效的 IT 环境支持下才能真正得以实现。

3.5 IT 环境对财务管理创新的价值

通过上述分析可以看出,自 20 世纪 90 年代后期到 21 世纪,国际互联网技术、数据库技术和电子商务技术得到了迅猛发展,信息技术革命对经济环境产生了重大影响,对管理提出了挑战。为了应战,人们不断研究新的管理思想和方法,同时将网络技术、数据库技术等信息技术与管理思想有机融合,推动管理软件的发展,并出现了"百花齐放"的现象。目前,美国、德国、日本、中国等理论界和实务界经过不断探索和研究,逐步推出了涵盖企业资源计划(ERP)、供应链管理(SCM)、客户关系管理(CRM)、商业智能(BI)等管理软件。管理软件在企业的应用,一方面为企业管理,特别是信息管理,提供了良好的 IT 环境;另一方面,IT 环境又为新的管理思想、管理方法、管理模式的创新提供了条件。研究表明,信息技术能够成为企业管理创新和发展的"助推器",网络、数据库、管理软件组成的 IT 环境,为财务管理的创新提供了坚实的基础。2005 年出版的 APICS(*American Production And Inventory Control Society*)字典第 11 版中,将 ERP 定义为"组织、定义业务流程并使之标准化的框架,这些流程是为有效计划和控制一个组织,从而使得该组织能够利用内部知识来寻求外部优势"。事实上,ERP 已经成为企业将信息技术与管理融合并实施管理信息化的代名词。从财务管理创新的视角理解 IT 环境的价值,主要体现在以下两个方面。

3.5.1 IT 环境为提高财务信息质量提供保证

从 MRP 到 ERP,是制造管理信息集成不断扩展和深化的过程,每一次进展都是一次重大的飞越,都导致了更大规模的企业各部门的信息资源集成;从 ERP 到 SCM 再到 CRM,提出了企业之间及企业和客户之间的信息资源集成,导致了更大规模的企业间的信息资源集成。如果 CFO 能够规划这种集成 IT 环境,就能够使信息在集团中向下、平行和向上流动,为财务部门采集经济业务信息、加工信息、反映信息的时效性、正确性、全面性提供保证,从而为提高财务信息质量提供支持。

3.5.2 IT 环境为财务职能的转变和扩展提供支持

当企业正确实施了 ERP,并使得物料信息同资金信息集成,支持“财务账”与“实物账”的同步生成时,财务部门就能够利用价值信息对经营活动过程的成本进行控制,并使动态掌握运营资金成为可能。ERP 在 MRPⅡ 的基础上进一步扩展了功能,实现跨地区、跨部门甚至跨公司信息资源集成,使得财务的管理控制与不同地区的利益相关的业务紧紧联系在一起,从而使计划、预算、监控、分析的触角跨越时空,通过网络延伸到企业的各个利益相关者,延伸到各个职能部门的最末端。供应链管理软件的应用将使分布在不同地区的供应链伙伴在较大区域范围内进行集成化管理,这为财务管理职能的延伸和扩展提供了条件,财务管理不仅要研究一个组织的财务问题,而且提出通过各组织之间相互的责任分担和利益共享等机制、策略和方法来实现共同获取利益。客户关系管理软件的应用将为财务管理职能的延伸和扩展提供条件,财务部门可以通过网络实时获取客户信息,通过客户满意度、忠诚度等的分析,揭示客户为企业创造的价值,从“战略家”的角度为公司价值最大化提供支持。商业智能软件的应用将为财务管理职能的延伸和扩展提供保证,财务部门可以从价值管理的角度出发,提供多维价值分析报告,支持企业正确评价利益相关者、业务板块、业务部门、个人的业绩,激励利益相关者和员工为企业创造价值。

我们应该清楚地认识到,信息技术和 IT 环境能够在财务管理创新中发挥重要作用,但不能简单地认为购买了先进的管理软件(如 ERP 软件)就可以在 IT 环境下体现出我们的思想、模式、方法等的创新。事实上一些企业购买了 ERP 系统,不但没有体现新的管理思想、模式、方法,反而以失败告终。财务首席官 CFO 团队应该密切关注信息技术对财务、会计的影响,理解 IT 环境信息传递、信息共享、信息集成等优越性,从战略管理的视角出发,思考如何充分利用信息技术这个“助推器”构建 IT 环境下财务管理的框架。这要求:一方面应最大限度地保证财务、会计信息的真实、正确、有效,遵从《萨班斯——奥克斯利法案》以及满足中国新的会计准则要求,当好“管家”;另一方面,应充分利用信息技术进行财务管理模式创新,合理配置资源、强化资金的动态管理、正确评价企业绩效,支持企业战略的实现,充分发挥“战略家”职能。

3.6 网络财务的实施条件

网络财务的实施是一项复杂的系统工程。众多成功的经验和失败的教训告诉我们,要成功实施网络财务,不仅需要宏观层面上的电子商务、网络经济和网上银行等网络财务环境,在微观上还需要企业或企业集团内部的业务协同、组织保障、软件准备及人才储备。我们将从微观层面分析网络财务的实施条件。

3.6.1 网络财务实施的业务协同

网络财务的一个重要特征是财务与业务能够协同处理并达到管理信息的全面集成。所谓财务与业务的协同处理,是指一旦业务活动的产生伴随有财务信息,就必须将这些信息及时地传递给财务系统进行处理,同时财务系统也必须立即将处理的结果反馈给业务系统。这种财务和业务的双向协同具体包括三方面内容:

(1) 企业内部的协同,即对于企业内部的信息,可以通过企业网络传递实现内部的协同,如销售部门的业务员可以使用手持信息设备和计算机终端设备输入销售的商品和劳务数据,并实时传递给财务系统;财务人员可以在计算机前等待各种数据传递过来并自动生成账表,进行事中控制和分析,且迅速将已进行的财务处理结果传递给业务系统。

(2) 与外部供应链的协同,即通过国际因特网实现与供应商、客户之间的协同,并将网上订货、网上采购、网上销售的物流信息和资金流信息瞬间传递给财务系统,而经财务系统处理的结果也能被及时传递给本企业的业务系统和供应链上的其他财务和业务系统。

(3) 与社会部门的协同。随着社会信息化进程的不断加快,企业可通过 Internet 实现与政府税收部门、商业银行、证券公司、海关等的协同。与政府税收部门联网可以实现企业纳税的网上申报和网上清缴;与商业银行联网可以随时查询企业的最新银行资金信息,并实现网上支付和网上结算;与海关联网可以实现网上报税、报关;与证券公司联网可以实现在线证券投资。

企业的信息化建设往往将财务作为切入点,因为财务部门是企业的"心脏",只有财务信息化程度完善了,才能带动其他部门顺利地实现信息化。但实现网络财务的前提是,企业其他部门都必须进行网络化作业,各部门、各环节的实时信息都能通过网络传给财务部门,由财务部门统一核算管理并将处理结果及时传输给各业务系统,只有这样才能完成业务财务化的高度协同。否则,网络财务就成了无源之水,或者说成了不能通过网络向业务传递信息的计算机孤岛。

3.6.2 网络财务实施的组织保障

如前所述,网络财务的实施是一项复杂的系统工程。它不仅需要耗费巨大的物力和财力，也需要花费巨大的时间和精力。其成败的关键往往取决于企业实施网络财务的组织保障，具体包括两方面内容。

1. 企业管理者对网络财务的认识

一个企业是否需要使用网络财务？网络财务是否真正适合企业的经营模式？企业是否有能力支持整个系统的运行？企业在实施网络财务后将如何开展工作？到底是企业去适应网络财务软件，还是让网络财务软件来适应企业的正常运作？这些问题都摆在每个要实施网络财务的企业面前。企业管理者在实施网络财务时必须对以上问题有充分的理性认识和思想准备。

2. 强有力的项目实施团队

在网络财务的实施过程中，不仅要有财务管理和会计核算方面的专门人才，还需要计算机硬件和软件方面的专家，更需要各业务部门、各相关环节的业务精英，只有这样网络财务的实施才能明确需求，找准办法并保障网络财务系统的顺利实施及实施后的不断完善。

3.6.3 网络财务实施的软件准备

企业要实施网络财务，必须对软件开发团队进行合理组织或对软件供应商进行慎重选择。原因有以下两点：

1. 项目投资大、风险大

网络财务管理需要的网络财务软件可以自行开发或购买。首先，无论是自行开发还是选择购买，其投资远不像单机版财务软件那样投资几万元就可实现。再者，任何一个网络财务软件不管其质量多么优良，在实际运行中不可避免会出现问题，一旦系统运行不畅，损失将十分惨重。因此，在网络财务系统构建起来以后，系统维护工作显得异常重要，这就对软件开发团队或软件供应商的售后服务提出了较高的要求。

对一个网络财务项目而言，软件的安装和实施只能解决一些基本的问题，如各类数据的整理、基本业务流程的梳理、综合信息化的获取，而不可能实现业务水平一次性的全面提升，因此实施之后的持续改进过程显得更为重要。一整套持续维护的方式能给项目应用带来更大的提高，而持续地维护应当包含系统的维护和应用的改进。一般而言，系统维护的支持主要由软件开发团队或软件供应商来承担，主要包括系统的改进、检测、常规的技术支持，而这一切并不是免费的。

2. 业务整合面广，复杂性高

网络财务是通过网络对企业各部门、各环节进行全面细致的管理，以将企业整合成一个密不可分的整体。因此，要实施好网络财务工程，必须进行必要的业务整合。但由于业务和财务的结合，特别是业务和财务的一体化，对很多企业来讲都是一个新鲜事物，供、产、销及人、财、物的传统管理办法都有很大的不适应性，再加上软件质量和性能不可靠或不稳定，必然会加大业务整合面和业务整合的复杂性，甚至会多次反复，从而可能会使企业的整个运营陷入瘫痪或一定时间段的无序状态，给企业带来巨大损失。

为开发和购买适合本企业网络财务需要的网络财务软件，企业必须明确自身的行业特征和业务流程，以及实施网络财务的具体目标和经费预算。在此基础上，企业必须首先确立网络财务软件的获取方式，是自己开发还是购买通用软件，各自的优点和缺点是什么，本企业有无软件开发的人力或物力；其次，必须明确哪些业务流程是可以适应未来网络财务需要的，哪些是与未来网络财务冲突而必须加以再造的。只有在处理好上述两个问题后所准备的网络财务软件才能减少网络财务实施中的问题和障碍，才能提高未来网络财务应用的水平和效果。

3.6.4　网络财务实施的人才储备

电子商务、网络经济和网上银行等网络财务环境对网络财务系统的维护人才、应用人才和改进人才提出了新要求。首先，网络财务信息的传递和处理均要通过计算机的操作来完成，这就要求会计人员既是一名高水准的会计师，同时也要是一名出色的计算机操作员；其次，作为网络财务重要特征的财务和业务协同，要求各环节的业务人员不仅要熟悉电子商务和网络经济环境下的商业规则和网上银行的结算办法，也要熟悉相关的会计法规和会计政策；再次，Internet 上的公司多数是国际企业间的相互合作，涉及不同的语言、商务、会计处理方法和社会文化背景，这就要求网络财务的实施和应用人员必须熟悉国际会计和商务惯例，并有较为广博的国际社会文化背景与外语知识；最后，网络财务系统的实施、应用和维护需要管理人员具备更高的管理水平和技术水平，管理人员的素质决定了网络财务应用的质量和效率。因此，企业储备大量的复合型人才是网络财务实施的重要条件之一。

3.7　网络财务的实施方案

要明确网络财务的实施方案，首先必须明确网络财务的实施目标及实施步骤。本节将在介绍网络财务的实施目标和实施步骤的基础上，讨论网络财务的实施方案。

3.7.1　网络财务的实施目标

根据网络财务的系统特点，网络财务的实施目标主要包括以下方面：

1. 信息共享化

网络财务的强大后盾是建立在电子商务、电子政务、网络经济和网上银行等网络财务环境基础上的发达的网络系统，其各个子系统之间既相互独立，又协同处理各业务事项、财务管理事项和会计核算事项，从而达到共享信息资源，实现网络的分布式处理的目的。由其形成的企业或企业集团的业务信息、财务信息和会计信息可以实现共享。

2. 信息及时化

在网络财务系统中，财务人员可在一个开放的财务网络上处理各种财务事项，财务处理工作的方式与手段都将发生根本的变化，如改变了过去财务人员独立和封闭的工作方式，实现了网上财务审批、在线审计、在线资金调度、在线系统维护、在线咨询、在线版本升级等，这些在线处理方式使得“事项会计理论”得以完全实现，提高了信息处理的及时化程度。

3. 信息集成化

网络财务系统集成了许多相关功能，如网上结算、网上催账、网上支付、网上询价、网上销售、网上报送、网上银行、网上理财、网上报税缴税、网上报关、网上保险、网上证券投资、网上外汇买卖、网上财务信息查询等，这些功能的实现提高了业务、财务和会计信息的集成程度。

4. 信息多样化

网上财务系统采用在线管理和集中管理模式，能够实现企业或企业集团的整体管理。网络消除了物理距离和时差概念，能高效快速地收集数据，并对数据进行及时处理和分析，同时能够实现业务协同、动态管理、及时控制、科学预测，使得企业可以决策科学化、业务智能化；可以充分利用信息，提高资金回报率，保障企业在有序的智能化状态下高速发展；还使企业信息系统所提供的信息不仅包括过去的历史信息，而且包括事中的及时信息和事前的预测、决策信息。

3.7.2 网络财务的实施步骤

网络财务是财务管理信息化和电子商务、网络经济及网上银行等网络财务环境完全整合的渐进过程，包括需求分析、后台财务系统的建立、前台的电子商务应用等实施步骤。

1. 网络财务的需求分析

由于电子商务、电子政务、网络经济和网上银行等网络财务环境所涉及的范围相当广泛，企业在实施网络财务管理信息系统时，应先调查哪些应用是企业必需的，哪些应用对企业的收益较大，哪些应用所花的代价较少，然后进行全面的系统规划，即规划信息化的基本平台，建立后台的财务系统，优化前台的电子商务系统，并确立分步或一步实施的时间安排、人员准备和经费预算等。

2. 后台财务系统的建立

电子商务、电子政务、网络经济和网上银行等网络财务环境不是空中楼阁，而是以信息流为核心的商务和核算活动。如果信息流不畅通，必然导致资金流和物流的堵塞。如果称电子商务、电子政务、网络经济和网上银行等为前台，则可称企业内部构建的财务系统为后台。没有后台系统的支持，前台的电子商务等只能是一句空话。因此，要真正开展电子商务、电子政务、网络经济和网上银行等，必须先建立后台的财务管理系统。为此，必须建立以下几个子系统：

(1) 财务子系统

财务子系统能够从资金流的角度，正确地记录、计算、汇总和处理企业本身发生的各种经济业务，及时准确地提供各种会计账簿和报表，实现对资金流的核算和管理。财务子系统的良好运行是保证电子商务、网上付款、网上纳税、远程报账等电子交易的前提。

(2) 购、销、存子系统

购、销、存子系统是指包括采购、销售、存货核算和管理在内的子系统。该系统能够从物流的角度,正确地记录、计算、汇总和处理企业采购、存货及销售等经济业务,及时、准确地提供各种管理报表,实现对物流的核算和管理。购、销、存子系统的良好运行是保证网上采购、网上销售等电子交易的前提。

(3) 其他子系统

与电子商务等网络财务环境最密切的子系统就是财务子系统和购、销、存子系统。在建立这两个子系统后,企业在有能力的条件下,还可以建立其他子系统,如工资子系统、固定资产子系统、成本核算子系统、资金核算子系统等。

3. 前台的电子商务应用

电子商务、电子政务、网络经济和网上银行等网络财务环境构成了网络财务生存和发展的土壤。没有电子商务、电子政务、网络经济和网上银行等网络财务也是不完整的没有支撑的网络财务,为此要实施好后台的网络财务,必须对前台的电子商务进行必要的优化,至少必须对其加以建立和应用。

(1) 基本应用

电子商务的基本应用主要包括:动态 Web 站点和企业主页——建立企业面向大众和客户的窗口,用于企业介绍、产品介绍、企业新闻等;广告服务——发布企业产品广告和相关广告;电子邮件——企业员工之间、子公司和母公司之间、上下级之间通过电子邮件进行交流信息等。

(2) 商务应用

电子商务的商务应用主要是指将财务与其他企业管理信息系统升级成电子商务环境下的网络财务与管理信息系统,并开展网上采购和供应商管理、网上销售和客户管理、网上付款和结算管理、网上纳税和提交财务报告等。

建立企业主页等基本应用只是企业在电子商务应用中迈出的第一步,电子商务的真正应用应该是将企业后台系统与电子商务系统紧密结合起来,通过直接在网上开展电子商务活动以及采用新的经营模式开展与客户、供应商、银行等的交往,达到提高企业运作效率及企业管理水平的目的。因此,首先,要建好企业资源计划系统(ERP),实现财务业务一体化,降低内部成本。同时,要结合数字化企业的建设需要进行全面的企业流程重组(BPR),实现企业业务流程的整体最优化。在此基础上再实现对企业资源的有效利用和管理,在线协同整个供应链及改善人力资源,提高生产制造管理效率。有效地进行决策支持,降低内部业务成本。其次,要建好供应链管理系统(SCM),提高上、下及整个供应网络的管理效率。电子商务需要的是全部贸易角色和贸易手段的集合,处于世界贸易之中的每一个企业都应是环球企业,都应集成到全球的公共网络中去,只有这样才能与原来的盲区连接起来。再次,要建好客户关系管理系统(CRM),拓展市场并巩固客户忠诚度,实现企业从“以产品为中心”的模式转向“以客户为中心”的模式。企业以客户为中心,使企业的生产、营销、服务及市场都围绕着客户进行,能最大程度提高客户满意度,同时也能提高企业的运作效率,降低企业的运作成本,这也是网络财务管理从后台走向前台,从企业内部走向外部的具体体现。

3.7.3 网络财务的具体实施方案

网络财务的具体实施涉及网络系统的建立、企业流程的再造和网络财务系统的运行准备等。

1. 网络系统的建立

如前所述,网络财务是建立在电子商务、网络经济和网上银行等基础上的财务管理系统的提升,而电子商务、网络经济和网上银行等又是建立在网络系统上的,因此,网络系统的建立是网络财务实施的设备保障。

当前与企业网络财务实施有关的网络系统十分发达,其功能也多种多样,甚至是五花八门。这些网络系统主要包括 Internet/Intranet,相关的网络财务功能主要包括网上结算、网上催账、网上支付、网上询价、网上销售、网上报送、网上银行、网上理财、网上报税缴税、网上保险、网上证券投资、网上外汇买卖、网上财务信息查询等。因此,企业要实施网络财务,一是要建立企业内部的网络系统,二是要将企业内部的网络系统与企业外部的相关网络系统连接起来。

如何建立企业内部的网络系统?对于大中型企业而言,如果其业务复杂、资金充裕且维护技术雄厚,可以考虑建立企业内部的 Intranet,实施企业资源计划等;反之,如果企业规模小或业务单一、资金有限或技术力量差,也可以求助于计算机公司甚至租用相关的网络设备和计算机软件。

考虑选择企业自建、委托外包或者租用前,企业首先应做到:一是分析各自的优缺点;二是考虑企业实施网络财务要达到的基本目标;三是进行必要的投资分析。无论采用哪种模式,其目的都是为企业的网络财务实施建立一个完备、高效且经济的计算机网络平台。

2. 企业流程再造

网络财务的实施目的不仅是提高会计信息处理的效率,更重要的是充分利用网络财务平台提升企业的管理水平。因此,在网络财务平台下,应审视企业原有的业务和财务流程,抛弃不适合网络财务需要和新的管理要求的业务和财务流程,再造一个能达成企业新管理目标的新业务和财务流程。

另外,实施网络财务除可提升电子商务、企业资源计划等的运行效率和运行效果外,其本身的或狭义的目的就是要提高资金的运行效率和运行效果。实施网络财务的具体措施包括资金的集中管理、网上的财务报销和信息的集中处理等。

(1) 资金的集中管理

网络财务平台使大中型企业,特别是大中型企业集团过去在手工或单机版财务系统下面无法实现的资金集中管理得以轻松实现。首先,网络财务的实施可以要求下属企业或分支机构建立收支分离的财务运行模式,即下属企业或分支机构在银行分别开设收入、支出专户,一切现金或银行存款收入均直接进入收入专户,由银行根据企业总部、分支机构和银行签订的三方协议并利用网上银行功能直接划入总部的银行账户。这样不仅强化了总部对分支机构的收入监控,同时也为整合整个企业或企业集团的资金资源奠定了坚实基础。其次,在各种收入集中的基础上,由总部根据各分支机构编制并报总部审批资金预算,并通过网上银行及时划拨给各分支机构,甚至可以直接根据总部、分支机构和收款方签订的三方协议由总部直接支付。这样不仅提高了整个企业的预算管理水平,也强化了整个企业的资金支出管理。

(2) 网上的财务报销

在电子商务和网络财务平台下,各种网上采购和网上消费的原始单据可以直接通过网络平台传递给企业总部的财务系统,再由网络财务系统及与之配套的网络办公系统直接进行网上审批、网上报销和网上支付,从而完全实现了无纸化办公和电子货币支付。这样不仅提高了财务工作效率,也降低了各种财务舞弊行为的发生概率。

(3) 信息的集中处理

网络财务平台的建立,可以实现会计信息的集中处理,减少纸质信息的传递环节和提升会计信息的传递速度,真正做到会计信息的及时化和集成化。为实现信息的集中处理,可以在企业总部安装网络财务软件,在各分支机构安装业务或财务处理终端,这样整个会计信息的处理都是在企业总部的服务器上运行的,不仅可以方便总部对各分支机构信息的及时查询、直接汇总和报表合并,也为在线审计与业务稽核打下了坚实基础。

以上网络财务新措施的实施,无一例外地需要改善企业的现有业务和财务流程。这些流程再造的事前规划与配套制度的完善,是实施网络财务方案必不可少的主要内容之一。

3. 网络财务的运行准备

借鉴众多企业信息化系统的实施步骤,我们认为网络财务的运行准备包括网络财务软件的安装、调试和初始设置,也包括网络财务的人才培训、网络财务软件的试运行和配套制度的贯彻实施。

(1) 网络财务软件的安装和调试

网络财务软件的安装一般由企业的软件开发团队或软件供应商的系统实施人员进行。作为实施网络财务的项目组来讲,其关键问题不是要学会网络财务软件的安装,而是要研究软件安装的物理位置、软件运行的逻辑结构和软件功能的测试。对于网络财务软件安装的物理位置,一要考虑数据的安全;二要满足总部和分支机构的业务和财务管理需要;三要节约网络财务软件的运行费用,要在初始投资和事后的运行、维护费用之间找到一个可以接受的平衡点。对于软件运行的逻辑结构,要广泛征求软件开发团队、软件使用团队及企业领导和专家各方的意见,尽量满足相关各方的需要。如果不能达成一致,要采取民主与集中相结合的办法。对于软件功能的测试,要尽量根据需求说明书要求的功能说明,同时结合最终用户的现实需要测试软件的基本功能,如果软件未能达到需求说明书或最终用户所提出的基本要求,要首先征求软件实施专家的意见,看能否通过软件的初始设置功能来加以灵活运用;如果还不能满足要求,则必须通知软件开发人员对软件进行修改或二次开发。

(2) 网络财务软件的初始设置

网络财务软件的初始设置就是要在熟悉软件功能和详细了解使用手册的基础上,设置网络软件正式运行前的功能参数。这些功能参数包括单位代码与隶属关系、操作人员代码与权限、业务代码与单据、会计科目及层次、报表格式和取数公式等。在网络财务软件的初始设置中,一要体现再造的新业务和财务流程;二要留有一定的业务和财务发展空间;三要创造性地使用网络财务软件,切记不能照搬手工或单机版财务软件的使用办法,更不能将此工作完全交由软件开发团队或软件供应商来完成,必须发挥项目实施团队的聪明才智,并满足软件最终用户的使用要求。

(3) 网络财务人才的培训

网络财务人才是网络财务实施的关键所在,其培训内容包括计算机网络基础、电子商务的相关知识、网络财务软件的运行及相关配置制度。对于前两者可以采取"送出去"加"请进来"的办法,可以考虑将网络财务实施的关键人员和相关领导送到高等院校进行系统学习及送到相关单位进行实地考察;对于一般的业务和财务人员,可以考虑请外面的专家前来授课。对于后两者,可以通过实战加考试的办法来对网络财务人才进行培训。

(4) 网络财务软件的试运行

网络财务软件的试运行,一要考虑软件试运行的初始时间和试用单位;二要考虑软件试运行中的问题发现与问题解决;三要逐步完善和提升软件运行的效率和效果。关于网络财务软件的试用时间,一般要求从年初开始,试用时间不长于半年,最好不要在会计期中进行。同时,在新系统的试用期内,老系统的使用不能中断,只有在两者之间的数据核对无误后方可废弃旧系统,采用新系统。对于软件试运行中发现的问题要记录在案并尽快解决,其解决办法首先是考虑网络财务软件的初始设置,其次是考虑软件的修改,最后才是考虑网络系统的改变,因为越是后者,其代价和损失越大。对于软件运行的效率和效果提升问题,在网络财务软件的试用初期,由于新旧系统的同时运行及软件使用人员对新模式、新流程和新软件不熟悉,其工作效率和效果都较差,此时应适度增加人数或延长工作时间,增加运行费用也是在所难免的。随着时间的推移,旧系统逐步退出,人员工作效率得到提高,可以将多余的人员或时间从网络财务软件的使用中分离出来,以开发更深层次的网络财务管理和电子商务业务。

(5) 配套制度的贯彻实施

网络财务的实施虽然可以提升企业的财务和业务管理水平,增强企业的核心竞争力,但也带来了一系列的风险,如数据被窃取和丢失、利用网络所发生的各种经济犯罪以及计算机黑客的恶意破坏等。要规避这些风险,除要宣传和学习国家的相关法律、法规以及要求网络提供商、软件供应商或软件开发团队采取各种技术措施以外,企业内部也要制定一系列的相关配套制度,如操作与维护人员的权限分工、软件使用的时间和空间限制、会计信息的存档与保密制度等。这些制度的学习和贯彻实施,在软件试运行之前即应该进行,在软件试运行的过程中更应该逐项落实,必要时也可以聘请中介机构对此进行程序性审计并出具专项审计或审核报告。

3.8 网络财务的实施评价

网络财务的实施是一个渐进过程,必将随着财务管理理论的发展、网络技术的进步和电子商务的不断推进而不断改进和完善。在网络财务实施完成以后的每一个重要阶段,都应进行相应的实施评价。本节重点讨论网络财务实施后的评价内容、评价指标及评价方法。

3.8.1 网络财务实施后的评价内容

网络财务实施后的评价内容主要包括以下几点:

1. 网络财务的实施水平评价

网络财务属于企业信息化的重要组成部分,其实施水平的高低直接关系到网络财务的生命期长短和系统实施效果。网络财务实施水平的评价内容主要包括信息化应用水平、信息化投入水平、员工信息化水平和信息化安全水平。其中,信息化应用水平主要包括财务管理信息化、会计核算信息化、业务管理信息化及预测决策信息化等;信息化投入水平主要包括作为固定资产或无形资产的初始或后续投入水平,以及作为日常运行维护费用开支的投入水平;员工信息化水平主要包括使用网络财务及与之相关配套软件的人员比例及层次,一般来讲比例越高、应用层次越低,其员工的信息化水平越高;信息化安全水平是指网络财务安全的技术措施采用水平及相关制度的贯彻实施效果。

2. 网络财务的实施质量评价

网络财务的实施质量和网络财务的实施水平不同,它主要是指网络财务相关部门、单位、业务和人员的作用效率等。进行网络财务的实施质量评价时,一要分析网络财务的部门、单位和业务覆盖面;二要分析网络财务的人员参与率和参与程度;三要分析通过网络财务的实施,其工作效率的现实提升程度,以期明确下一期改进网络财务的切入点、工作重点和工作难点,并为此储备相关的人才、措施和经验。

3. 网络财务的实施绩效评价

网络财务的实施绩效评价可以从定性和定量两个方面进行。从定性方面主要看企业是否获得成本的相对收缩和企业边界的相对扩展,从定量方面主要观察企业网络财务的投入产出效果。需要说明的是,从定量方面来评价企业网络财务的实施绩效是困难的，因为虽然网络财务的投入水平是可以记录和测算的，但是由于网络财务仅是财务和业务管理水平的提升，其产出水平却是无法加以准确分离和记录的。

4. 网络财务的发展能力评价

网络财务的发展能力是指网络财务的可持续发展能力，它与网络财务的水平、质量和绩效均不相同。其评价不仅针对企业信息化系统自身，更注重企业信息化的社会经济和文化基础，即信息化环境的系统状况。进行网络财务的发展能力评价，一要评价企业进一步完善网络财务的动力；二要评价企业进一步推进网络财务上水平、上台阶的财力；三要评价前期实施网络财务的知识和经验积累及相关的人才储备水平。

3.8.2 网络财务实施后的评价指标

网络财务实施后的评价指标既是企业上一阶段网络财务乃至企业信息化建设的检验体系，也是企业下一阶段网络财务乃至信息化的建设指导体系。适合的网络财务评价指标体系可以帮助企业诊断网络财务实施中的不足，引导企业更准确地理解网络财务的内涵，进而使其不断完善、改进和提高。根据众多企业实施网络财务的经验和教训，网络财务实施后的评价指标体系主要包括以下几方面内容：

1. 网络财务的环境指标

网络财务的环境指标应包括组织与培训、规划与评估和计算机网络等几个方面的评价指标。其中，组织与培训方面的评价指标可以包括是否纳入首席信息官(CIO)和信息化主管部门的统一管理、每百人中大专以上学历的员工人数、员工网络财务的培训率、每百个计算机使用人员中大专以上学历的人数比例等；规划与评估方面的评价指标可以包括是否有长期、中期和近期的规划和预算、年网络财务投入占企业管理运行费用的比例、信息安全的费用占全部信息化投入的比例等；计算机网络方面的评价指标可以包括是否有内部局域网、计算机联网率、每百人拥有的计算机台数等。

2. 网络财务的应用指标

网络财务的应用指标应包括电子商务、供应链管理、财务信息化等几个方面的评价指标。其中，电子商务方面的评价指标可以包括电子采购占总采购额的百分比、电子销售占总销售额的百分比、电子结算占总结算额的百分比等；供应链管理方面的评价指标可以包括是否实施了 SCM、CRM 和 ERP，以及覆盖的产品、材料等物料比率等；财务信息化方面的评价指标可以包括是否实现了会计核算的全部电算化，是否实现了财务和成本的分析与控制，是否实现了决策支持的电算化，是否实现了基于 XBRL 的网络财务报告等。

3. 网络财务的绩效指标

网络财务的绩效指标应包括管理创新、市场竞争和经济效益等几个方面的评价指标。其中，管理创新方面的评价指标可以包括是否实现了资金的集中管理，是否实现了会计的集中核算，是否实现了财务报账的网上审批等；市场竞争力方面的评价指标可以包括订单处理时间的提高比率、按时交货率的提高比率、市场占有率的提高比率等；经济效益方面的评价指标可以包括销售收入增长率、利润增长率、资金周转率的提高比率等。

3.8.3 网络财务实施后的评价方法

对于网络财务实施后的评价，虽然其核心要素是网络财务实施后的评价内容和评价指标，但是简便、适用和有效的评价方法不仅可以找出网络财务的实施效果和实施差距，更为重要的是可以提高网络财务实施后评价的综合性、有效性和准确性。参考企业信息化和项目后评估的相关方法，网络财务实施后的常用评价方法包括以下几个：

1. 前后对比法

网络财务项目实施的前后对比法(before and after comparison)是指将项目实施之前与项目完成之后的情况加以对比，以确定网络财务项目的实施效果和实施差距的一种方法。要应用前后对比法，一个关键的问题就是进行必要的事项分拆，同时必须有完备的历史记录，并赋予各个事项分值权重。

2. 有无对比法

有无对比法(with and without comparison)是指将网络财务项目实际发生的情况与若无网络财务项目时很可能发生的情况进行对比，以度量网络财务项目的真实效益、影响和作用。与前后对比法类似，要应用有无对比法，一个关键的问题仍然是进行必要的事项分拆，同时必须要有实施前的具体要求，并赋予各个事项分值权重。

3. 综合评分法

综合评分法就是指赋予每一类及每一项评价指标一个标准分值或分值范围，并赋予其得分的权重比例，再根据实际得分与标准分值或分值范围的比例关系确定每一类及每一项指标的得分(可以按百分制)，最后根据权重比例计算最终得分，并加以汇总后得到一综合得分，从而对网络财务的实施情况做一总体判断。

4. 模糊综合评价法

由于在网络财务的评价指标体系中存在许多难以精确描述的指标，为此还可以采用模糊综合评价法对企业网络财务的实施进行综合评价。由于前述指标体系中每一要素的影响程度不一样，故可根据给出的评价指标，首先用层次分析法确定其权重，然后对每一评价指标由专家确定一评判等级，最后计算其综合得分。

本章小结

网络财务管理系统是财务管理和网络技术的结合，是以网络技术为基础全面实现各项财务管理功能的计算机系统。具体说就是，通过先进的网络技术和通信技术，对外安全、高效、便捷地实现电子货币支付、电子转账结算和与之相关的财务业务电子化，实现资源共享和信息及时互动，对内有效地实施网络财务监控和管理。这主要包括四个方面：系统硬件、系统软件、操作人员和相关的法规法纪及环境。

网络是提供信息传递和信息共享的基石；数据库是提供存储和管理数据的黄金宝

库；管理软件是为企业管理的主体——人（如业务及财务人员、业务及财务主管、企业高层管理者）——提供直接服务的应用平台。然而并非将这些任意堆积就能构建起支持财务管理的信息化环境，而是需要对网络、数据库、管理软件等进行有机集成，建立满足管理需求的应用体系结构，即技术构架。随着以计算机网络为代表的信息技术的发展，国内外技术构架也经历了文件/服务器系统（F/S）、客户/服务器系统（C/S）以及浏览器/服务器系统（B/S）等的发展和变迁。

IT 环境对财务管理提供了创新的价值：一方面为提高财务信息质量提供了保证，另一方面为财务职能的转变和扩展提供了支持。

网络财务的具体实施方案有三个步骤：(1) 建立网络系统；(2) 企业流程再造；(3) 网络财务的运行准备（安装调试、初始设置、网络财务人才的培训、网络财务软件的试运行、配套制度的贯彻实施）。

练习题

1. 名词解释

(1) 网络财务管理系统

(2) 计算机网络

(3) 数据库

(4) 管理软件

(5) B/S 技术构架

2. 选择题

(1) 从财务管理角度来说，财务管理的 IT 环境包括：网络、数据库和（　　）软件。

A. 管理　　B. 财务　　C. 会计　　D. 成本

(2) 国际互联网是按照一定通信协议（TCP/IP）将分布于不同地理位置、具有不同功能的计算机或计算机网络，通过各种通信线路在物理上连接起来的（　　）计算机网络的网络系统。

A. 全国　　B. 全球　　C. 各地区　　D. 所有企事业

(3) 从狭义上理解，数据库是一个数据或信息的（　　），这些数据按照逻辑结构进行存储。

A. 归并　　B. 总括　　C. 集合　　D. 分存

(4) 不同企业的组织结构、业务流程、管理制度、管理模式等都（　　）相同；即使同一企业在不同时期，也会随着经济环境的变化而变化。

A. 一定　　B. 不是　　C. 可能　　D. 不尽

(5) B/S 技术构架从（　　）分成了四个层次：客户机、Web 服务器、应用服务器、数据服务器。

A. 逻辑上　　B. 理论上　　C. 实践中　　D. 目的性

3. 判断题

(1) 从物理上看,数据库中的文件是独立存在的,但是从管理和控制角度看,这些独立存在的文件之间必然存在着密切的联系,正是通过这种密切的联系,才能为管理和控制提供所需的信息。 ( )

(2) 研究人员在客户端采用了 Internet 浏览器,后台增加 Internet 服务器,推出 B/S 技术构架,并成为 IT 环境的主流。 ( )

(3) 网络财务的一个重要特征是财务与业务不能够协同处理并达到管理信息的全面集成。所谓财务与业务的协同处理,是指一旦业务活动的产生伴随有财务信息,就必须将这些信息及时地传递给财务系统进行处理,同时财务系统也必须立即将处理的结果反馈给业务系统。 ( )

(4) 企业储备大量的复合型人才是网络财务实施的重要条件之一。 ( )

(5) 网络财务的强大后盾是建立在电子商务、网络经济和网上银行等网络财务环境基础上的发达的网络系统,其各个子系统之间既相互独立,又协同处理各业务事项、财务管理事项和会计核算事项,从而达到共享信息资源、实现网络分布式处理的目的。 ( )

4. 复习思考题

(1) 怎样理解网络财务的实施条件?

(2) 网络财务的实施应达到什么目标?其实施步骤包括哪些环节?其实施中应注意哪些问题?

(3) 网络财务实施后的评价包括哪些内容?其评价指标应如何细化和可操作?

(4) 除书本所介绍的评价方法外,还可以用哪些评价方法进行网络财务实施后的评价?其优点和缺点有哪些?

第4章　流程再造理论与会计流程重组

本章框架结构

流程再造与会计流程重组
- 流程再造的理论和方式
- 企业经营过程中的主要流程及相互关系
- 传统财务会计流程的缺陷分析
- 应用流程再造思想或优化会计流程
- 会计再造案例分析

本章学习目标

- 了解流程的基本概念和流程再造的方法,主要流程及相互关系;
- 理解传统财务会计核算流程的缺陷;
- 掌握财务业务一体化的构建策略,实时控制的构建策略。

在掌握先进理论和理解IT环境的基础上,首席财务官(CFO)团队还需要理解和掌握流程再造的方法和工具,思考优化或者重组会计流程,制定财务业务一体化策略,制定实时控制策略,最大限度地保证信息的真实、正确和有效。美国会计学家霍兰德(Hollander)曾指出:"财务会计的发展之一在于:财会人员应该帮助管理当局制定业务处理规则或政策,塑造并控制业务流程。"

4.1　流程再造的理论与方法

4.1.1　什么是流程

现代管理始于19世纪末,当时工业革命已经席卷欧洲和美国。在这一新的经济浪潮中,各种组织管理者的兴趣集中于为什么工厂系统和新的机器车间比原来的手工方式生产效率更高。大约在两百年前,亚当·斯密考察了整个英格兰以研究工业革命的影响,并提出通过工作专业化(Job Specialization)——不同工人从事不同的工作从而实现劳动力分工——能够提高效率,产生更高的组织绩效。亚当·斯密在《国富论》中写道:“有了分工,同数量劳动者就能完成比过去多得多的工作量。”其原因有三:第一,劳动者的技巧因专业而日进;第二,由一种工作转到另一种工作,通常须损失不少时间,有了分工就可以免除这种损失;第三,许多简化劳动和缩减劳动的机器的发明,使一个人能够做许多人的工作。20 世纪初,泰勒和他的同事将亚当·斯密的分工理论在管理中的应用发挥到极致。他们采用“动作和时间”分析方法,把工人从事的工作划分为一系列简单、标准化和专门化的动作,然后把这些动作分派给单个的工人重复进行。这种工作设计方法在泰勒时代是制造业流水作业生产线上应用最广泛的方法,并且至今仍以不同的方式主宰着各类工作组织的工作设计和部门设计。

20 世纪末,随着经济全球一体化和信息技术革命的不断深入,企业的经营环境急剧变化,企业之间的竞争转为服务的竞争,越来越多的企业和管理学者逐步认识到,流程已经成为当代企业管理的核心内容之一。

对于流程的定义,至今未形成统一的认识。

《牛津英语大词典》将流程定义为一个或一系列连续有规律的活动,这些活动以确定的方式发生或执行,导致特定结果的实现。

艾伦(Allan M. Scherr)提出了一个关于流程输入/输出关系的认识,他认为,流程对输入的处理可能是转变、转换或仅仅是原样输出。

系统地将流程作为一个重要分析对象的是迈克尔·波特。1980 年左右,他把这个概念运用到“企业竞争优势”研究之中。紧随其后的研究者是麦肯锡的两位管理咨询师(Peter & Waterman,1982),他们在研究影响员工/企业表现等因素时注意到了流程的问题,并以这个概念为基础,分析和探讨了质量管理、组织结构、企业家精神以及授权等一系列决定员工是否表现卓越或致力于一流服务的因素。

达文波特将流程定义为“为特定顾客或市场提供特定产品或服务而实施的一系列精心设计的活动”。他认为,流程强调的是工作任务如何在组织中得以完成。相应地,流程有两个重要的特征:一是面向顾客,包括组织外部的和组织内部的顾客;二是跨越职能部门、分支机构或子单位的既有边界。

ISO 9000 将流程定义为一组将输入转化为输出的相互关联或相互作用的活动。

简单来说,流程是企业的经济业务活动,简称为工作流(Work Flow)或者业务流(Business Flow)。世界上有如此众多的管理学家苦心研究流程,其动因在于人们认识到流程是实现某个业务目标的重要途径。在传统计划经济环境下,企业之间的竞争停留在产品的竞争上,企业非常注重产品的开发和生产,企业管理以产品为核心,所有活动或过程均围绕产品展开,人们购买商品注重的也是产品品质。然而,随着市场经济的到来,在急剧变化的市场环境中,企业之间的竞争转变为服务的竞争,越来越多的企业逐步认识到竞争的焦点不再是产品或服务、生产、制造、营销等具体环节与技术问题,而是转移到企业组织结构、运作机制等流程性因素上。新的竞争优势、可持续的竞争优势,都将来自于企业所独有的以提高客户满意度为目标的流程变革管理。因此,流程已经成为这个时代企业管理的核心,组织流程设计的好与坏,直接影响到运行效率的高与低,同时也直接或间接地影响着企业目标的实现。

4.1.2 流程再造的基本思想

20 世纪 90 年代,在以互联网为代表的信息技术革命和全球经济一体化的推动下,企业置身于日新月异的市场竞争中,面临 3C 挑战:顾客(Customer)、竞争(Competition)、变化(Change)。

在这种形势下,美国的哈默(Michael Hammer)等管理学家在对世界范围内许多成功的企业进行大量的调查研究之后,于 90 年代首先提出"企业流程再造"(Business Process Reengineering,BPR)思想,并将其引入西方企业管理领域。他们认为:"我们必须重组业务,用信息技术的力量彻底重新设计流程,使组织在成本、质量、服务和速度等关键指标上得到显著的提高。"流程再造的内涵是指基于信息技术,为更好地满足服务,对工作流程进行系统改进的哲学及相关活动。它突破了传统劳动分工理论的思想体系,强调以"流程导向"替代原有的"职能导向"的企业组织形式,为企业经营管理提出了一种全新的思路。

迄今为止,已有非常多的学者,如达文波特、马罗、卡普兰等根据自己的理解,给出了流程再造的定义,都提出重新定义业务流程来体现企业战略需求。由于流程是这些管理思想的中心所在,所以人们接受了用 BPR 作为统一的名称。在此之后,很多学者撰写书籍和文章,很多软件公司开发出各种流程管理软件,很多咨询公司开展流程再造的咨询业务,以帮助企业进行 BPR。

流程再造是针对企业的现有流程进行调研分析与诊断、再设计,然后重新构建新流程的过程。它主要包括以下三个环节:

1. 流程分析与诊断

一般在进行流程重组之前都需要对其原有工作方式进行分析和诊断,以确定重组的范围、深度和方式。这样做可以对原有的流程有清楚的认识,找到与速度、效率等新的管理要求不适应之处,以使新建的流程切实符合管理要求。流程分析与诊断是对企业现有流程进行描述,分析其中存在的问题,进而做出诊断。

2. 流程的再设计

针对前面分析诊断的结果,重新设计或改进现有流程,使其趋于合理化。流程再设计不是照搬手工流程,应该将信息技术、先进的企业管理思想和管理方式融入流程设计,尽可能体现信息集成,支持实时控制和快速反应。

3. 流程重组的实施

这一阶段是将重新设计的流程真正落实到企业的经营管理中去。这是一项艰巨又复杂的过程,涉及组织的调整、人员权力和地位的改变、集成信息系统的建立等。流程重组的成功实施会带来各方面业绩的巨大进步,包括利润上升、成本下降、生产能力提高等直接表现,以及产品质量、顾客服务、员工满意程度、整体获利能力等的相应提高。同时,流程重组实施不当,也会给企业带来极大地危害。

4.1.3 流程再造的原则和方法

1. 流程再造的基本原则

BPR 作为一种重新设计工作方式和工作流程的思想具有普遍意义,但在具体做法上必须根据企业的实际情况来进行。美国的许多大企业都不同程度地进行了 BPR,其基本原则包括:

(1) 合理利用信息技术

随着国际互联网、企业内部网和电子商务(e-business)的飞速发展,信息技术正广泛而深入地在企业中得到应用,改变着管理者的思维模式。在这种情形下,想脱离 IT 来完成 BPR 几乎是不可能的。若把 BPR 比做一种化学反应,那么 IT 就是催化剂,离开了它,反应虽可进行,但却难以达到理想的结果。因此,利用信息技术改变组织内部的工作方式和业务流程,是实现企业内部管理的创造性改革,而不是简单地使原有的作业方式自动化。

(2) 合并相关工作或工作组

如果一项工作被分为几个部分,而每一部分再进行细分,分别由不同的人来完成,那么每一个人都会出现责任心不强、效率低下等问题。一旦某一环节出现问题,不但不易于查明原因,而且不利于整体工作进展。在这种情况下,企业可以把相关工作合并或让整项工作都由一个人来完成。这样,既提高了效率,又使员工有了工作成就感,从而鼓舞了士气。如果合并后的工作仍需几个人共同承担或工作比较复杂,则成立团队,由团队成员共同负责一项从头到尾的工作。同时,还可以建立数据库和信息交换中心,对工作进行指导。在这种工作流程中,大家一起拥有信息,一起出主意和想办法,能够更快、更好地做出正确判断。

(3) 工作流程的各个步骤按其自然顺序进行

在传统的组织中,工作在细分了的组织单位间流动,一个步骤若未完成,下一步骤就无法进行,这种直线化的工作流程使得工作时间大为加长。如果按照工作本身的自然顺序,是可以同时进行或交叉进行的,这种非直线化工作方式可大大加快工作速度。

(4) 模糊或跨越组织界限

在传统组织中工作完全按部门划分,为了使各部门工作不发生摩擦,需要增加许多协调工作。在信息技术的支持下,BPR 可以使严格划分的组织界线模糊,甚至可以跨越组织界线,即业务过程不仅在组织内部相互关联,而且可以跨越组织边界,建立扩展的企业业务过程。例如,P&G 公司并不一味依靠自己的销售部门进行信息统计和运作,而是跨越组织界限,直接根据超级市场信息网传送的销售和库存情况来决定什么时候生产多少商品、送多少商品给超级市场等,这样既提高了经营效率,又避免了很多协调工作。

2. 流程再造的基本方法

一般来讲,流程再造应用 ESIA 方法,即 E(Eliminate)清除、S(Simplify)简化、I(Integrate)整合和 A(Automate)自动化。这四个方面的内容可以用表 4-1 表示。

表 4-1 ESIA 方法

清除(E)	简化(S)	整合(I)	自动化(A)
活动间的等待	表格	活动	重复的工作
不必要的运输	程序	团队	累活
反复的加工	沟通	顾客(流程的下游)	乏味的工作
过量的库存	物流	供应商(流程的上游)	数据采集
缺陷、失误			数据传输
重复的活动			数据分析
活动的重组			
反复的检验			
跨部门的协调			

清除(E),是指将企业现有流程内的非增值活动予以清除。在非增值活动中,有些是不得已而存在的,有些则是多余的。因此,在设计流程时,要对流程的每个环节或要素进行思考,这个环节为何存在?这个流程所产出的结果是整个流程完成的必要条件吗?它的存在直接或间接产生了怎样的结果?清除它会解决怎样的问题?清除它可行吗?通过对一系列问题的思考,得出结论,并清除或最小化非增值活动。

简化(S),是指在尽可能清除了不必要的增值环节后,对剩下的活动做出的进一步简化。

整合(I),是指对分解的流程进行整合,合并相关工作或工作组,使流程顺畅、连贯,以更好地满足客户需要。

自动化(A),是指在设计流程时要考虑 IT 的支持,即将信息系统与流程再造有机结合。

在 IT 广泛应用的今天,若没有信息系统的支持,要消除信息重复录入和处理等无效劳动是不可能的;没有信息系统的支持,要想将过去的串行业务处理流程改造为并行业务处理流程是不可能的;没有信息系统的支持,要将控制点定位于业务流程执行的地方也是很难的。

4.1.4 流程再造的案例分析

1. 福特汽车公司的传统流程

福特北美财务部门雇用员工 500 余人,冗员严重,效率低下,其流程如图 4-1 所示。

在这种流程下,财务部门的大部分时间都花费在处理三单是否吻合上,造成了人员、资金和时间的浪费。

如果将旧流程搬到计算机中,只是模仿手工流程。要实现高效的运作模式,则必须借助信息技术进行流程重组。福特推翻了前一种方案,应用 ESIA 自动化原则重建其流程。

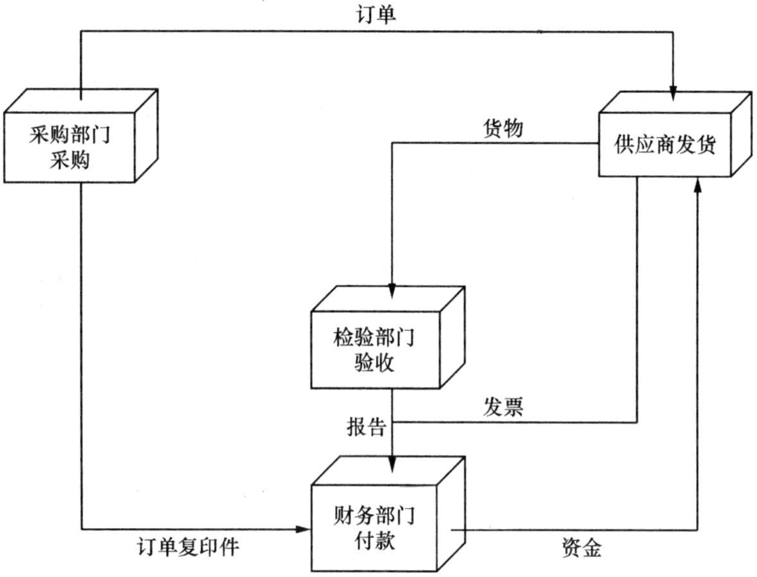

图 4-1　福特传统付款流程图

2．福特进行流程再造后的新流程

福特的付款流程如图 4-2 所示。

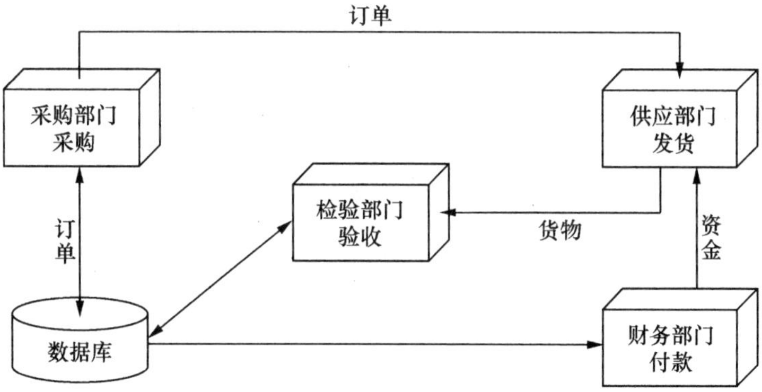

图 4-2　福特新的付款流程图

3．福特公司流程再造的启示

（1）实现了信息集成。任何数据都只由一个部门、一位员工负责输入，从而减少重复劳动、提高效率、避免差错、明确责任；实现共享、统一数据库、统一处理规则、授权人员、共享信息；环境变化、实时响应；决策一致、减少矛盾。

（2）面向流程而不是某一部门，从一个完整的流程进行考虑。如果福特仅仅重建财务一个部门的付款流程，则将发现是徒劳的，正确的流程再造应将注意力集中于整个物料获取流程，包括采购、验收和付款部门，这样才能获得显著改善。

（3）大胆挑战传统原则。福特的旧原则是：当收到发票时，付款。福特的新原则是：当收到货物时，付款。旧原则长期支配着付款活动，并决定了整个流程的组织和运行，从未有人试图推翻它，而 BPR 的实施就是要求大胆质疑、反思，突破传统禁锢。

4.2 企业经营过程中的主要流程及其相互关系

不同组织的性质和目标不同、业务不同、管理不同，导致流程有很大的差异。但是，如果把企业实际流程进行有效的抽象，通常存在三类主要流程：业务流程、财务会计流程（信息流程）和管理流程。理解三类流程的基本内容，分析三类流程之间的关系，对于正确认识财务会计流程的作用、理解其本质的缺陷以及重组会计流程等，都具有重要的意义。

4.2.1 业务流程

组织通过开发和提供满足客户需要的商品和服务来创造价值，而商品和服务是通过一系列业务流程得以实现。业务流程是指组织为实现其经营目标或战略目标而进行的一系列活动。不论企业提供的商品和服务的种类如何，每个组织都至少有三种类型的业务流程：获取/支付流程；转换流程；销售/收款流程。

业务流程及其子流程的关系如图 4-3 所示。

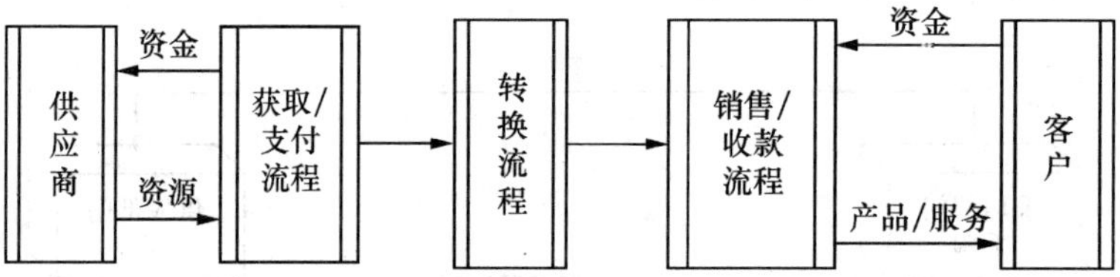

图 4-3 业务流程图

4.2.2 财务会计流程/信息流程

会计采用货币计量，借助于专门的方法和程序，对企业经营活动进行反映和控制，并产生一系列以财务为主的经济信息，为企业内部和外部信息使用者提供服务来创造价值。这些通过财务会计流程来实现。财务会计流程是指财务会计部门为实现财务会计目标而进行的一系列活动。不论提供服务的种类如何，财务会计流程都可抽象为三类主要的活动或子流程，如图 4-4 所示。

4.2.3 管理流程

管理流程并非独立存在，它是以会计信息系统（管理信息系统）产生的信息为依据，对企业经营活动全过程进行计划、控制、评价从而创造价值的流程。主要管理活动或子流程如图 4-5 所示。

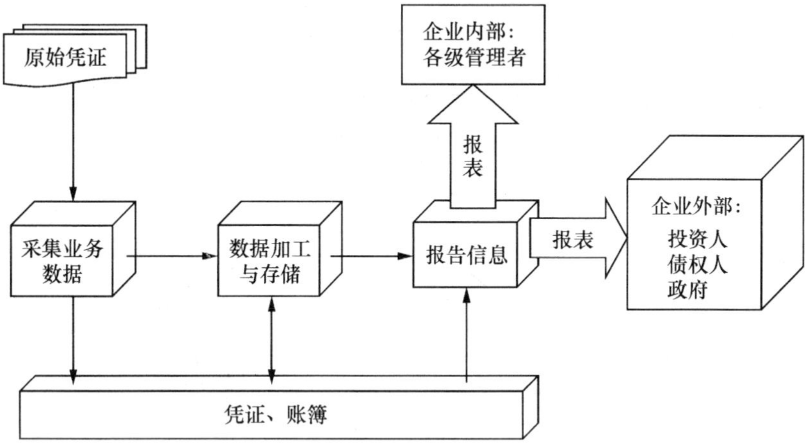

图 4-4 财务会计流程

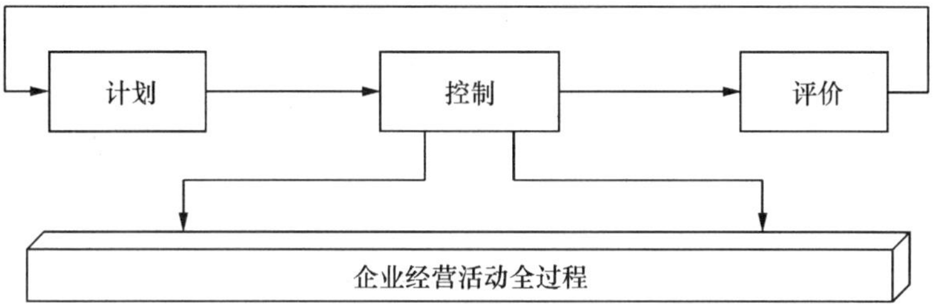

图 4-5 管理流程

4.2.4 三类流程之间的关系分析

通过上述分析,我们已经获悉业务流程、财务会计流程和管理流程并非独立存在,而是相互联系、相互依存、相互作用的。企业在经营过程中形成一系列业务流程,从中产生了大量信息;会计流程获取这些信息,经过加工后又将信息提供给管理流程;企业管理者利用会计提供的信息从事管理活动,对经营过程进行计划、控制和评价。三类流程共同支持企业管理目标的实现,如图 4-6 所示。

可以看出,财务会计流程是企业经营流程的重要组成部分,它负责从业务流程中采集数据,经过加工后生成企业管理活动所需的信息。它也是连接业务流程和管理流程的桥梁。财务会计流程的设计思想、数据采集的效率、加工的正确性和有效性,直接影响到企业管理活动的质量和效率。

人类进入信息社会,信息技术的滚滚浪潮打破了国界、距离和时间的限制,这不仅改变了人们的生活方式、工作方式、学习方式,而且改变了企业的经营模式和生存方式,使得经营、管理和服务密不可分。然而,很多企业的流程仍然沿用工业时代的模式,除了业务、管理流程本身存在问题之外,财务会计流程扮演了事后获取信息、事后提供信息的角色,导致业务流程、管理流程和会计流程之间不能紧密合作,使组织处于一种不协调和无效的状态,就像一辆出了毛病的汽车,马达轰鸣但缓慢费力地前进。事实上,

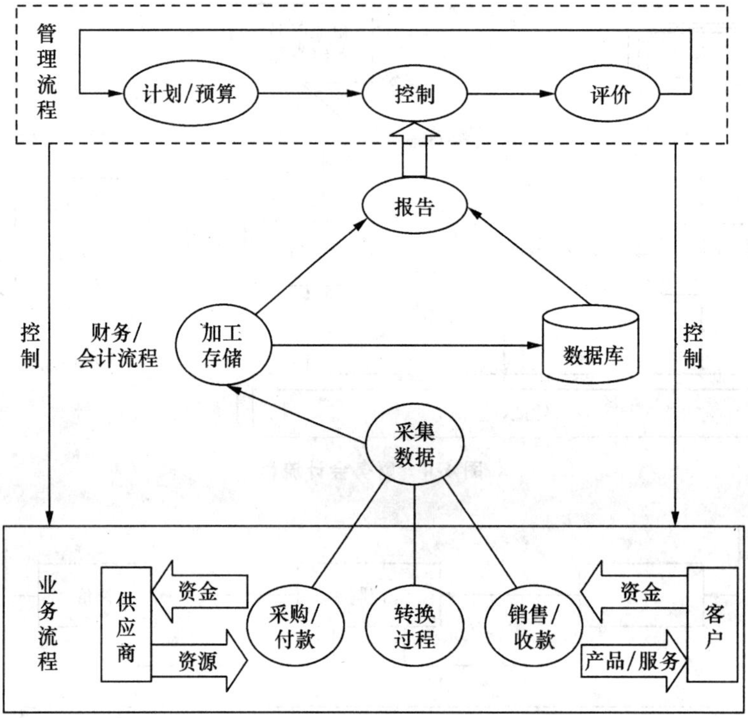

图4-6　三种流程的相互依存关系

正是会计理论的落后、流程缺乏以网络为代表的信息技术的支持,使得财务会计流程已经无法满足会计信息的使用者日益增长的信息需要,因而引起了强烈的批评和指责。

4.3　传统财务会计业务流程的缺陷分析

在e时代,传统财务会计流程已经不能适应企业管理需求,其自身缺陷主要表现在以下几个方面。

4.3.1　财务会计流程基于落后的劳动力分工论思想

财务会计流程引致批评和责难有其深刻的历史根源。传统财务会计流程是由几百年前帕乔利的财务会计理论发展而来。帕乔利思想的核心是分类系统,人们称之为财务会计科目表。人们使用财务会计科目表把组织的资产、负债和所有者权益的财务度量结果分类汇总,采用财务报表将组织汇总的数据提交给用户。虽然人们已经对帕乔利的思想做了多次改进,但是它的本质并没有改变。

1. 财务会计循环始终经历一系列顺序的活动

会计期初:设置科目、准备科目的期初数、选择会计方法。

会计期中:收集所有交易或事件的数据并记账。

会计期末:汇总会计数据,编制会计报表。

2. 在财务会计流程中始终遵循会计恒等式

资产 = 负债 + 所有者权益

借方合计 = 贷方合计

数百年前,仅需几个财会人员就可以维护组织的会计信息系统。然而随着组织规模的不断扩大,业务越来越复杂,这种基于手工的信息处理、基于纸张的凭证和账簿以及手工的信息传递越来越暴露出不足。为了有效地完成财会工作,在原会计信息系统结构的基础上,人们按照劳动分工论的思想,将财务会计细分为原材料核算、工资核算、账务处理等相对独立的工作。在 IT 技术在各个领域中得到广泛应用之际,许多组织的财会人员积极地将 IT 技术应用于会计信息系统。但是由于人们在传统财务会计体系结构的束缚下,并没有充分发挥 IT 技术的优势重新设计财务会计流程,只是简单模仿和照搬手工的流程,将一项项相对独立的工作搬到计算机中,并通过一个个相对独立的子系统(如存货核算子系统、工资核算子系统、销售核算子系统、固定资产核算子系统、成本核算子系统、账务处理子系统、报表编制子系统等)完成相应的工作。虽然 IT 技术的应用大大提高了会计数据的处理速度和准确性,降低了纸张使用量,把大量的财会人员从繁杂的劳动中解放出来,但是,财务会计流程自动化仅仅是手工财会工作的翻版,各个核算子系统仍是彼此独立的信息"孤岛"。在劳动力分工论思想指导下,没有改变传统会计信息系统结构的本质,也没有消除这种系统结构的缺陷,会计流程只是模仿手工流程。

4.3.2 传统流程设计的缺陷使其无法正确和全面地反映企业经营状况

在落后思想的指导下,传统财务会计核算流程的缺陷是必然的。当某项经营活动发生时,财会部门只将反映该经营活动的一小部分信息作为会计信息进行反映,不能正确、全面地反映企业经济状况,从而降低了会计信息的一致性、相关性和有用性。

1. 仅仅采集组织经营活动数据的子集,忽略了大量管理信息

由于传统会计体系结构、思想和技术的制约,在传统流程中,会计师并不采集业务活动的全部数据,而只是采集其中的一个子集,即符合会计事项定义的数据集或称为资金流信息,会计师通过判断一项经营活动中哪些数据影响组织的财务报表,作为收集数据的依据。如果同一经营活动的相关数据被分别保存在财会人员和非财会人员手中,财会人员手中只有描述业务事件的子集数据。传统流程的设计不仅忽略了大量管理信息,而且导致会计部门与其他部门之间信息的相关性降低,财务部门与其他部门之间产生隔阂。

2. 以高度汇总的方式重复存储数据,难以反映经营活动的本来面目

虽然原始凭证包含了经营活动的详细数据,但是在传统财务会计核算流程中,加工流程是按照"会计语言"将原始凭证进行一次次地筛选、过滤、汇总后,形成记账凭证、日记账、明细账、总账、报表。这种流程导致同一数据被重复存放,日记账、明细账、总账、报表之间的区别仅仅在于其汇总的程度不同,会计信息很难反映经营活动的本来面目,这就降低了信息的有用性。

3. 产生的信息过于单一,无法满足信息使用者的需要

在传统财务会计核算流程中,报告信息流程仍然按照会计科目加工、汇总,生成借贷余三栏式账簿,并编制三张财务报表。然而,这些账簿和报表信息单一,限制了管理者从多层次、多视角探究和分析企业的财务状况和经营成果。

哈佛商学院的罗伯特·埃克尔斯(Robert Eccles)指出:"多年来,各行各业的高层管理者一直在思考如何才能正确评价组织经营业绩。管理者不再把财务数据作为评价经营业绩的唯一依据,而是经过综合考虑各种度量结果来作出判断。大型高技术企业的高层领导,现在直接负责建立用于度量客户满意度、产品质量、市场份额和人力资源的系统。而促使他们这样做的动力就是,他们认识到,主要依赖会计信息将限制公司的客户服务战略。"①

4.3.3 传统流程不支持实时控制

事实上,任何企业资金流都是伴随着物流流动的,传统会计核算流程存在的另一个明显缺陷就是,它所反映的资金流信息往往滞后于物流信息,财务账同实物账往往是两张皮。财务账、财务报告从来不是当前时点的余额,以致企业无法从效益的角度对生产经营活动进行实时控制。这是因为,会计数据通常在业务发生后采集,而不是在业务发生时实时采集;会计数据加工是将滞后采集的数据进行排序、过账、汇总、对账等;财务报告并非直接可用,必须经过若干后台加工后才能提交到使用者手中。在经济环境瞬息万变的今天,信息的实时性决定了它的有用性和控制力度,当一笔超过标准的采购费用发生时,或者一笔非法的投资事件发生时,实时信息能够帮助管理者实时控制超标或制止非法事件的发生。会计信息的滞后性使管理者不能得到所需的实时信息,他就会到别的系统中去找。当管理者从别的系统中找到他所需的信息时,会计信息的价值就会急剧下降。

通过分析可以看出,传统财务会计核算流程不能适应现在迅速变化的世界,严重影响了信息的质量、相关性、有用性和实时性,正在逐步失去其真正的价值。正如美国一些会计权威人士所分析的那样:"20 世纪 80 年代以来,公司的财务和会计工作正在发生一场静悄悄的变革。公司越来越希望它们的财务专家与经营管理业务活动的经理合作,大幅度地降低财务和会计工作的成本,然而,与起源于 80 年代的迅速发展的经营管理革命相比,在财务和会计工作领域所发生的革新落后了一代。"当今业务环境节奏快、信息量大,许多超出了帕乔利当时想象的业务范畴。如果从信息处理的角度去理解财务和会计是处理信息的信息系统,其产品是信息化产品,那么随着用户对信息的需求和预期发生改变,传统财务会计核算流程必须更新,并根据需要实时提供定制广泛的信息产品。

4.4 应用流程再造思想或优化会计流程

一个强大的管理信息一般包括采购管理、生产制造管理、销售管理、财务管理(账务

---

① R. Eccles, The performance measurement manfesto, *Harvard Business Review*, 1—2, 1991, p.14.

处理、应收应付、存货管理、资产管理、成本管理、预算管理、资金管理、绩效评价等)、人力资源管理等子系统。管理信息系统能够把财务的管理控制真正与业务紧密联系在一起,从而使计划、预算、监控、分析的触角延伸到企业各个职能部门的最末端,为企业的运作提供决策支持。

从功能上看,会计信息系统的主要功能都集成到管理信息系统中,会计信息系统是管理信息系统的重要组成部分。当前任何一个 ERP 软件都包括会计子系统。

从信息集成角度看,管理信息系统强调会计信息与业务信息的集成,实现物流、资金流和信息流的集成,并从价值反映和管理的角度实现会计管理的职能。

4.4.1 找出传统财务会计核算流程的不增值环节

当经济业务发生时,业务部门生成各种业务单据,并编制业务台账;会计部门事后获取业务单据,采集经营活动的信息,通过编制记账凭证、审核凭证、记账、对账、编制报表等一系列环节和相应岗位人员的辛勤工作,将业务单据反映的信息转换成会计账簿和报表。从价值链管理的角度看,由于会计子系统和业务子系统各自独立运行,二者在信息传递中不仅存在着一些非增值环节,而且缺乏有效的协调,这从客观上会降低会计信息质量,如图 4-7 所示。

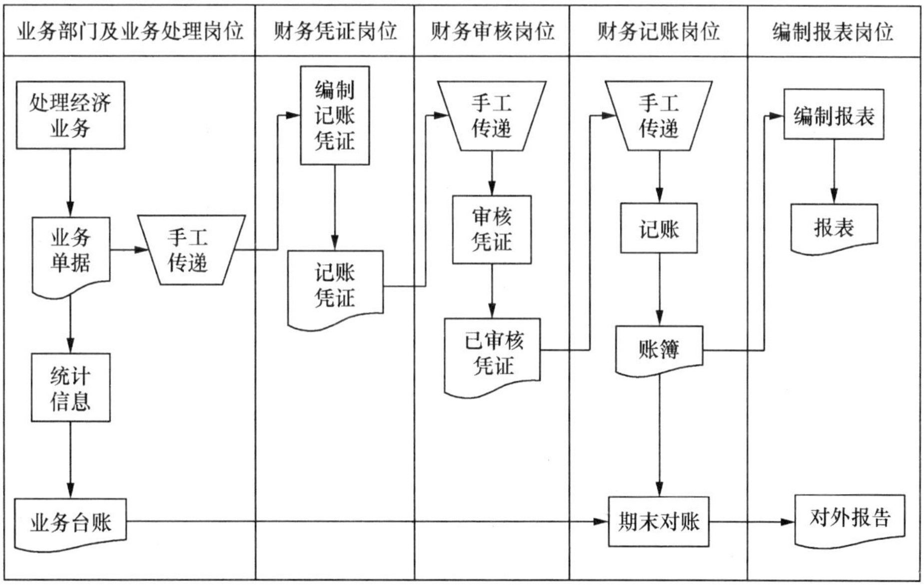

图 4-7 传统财务会计核算流程

从图中可以看出:“记账”环节采用人工处理降低了会计信息的可靠性,但是现在企业实施了会计电算化后,记账已经由计算机代替,这里可以略过。“编制记账凭证”环节从客观上影响了会计信息的可靠性,降低了会计信息的相关性。

传统财务会计核算流程中,“编制记账凭证”环节是不增值环节,是导致财务与业务不协同的环节,是制约提高会计信息质量的关键环节。只要上述环节不消除,会计在企业就仍将是事后核算信息、事后提供信息的被动角色,会计部门为企业创造价值的潜力仍不能得到充分发挥。

4.4.2 消除"编制记账凭证"环节,构建财务业务一体化流程

从企业内部看,传统财务会计核算流程尤其是"编制记账凭证"环节降低了财务与业务的协调和信息传递、共享;财务人员把主要精力放在编制记账凭证上,财务的控制职能、分析职能、决策职能都很难得到充分发挥。应用流程再造的方法——ESIA 方法,构建财务业务一体化流程,消除"编制记账凭证"等非增值环节,并借助网络信息技术,将实现业务与财务部门的信息实时传递和共享,减少数据的重复处理。IT 环境下财务业务一体化流程设计如图 4-8 所示。

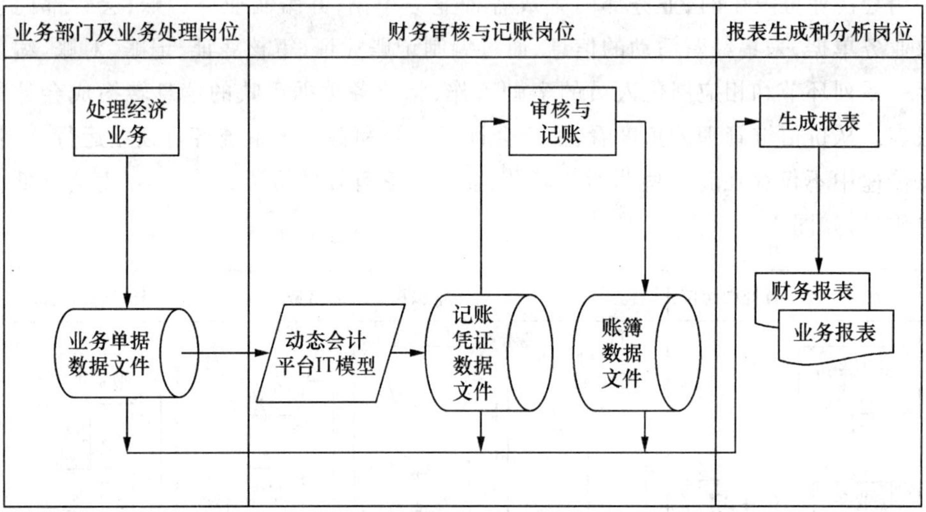

图 4-8 财务业务一体化流程

从图中可以看出,传统财务会计核算流程中的五个环节减少了两个,消除了非增值环节。当经济业务发生时,业务部门将经过确认的单据保存在业务单据数据库文件中,此时,通过财务业务一体化 IT 模型,将业务信息自动转换为记账凭证,并保存在记账凭证数据文件中。企业可依据需要从财务和业务视角生成相应的报表。这样,不仅提高了企业内部流程的运作效率,而且增强了会计信息的可靠性和相关性,并为管理和控制提供质量较高的实时数据。

4.4.3 应用动态会计平台 IT 模型,实现财务业务一体化策略

通过上述分析可知,要构建财务一体化流程,还需要借助动态会计平台 IT 模型,即自动将业务单据转换为记账凭证的 IT 模型,这样才能保证财务和业务信息的一致性和可靠性。动态会计平台 IT 模型如图 4-9 所示。

该模型的基本要素包括:事件接受器、凭证模板、生成器和实时凭证。以下逐一阐

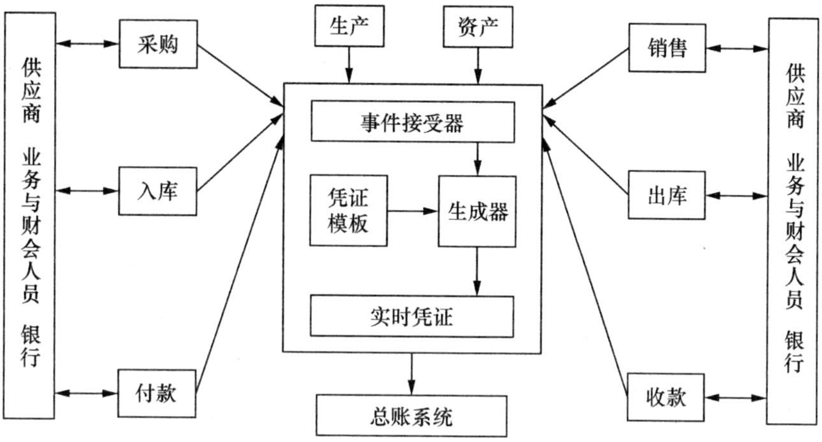

图 4-9 动态会计平台 IT 模型

述每个基本要素的功能。

1. 事件接受器

事件接受器的功能是当一项经济业务(事件)发生时,该事件通过相应的业务模块驱动事件接受器接受事件信息。

2. 凭证模板

凭证模板是实现自动生成凭证的桥梁。凭证模板是企业财务人员根据企业的经济业务,严格按照现行会计制度、准则和法规的要求设计的,反映将每种经济业务转换成相应会计借贷科目、借贷金额的规则。凭证模板被保存在数据库中。

一般来讲,财务管理人员根据企业的经济业务在财务上的核算,需要设计若干个凭证模板,每一经济业务事件对应一个凭证明细。凭证模板设计得越多,经济业务转换成记账凭证的自动化程度就越高,会计人员转抄错误和计算错误的概率就越小,会计信息的准确度就越高。

凭证模板在数据库中的基本存储格式和内容举例如表 4-2 所示。

表 4-2 凭证模板

模板号	业务类型	业务要素	摘要	借贷标志	会计科目	金额取数公式
GCZJ001	资产增加	来源 =“投资人投入”	固定资产增加	借	固定资产	GET(固定资产卡片,原值)
			固定资产增加	贷	实收资本	GET(固定资产卡片,原值)
GCZJ002	资产增加	来源 =“捐赠”	捐赠	借	固定资产	GET(固定资产卡片,原值)
			捐赠	贷	资本公积	GET(固定资产卡片,原值)
GCZJ003	资产增加	……	……		……	……
			……		……	……

3. 生成器

生成器的功能是根据经济业务事件信息和凭证模板生成记账凭证的规则,利用计算机系统自动生成实时凭证,并传递到总账系统。这不仅保证了实时将业务信息转换为财务信息的处理速度,而且保证了会计信息的质量。

4. 实时凭证

实时凭证又称为计算机自动生成的记账凭证,是财务业务一体化核算的模式下的输出结果,也是总账子系统生成账簿和报表的基础。

现在,很多管理软件都增加了动态会计平台功能,即为首席财务官 CFO 团队提供了定义业务信息转化成财务信息的功能模块。为了提高会计信息的可靠性和相关性,提高会计信息质量,企业可以构建财务业务一体化流程,并借助动态会计平台定义本企业的凭证模板,即业务信息转换成会计信息的规则,并存放在动态会计平台上。当日常经营业务发生时,会计信息系统就能实时、高效地生成会计信息,业务部门经济业务发生的同时及时更新会计信息,企业在决策和控制中能够得到实时信息的支持,对经济环境及时做出反应。

4.4.4 将控制机制嵌入企业经营过程中,实施实时控制策略

将控制机制嵌入企业经营过程中有两方面的含义。

1. 将支持会计控制的各种控制准则和标准嵌入数据库(系统)

在初始设置阶段,首席财务官 CFO 团队将支持会计控制的各种准则和标准嵌入数据库中的控制标准(如费用报销标准)和控制准则(如果采购发票金额大于合同金额,则自动显示不能付款;否则,自动显示可以付款),自动对经营活动的合法性和合格性进行判断,从而支持实时控制。其控制原理如图 4-10 所示。

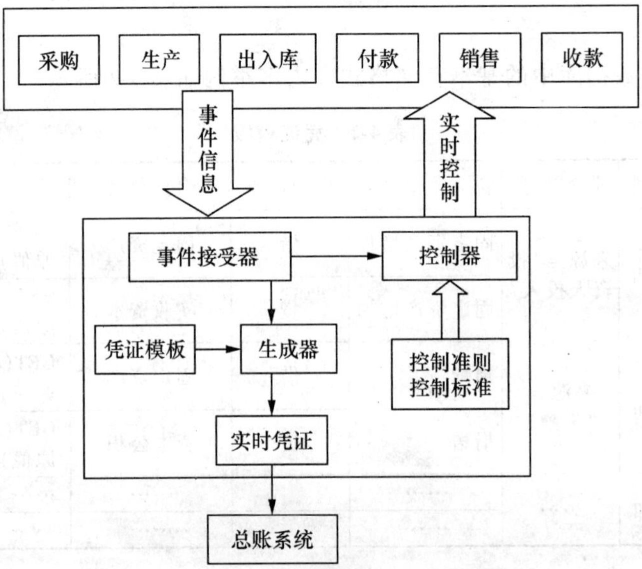

图 4-10 实时控制原理

2. 将财会人员嵌入经营活动过程,使其发挥实时控制作用

将财会人员嵌入经营活动过程是指改变财会人员的工作地点,使财会人员从财务部延伸到各个业务部门,其组织关系隶属于财务部门,工作地点则在业务部门。当经济业务发生时,财务人员利用管理软件提供的信息判断经济业务是否合规和合法,并对业务过程进行实时控制,以抵御经营风险。例如,财会人员可以进入采购部门、仓储部门、销售部门,在经营活动的现场,利用管理软件直接对关键经营活动实时进行严格的监督、指导和约束。

4.4.5 从会计信息处理到帮助管理者制定业务处理规则

传统会计信息系统与业务过程相分离,它只采集、存储和加工业务过程中所发生事件的子集信息,这会导致财会人员和业务管理人员之间的隔阂。在这种情况下,业务管理人员可能会改变业务流程的本质而不与财会人员沟通。当业务管理人员这样做时,财会工作也就变成了与业务过程相脱节的“秘密”工作。因为解决业务问题需要了解企业的战略、业务过程、组织结构、计量标准和 IT 环境的使用情况,当财会人员无法得到所需信息时,就将视野局限于会计问题,而不是业务问题。这种隔阂可能导致业务过程管理与财会工作之间不必要的紧张,而且无法有效地起到会计控制作用。例如,当财会人员远离业务过程时,他们不知道物料的作用、质量以及物料的真实价格。当一张价格严重失真的采购发票摆在他们面前时,只能根据发票付款,仅起到一个记录员而非控制员的作用。IT 环境下的新流程,使财会人员从日常繁杂、枯燥的信息处理流程中摆脱出来,从核算型角色转变成管理控制型角色,财会人员必须关注企业的业务过程,参与、制定和实施整个业务处理规则,按照模糊或跨越组织界线的方法再造流程。

综上所述,会计流程再造是企业管理从传统管理到信息化管理变革中不可缺少的关键环节。企业拥有先进的管理软件,就好比有了好车;对财会人员进行广泛的培训,就好比有了合格的司机;企业建立了健全的会计制度,就好比有了交规。但是,如果没有进行会计流程再造,就好比忽视了道路修建。那么即便是合格的司机驾驶着优良的汽车,也无法在崎岖的乡间小道飞快前进,很多企业管理信息进程便是因流程不畅而受阻。

4.5 会计流程再造案例分析

4.5.1 会计流程再造的工具——流程图

任何一家企业在经营过程中都会不断地制定和完善企业的流程,通常情况下各种流程一般用文字进行描述。但是,文字表示的流程不利于人们清楚地理解信息流动和传递的过程,不容易发现流程设计中的缺陷,也不利于企业部门之间、集团各成员单位之间理解业务的逻辑关系。流程图是一种广泛用于描绘企业财务及业务流程的有效工

具,在财务、会计、审计工作中也得到广泛的应用。简单地讲,流程图就是流程的图形化描述,通过一定的图形符号,将构成流程的要素按照一定顺序与结构关系描述出来,以表达流程的信息处理过程。流程图又可分为基本流程图(basic diagram)和跨职能流程图。

4.5.2 基本流程图

要使人们通过流程图就能够充分了解企业的业务处理过程,就必须定义各种图形所代表的含义。企业如果采用流程图的方式,则必须先定义流程的符号标准。一般来讲,用七种图形就能基本描述一个具体的流程,这七种图形如表 4-3 所示。

表 4-3 流程图的图形

元素名称	图形	解释
起点或终点	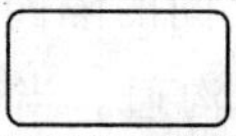	描述流程的开始或结束
处理或加工	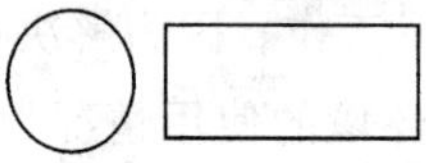	描述输入数据被转换成输出数据的逻辑处理功能
数据流	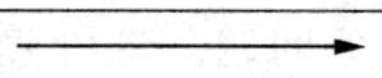	描述数据流动的方向
文档或数据库文件	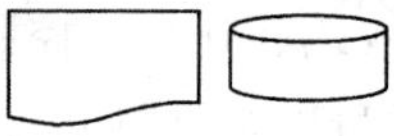	描述数据的存储形式
判断		判断真假或者正确与错误,然后决定数据的流向
连接	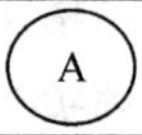	当一张流程图被分解为两个,可以用此符号连接
其他系统	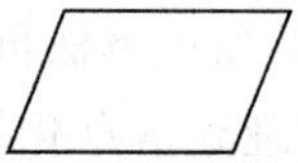	与该流程相关联的其他系统

注:WORD,VISIO 等软件提供了大量流程图的图形,需要时可以参考和使用。

图 4-11 就是一个描述手工银行对账过程的流程图。下面结合该图形对其中的各元素做进一步说明。

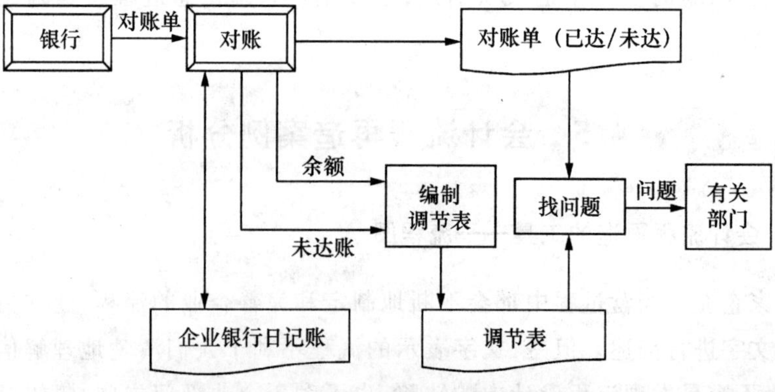

图 4-11 手工银行对账流程图

1. 数据流

数据流是传递数据的通道,它反映流程中各部分之间的数据传递关系,其流程大致有以下几种:

从“起点”流向“加工”,即从信息的发源地收集数据,作为加工的输入数据。图中“对账单”数据流就属于这种数据流。

从“加工”流向“文件”或从“文件”流向“加工”,即将加工输出的数据传递到文件中(如从“编制调节表”加工流向“调节表”的文件数据流中,“调节表”数据流就属于这种数据流),或从文件中取出数据传递到加工(如从“企业银行日记账”文件流向“对账”加工的数据流中,“日记账”数据流就属于这种数据流)。因为这些数据流所连接的加工和文件都有名字,其含义是清楚的,所以这些数据流也可以不命名。

从“加工”流向“终点”,即某一加工的输出数据传送给信息的需要者或部门。图中的“问题”数据流就属于这种数据流。

从“加工”流向“加工”,即某一加工的输出数据作为另一种加工的输入数据。图中的“余额”、“未达账”数据流都属于这种数据流。

2. 加工或处理

加工是流程图中的另一重要组成部分,它是对数据流的一种处理(如对账、编制调节表、查找问题等)。描述加工一般用动词。一个流程图至少有一个加工,任何加工都至少有一个输入数据流和一个输出数据流。图 4-11 中有三个加工,它们分别是“对账”、“编制调节表”和“找问题”。

3. 文档或数据库文件(统称文件)

文件是相关数据的集合,在流程图中起着暂时或长久保存数据的作用。指向文件的数据流可理解为将数据写入文件,从文件引出的数据流可理解为从文件中读出数据。

4. 数据流的起点和终点

数据流的起点和终点是数据的始发点和终止点。由于它们对处理过程影响不大,在流程图中常常可以省略。如“对账单”数据流一定是从“银行”始发点传递来的,要不要“银行”始发点对人们看懂和理解流程图没有影响,因此,“银行”始发点可以省略。此外,可以根据需要增加一些元素,使流程图更加丰富,但需要给出元素的符号、名称和解释。各种流程图符号示例参见表 4-3。

4.5.3 跨功能流程图与分析举例

跨功能流程图是企业业务流程图表示的又一种方式,主要从企业业务各项活动的功能及其执行部门的角度来描述业务流程,表达业务流程与执行该流程的功能单元或组织单元之间的关系,如流程图涉及的部门、职责内容等。跨功能流程图除具备基本流程图的元素外,还应该包括执行相应流程的功能单元或组织单元。跨功能流程图又可分为横向功能描述及纵向功能描述。

1．横向功能描述举例

某公司的银行对账流程中设计了以下几个主要角色：

（1）银行业务人员：商业银行的具体工作人员。

（2）企业对账人员：承担对账业务的财会人员。

（3）问题处理人员：对有问题的未达账项进行问题追踪与解决的人员。

银行对账流程为：

（1）当企业接收到银行提供的对账单后，录入对账单，并保存在银行对账单文件中；当企业与银行联网时，企业通过网络获取银行对账单，并直接保存在银行对账单文件中。

（2）计算机通过“对账”处理，自动将银行对账单文件和企业银行账文件中的记录进行核对。

（3）通过“输出对账结果”，计算机自动输出“余额调节表”、“已达账表”、“未达账表”。

（4）当确认需要清除无用已达账项时，使用“删除已达账”处理。

（5）当发现异常的未达账项时，由相关处理人员和银行进行协商解决。

2．用横向跨职能流程图描述银行对账流程

图4-12列示了用横向跨职能流程图描述的银行对账流程。

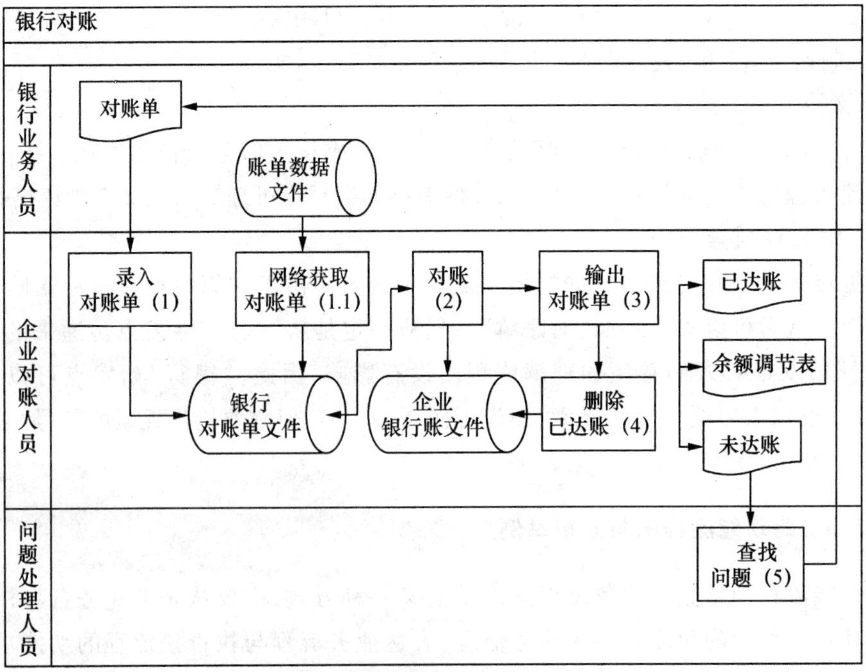

图4-12　银行对账流程（横向跨职能流程图）

3．用纵向跨职能流程图描述银行对账流程

图4-13列示了用纵向跨职能流程图描述的银行对账流程。

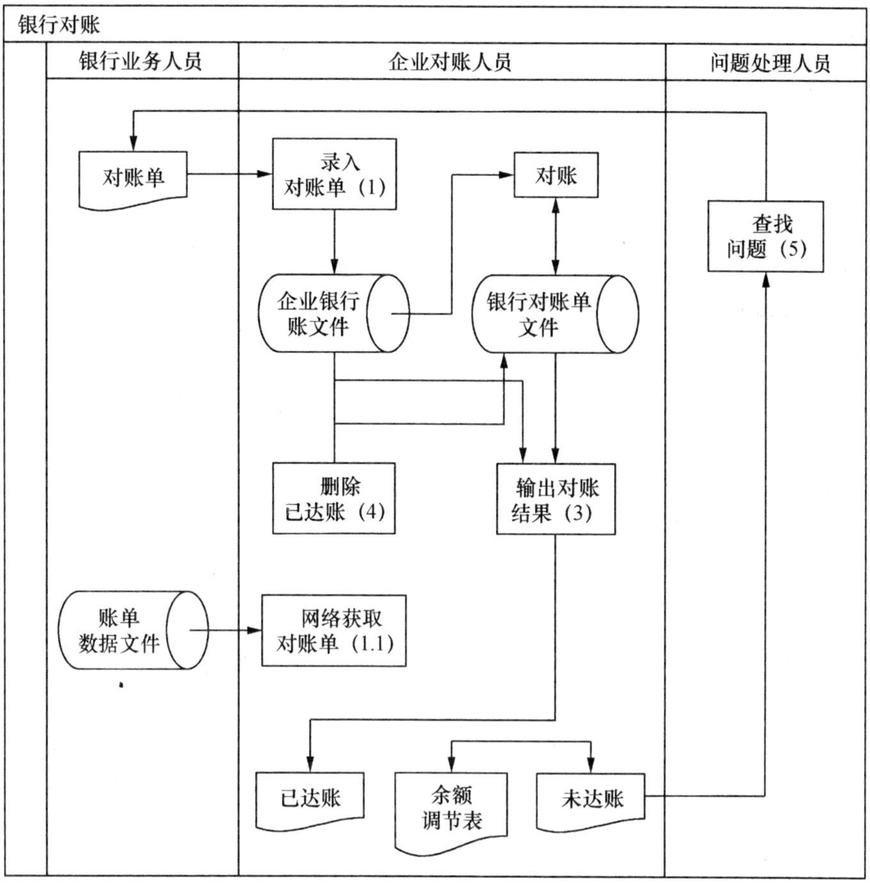

图 4-13 银行对账流程(纵向跨职能流程图)

本章小结

财务会计的发展机遇之一在于,财会人员应该帮助管理当局制定业务处理规则和政策,塑造并控制业务流程。流程是企业的经济业务活动,简称为工作流（Work Flow）或者业务流（Business Flow）。流程再造是针对企业的现有流程进行调研分析与诊断、再设计,然后重新构建新流程的过程。

流程再造的基本原则是:合理利用信息技术、合并相关工作或工作组、工作流程的各个步骤按其自然顺序进行、模糊或跨越组织界线。

流程再造的基本方法是:应用 ESIA,即 E(Wliminate)清除、S(Simplify)简化、I(Integrate)整合和 A(Automate)自动化。

业务流程、财务会计流程和信息流程是相互联系、相互依存、相互作用的。财务会计流程再造是关键。

练习题

1. 名词解释

(1) 流程

(2) 流程再造

(3) 业务流程

(4) 管理流程

(5) 会计流程再造

2. 选择题

(1) 越来越多的企业和管理学者逐步认识到,流程已经成为当代企业管理的(　　)内容之一。

A. 核心　　B. 内部　　C. 外部　　D. 表面

(2) BPR作为一种重新设计工作方式和工作流程的思想是具有(　　)意义的,但在具体做法上,必须根据企业的实际情况来进行。

A. 一般　　B. 普遍　　C. 重要　　D. 次要

(3) 没有信息系统的支持,要想将过去的串行业务处理流程改造为并行业务处理流程是(　　)的。

A. 也可以　　B. 一样行　　C. 不可能　　D. 也许能

(4) 流程分析与诊断是对企业现有流程进行描述,分析其中(　　)问题,并进而作出诊断。

A. 没有的　　B. 发现的　　C. 正确的　　D. 存在的

(5) 从功能上看,会计信息系统的主要功能都集成到管理信息系统中,会计信息系统是管理信息系统的(　　)组成部分。

A. 重要　　B. 次要　　C. 不是　　D. 或是

3. 判断题

(1) 财会人员应该帮助管理当局制定业务处理规则或政策,塑造并控制业务流程。(　　)

(2) 简单来说,流程是企业的经济业务活动,简称为工作流或者业务流。(　　)

(3) 随着国际互联网、企业内部网和电子商务的飞速发展,信息技术正广泛而深入地在企业得到应用,改变着管理者的思维模式。(　　)

(4) 没有信息系统的支持,要将控制点定位于业务流程执行的地方也是很容易的。(　　)

(5) 数据流的起点和终点是数据的始发点和终止点。由于它们对处理过程影响也大,在流程图中常常不可以省略。(　　)

4. 复习思考题

(1) 流程再造的理论与方法是什么?

（2）企业经营过程中的主要流程是怎样的？它们相互有什么关系？

（3）传统财务会计业务流程有哪些缺陷？

（4）应用流程再造思想是怎样优化会计流程的？

（5）什么是跨功能流程图？试举例说明。

第5章　网络集团财务管理

本章框架结构

网络集团财务管理
- 中国企业发展财务管理的新特征
- 企业集团财务管理面临的挑战
- 企业集团财务管理信息化的管理思想创新
- 支持财务管理的集成 IT 平台规划
- 支持集团财务管理信息化的软件资源规划

本章学习目标

- 了解构建财务集中管理模式的意义；
- 理解集团纵向价值链优化；
- 掌握集中管理的信息集成策略；
- 掌握财务集中管理软件资源规划策略。

随着我国市场经济的进一步发展，我国企业的发展面临着前所未有的机遇和挑战。我们清楚地认识到，管理信息化是增强企业核心竞争力的重要方法之一，同时管理信息化又是一个非常复杂的系统工程，它涉及企业管理的方方面面。企业成败的关键在管理，管理的核心在财务。企业有了具备现代财务管理理论、理解财务管理创新的 IT 环境、掌握流程再造工具和方法的 CFO 团队，就可以从财务战略管理视角出发，分析实施企业财务管理信息化的重要环节。

5.1　中国企业发展财务管理的新特征

5.1.1　企业组织形态的变化与发展趋势

1. 企业组织形态的变化

1987 年以前，企业多以单一组织形态存在。1987 年国务院制定了《关于组建和发展企业集团的几点意见》，第一次正式使用“企业集团”概念。党的十五届四中全会上通过的《中共中央关于国有企业改革和发展若干重大问题的决定》中，从推进国有企业战略性改组的角度再一次提出：“要着力培育实力雄厚、竞争力强的企业集团，并成为跨地区、跨行业、跨所有制和跨国经营的大企业集团……”在中央政府加紧实施大集团、大公司的战略指导下，一大批中国企业集团如雨后春笋般涌现出来，并在国民经济发展中起到了重要作用。中国企业组织形态正从单一企业向企业集团（集团企业）形态转变。单一企业与集团企业之间有很大的差异，如表 5-1 所示。

表 5-1　单一企业与集团企业的差异

比较内容	集团企业特征	单一企业特征
公司战略	公司级、战略运营单元级、职能级三个层次的战略；对于战略运营单元级战略要按业务板块一一制定	单一的战略描述
公司治理	除两级委托代理外，还存在集团—子公司的多级委托代理关系；受公司法约束，治理结构更复杂	存在股东大会—董事会、董事会—经理层二级委托代理关系
组织管控	考虑多公司的资源共享和战略协同；集团与下属企业管控权责的界定；部门间存在横向业务协同和纵向垂直管理关系	组织结构设计和管控相对简单
财务管理	集团财务更加关注出资人财务，强调投资风险控制；财务分层管理的体现显著，财务控制的重要性突出；集团税收筹划空间较大，多法人财务报告需要会计合并	单一法人，相对简单
人力资源	人力资源（HR）分层管理，集团 HR 部门关注人力资源战略、人力资源共享、核心人才的选择、任用、绩效	单一组织的人力资源管理
业务运作（以供应链为例）	考虑集团内部供应链和集团外部供应链的协同，以集团整体供应链运作的效益和效率为目标，通常会对集团内部供应链进行重组	本质是一条供应链

企业集团财务系统具有多元化特征，如图 5-1 所示。

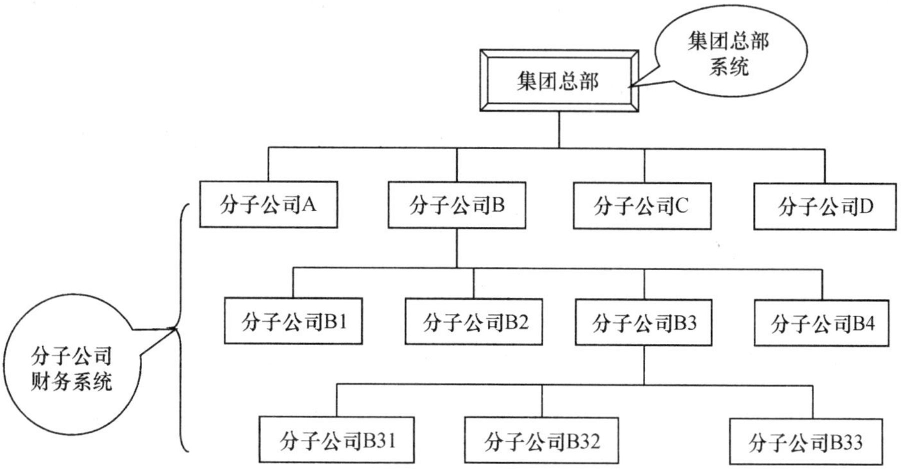

图 5-1　多元化特征的企业集团财务系统

2. 财务监督多层次

在现代企业制度下,集团的母公司与子公司的关系是资产纽带关系,母公司作为投资者,对子公司享有股东权益,如选择经营者、做出重大决策、获取资产收益的权利等。从资财关系上分析,母公司对子公司管理的主要内容是对资金、财务活动的监控。同时子公司又是独立法人,具有自主经营、自负盈亏的法律主体地位,其财务活动既服务于本企业的管理活动,接受本企业监管部门的监督,又要接受母公司的财务调控,因此企业集团的财务监控具有多层次性。

3. 中国企业集团的发展

20 世纪 80 年代以来,大型企业集团借助其巨额的资本实力、先进的技术力量、一流的管理水平以及多元的文化背景,在世界经济和本国经济中扮演着越来越重要的角色。据《2002 世界投资报告》统计,目前全球的跨国集团公司大约有 6.5 万家,拥有大约 85 万家国外分支机构。2001 年,这些分支机构的雇员大约有 5 400 万人,而在 1990 年只有 2 400 万人。这些公司的销售额大约 19 万亿美元,是 2001 年全球出口额的两倍多。跨国公司的分支机构分别占全球国内生产总值(GDP)的 1/10 和全球出口量的 1/3。世界著名跨国企业集团是世界上最有活力的组织,并在世界经济全球化中起的作用越来越大。

面对挑战,我国政府作出了积极应对:1987 年,原国家体改委和国家经贸委制定了《关于组建和发展企业集团的几点意见》,这是中国第一个关于企业集团的正式的全国性文件。由此,建立和发展企业集团开始成为国家指导下企业扩张和产业组织创新的一种重要途径。为了对企业集团这一新的产业组织形式的形成和发展提供政策上的保证和指导,1991 年国务院转发了国家计委、国家体改委和国务院生产办公室《关于选择一批大型企业集团进行试点的请示》,首先确定了 55 家试点企业集团实行计划单列。1997 年,国务院又批转了国家计委、国家经贸委和国家体改委《关于深化大型企业集团试点工作的意见》,把试点的企业集团进一步扩大到 120 家。与此同时,全国各地也确定了重点扶持的企业集团,而与企业集团相关的一系列政策、法规亦陆续出台,使中国企业集团在深度和广度上都有了一个大发展。

据国家统计局公布的资料,2003—2005 年国家统计局《企业集团统计年报》中年营业收入和资产总计均在 5 亿元及以上的全部是企业集团。

不同企业集团组建的目的不尽相同,大量统计调查发现,企业集团组建的目的主要是:获得集团整体利益可持续最大化,实现规模和组合效益、资源配置效益及财务协同效益。

(1) 集团整体利益可持续最大化。组建企业集团的目的不是单纯以最大化母公司或者子公司的利益为目标,而是以集团整体利益最大化为目标,即兼顾眼前和长远利益最大化,实现整个集团的可持续发展。

(2) 规模和组合效益。调整企业集团组织结构和规模结构,使各成员之间生产要素互补以及提高专业化分工程度,减少交易费用的支付量,提高资源的利用效率,获得

“1 + 1 > 2”的效果,从而实现规模和组合效益。

(3) 资源配置效益。通过调整资本存量结构,重新优化组合,加速资本资源向高效企业和业务板块流动,合理配置企业资源,从而提高资本的流动性和增值性。

(4) 财务协同效益。突破组织上的传统界限,将集团内部各单位的生产、设计、营销、财务等过程的财务资源协调管理,以保证企业集团在有限的财务资源情况下,产生会计、税务、投资、融资等活动的最大财务协同管理效应价值。

5.1.2 企业集团的定义、类型与特征

由于企业集团在中国出现得较晚,所以直到 20 世纪 80 年代初的研究文献中尚无这个概念。然而,中国的企业集团,尤其是大型国有企业集团,是在政府的指导、扶持和管理下建立和发展起来的,因此国家对于建立和发展企业集团的一系列文件中关于企业集团的规定,便成为我们理解中国企业集团的一个基本途径。

1. 企业集团的定义

1991 年 12 月,国务院批转国家计委、国家体改委、国务院生产办公室《关于选择一批大型企业集团进行试点的请示》,1992 年 5 月,国家工商行政管理局、国家计委、国家体改委、国务院生产办联合发布关于《关于国家试点企业集团登记管理实施办法(试行)》,其中关于企业集团的规定为:

(1) 必须有一个实力强大、具有投资中心功能的集团核心。这个核心可以是一个大型生产、流通企业,也可以是一个资本雄厚的控股公司。

(2) 必须有多层次的组织结构。除核心企业外,必须有一定数量的紧急层企业;最好还要有半紧急层和松散层企业。

(3) 企业集团的核心企业与其他成员企业之间,要通过资产和生产经营的纽带组成一个有机的整体。核心企业与紧密层企业之间应建立资产控股关系。核心企业、紧密层企业与半紧密层企业之间,要逐步发展资产的联结纽带。

(4) 企业集团的核心企业与其他成员企业,各自都具有法人资格。这是企业集团与单个大型企业的重要区别。

国家工商行政管理局在 1998 年 4 月发布的《企业集团登记管理暂行规定》是现实管理工作的一个基本规章,该条例对企业集团作出了界定:企业集团是指以资本为主联结纽带的母子公司为主体,由以集团章程为共同行为规范的母公司、子公司、参股公司及其成员企业或机构组成的具有一定规模的企业法人联合体。

2. 企业集团的类型与特征

由于企业集团组建的原动力、组建的直接目的、组建的形式不同,导致了集团总部管理职能、管理范围和管理需求的不同。如果我们按照企业集团组建的原动力、组建的直接目的、集团总部管理的职能定位、母子公司的关系、子公司经营范围与总部的相关性、财务管理和控制等的特征进行分类,可以大致将企业集团划分为三种类型,如表 5-2 所示。

表 5-2 企业集团的类型与特征

特征＼类型	控股型	产业型	管理型
组建的原动力	资本实力与资本的衍生能力,借助资本控制资源	产品优势,借助企业集团发挥产品的市场优势	管理优势,通过输出管理,发挥集团优势
组建的直接目的	资本的保值与增值	对外表现为产品的市场占有,对内表现为产供销一体化,节约交易成本	最大限度发挥管理优势,使企业集团成员协同运作,提升核心竞争力
总部职能定位	资本投资的规划,确定被控股企业的买进与卖出	规划产品的开发、生产与营销网络;协调附属公司与总部的购销关系;对投资进行权益管理	规划产品兼顾投资收益;输出管理;投资具有灵活性;不拘于产品;对于核心业务成员统一管理,对非核心业务成员进行业务指导
母子公司关系	资本—报酬关系,被控股公司无报酬便可能不再是控股公司	选择优势互补企业作为集团成员;产品或营销网络相关性;考虑进入与退出壁垒	资本—报酬关系和产品相关性并存
子公司经营范围与总部相关性	通常没有太多的相关性,总部只选择相关性较高的行业或企业	产品相关或区域相关;企业集团成员间企业的生产与经营具有协作性;借助集团发挥规模和专业化优势	相关性和非相关性共存
财务管理与控制的需求	财务实行分权管理,财务分别核算,母公司对子公司财务控制力度低,只要求子公司定期传递财务报表	财务实行集权管理,统一会计核算、实时掌控分子公司的经营,强化资金集中管理,并建立整个企业的预算管理控制体系、业绩评价体系	采用集权与分权管理并存的管理特征,但在集团的预算管理控制体系、绩效评价体系等方面实现统一构建和管理

5.1.3 企业集团财务管理的新特征

财务管理是企业集团的重要组成部分,在企业集团创立、发展、壮大的过程中,要求财务管理必须适应集团的发展需要。随着企业集团发展壮大,在全国多个地区和城市乃至不同国家建立多个分、子公司,使企业集团财务管理与单一企业的财务管理有了很大不同,呈现出新的特征。

1. 财务管理战略性

企业集团在实行分工、分权的过程中形成了一系列专业管理,企业集团财务管理主要是通过价值形式,把集团的一切物质条件、经营过程和经营结果合理地加以规划和控制,以实现集团价值最大化目标。因而,企业集团财务管理不同于单一企业的财务管理,它是对集团的主要经营目标、经营方向、重大经营方针和实施步骤所做的长远、系统规划,具有战略性。

集团财务管理的战略性要求首席财务官 CFO 团队必须从战略管理的视角出发,建立集团统一的财务制度和政策,统一协调机制,合理配置集团资源,并正确评价集团成员的绩效，提高集团整体经营绩效和核心竞争力。这对于集团的重大战略性部署显得尤为重要。

2．财务主体多元化

企业集团不同于单个大企业和一般经济联合体，它是以母、子公司为主体，通过产权联系和生产经营协作等多种方式，由众多企事业法人组织共同组成的经济联合体。企业集团具有复杂的组织结构，它是由若干具有相对独立经济利益的内部单位构成的总体，这就使企业集团财务主体构成上具有多元化特征。

一般来讲，企业集团在建立一个分子公司时，就设立为该分子公司服务的财务组织，负责组织各自的财务核算工作，依据传统的四个会计假设——会计主体、会计分期、货币计量、持续经营——以反映单个会计主体的经营信息，负责对筹资和投资活动、日常经营活动信息的正确反映。因此，每个分子公司都会建立一个财务信息系统，并对外提供财务报告。企业集团是一个经济联合体，各个分子公司将其财务报表层层上报、汇总、合并，企业集团总部财务再以此方式总括集团的财务状况和经营成果。

3．财务监控多层次性

在现代企业制度下，集团的母公司与子公司的关系是资产纽带关系，母公司作为投资者，对子公司享有股东权益，如选择经营者、做出重大决策、获取投资收益的权利等。从资财关系上分析，母公司对子公司管理的主要内容是对资金、财务活动的监控。同时，子公司又是独立法人，具有自主经营、自负盈亏的法律主体地位，其财务活动既要服务于本企业的管理活动，接受本企业监管部门的监督，又要接受母公司的财务调控，因此企业集团的财务监控具有多层次性。

5.2 企业集团财务管理面临的挑战

集团财务管理是企业集团战略的重要组成部分，它要根据企业总体战略并结合业务单元战略，从财务视角制定相关的财务制度、财务流程、控制机制和评价体系，并通过有效执行，支持企业集团的扩张和发展。随着企业集团的快速发展和组织结构的复杂化，集团财务管理难度不断增加。同时，因历史原因形成的企业集团分权管理模式和信息治理的缺失，使得集团财务管理面临着新的挑战。

5.2.1 如何保证集团与成员单位财务战略目标的一致性

很多企业集团的首席财务官 CFO 团队充分认识到其“战略家”角色的重要性。企业集团财务管理不同于单一企业的财务管理，它是对集团的主要经营目标、经营方向、重大经营方针和实施步骤所做的长远、系统规划，具有战略性。作为 CFO 团队，应该从战略角度进行思考，首先应该在集团层面制定统一的财务战略，即与集团战略相一致的财务制度、财务流程、控制机制和评价体系，分子公司在集团整体财务战略框架下，体现“集权”和“分权”的相互融合，最大限度地发挥企业集团的边际效益优势，产业链组合优势和复制扩张优势。

然而,由于企业集团长期以来采用财务分散管理,集团总部以纸张的形式将财务制度和政策下发给集团成员单位,而这些成员单位是否在自身的财务管理过程中贯彻执行呢?下属成员单位是具有独立法人资格的子公司或非法人分公司,具有自主经营、自负盈亏的主体地位,其财务活动更多的是服务于本企业的管理活动,接受本企业监管部门的监督,从而有可能忽略集团整体的战略目标。集团仅仅成为"统一的"财务制度和政策的倡导者,无法实现集团与下属子公司财务战略的共享与共识。其结果是无法最大限度地保证整个集团价值的最大化,企业集团的整体优势无法得到真正发挥。

5.2.2 如何保证财务信息的真实、正确和有效

无论是萨班斯法案、公司治理还是内部控制,都对首席财务官 CFO 团队提出了共同的要求:保证财务信息的及时、真实、准确、有效。从纵向价值链看,企业集团的财务信息是由集团一个个成员单位汇聚而成的,因此,每一个成员单位财务信息的真实、正确、有效与否,直接影响到集团财务信息的质量。

然而,研究资料表明,企业集团的"母子孙"组建模式,使得委托代理呈现出过于冗长的趋势,一般为 6—10 个环节,有的代理链条甚至多达 10 个层级。企业集团在庞大的组织结构、复杂的层级关系,以及跨越不同城市的地理分布并形成一个个信息孤岛的情况下,不可能及时了解每个成员单位财务信息的产生和处理过程。在信息不透明的环境下,集团成员就有可能从各自利益的角度出发,报喜不报忧,假数据真作账,真数据假作账。同时,如果社会审计走过场的话,那么集团汇总起来的信息必然是失真的。

在企业集团及其成员单位形成的纵向价值链上,不同层级的分子公司是否按照集团统一的财务流程,客观、正确地获取经济业务信息?是否按照集团统一的财务政策与制度,挑选、加工信息并保证信息的质量?是否能够提高报表层层上报、汇总、合并的效率和质量,并在财务战略的框架下有序、高效运作?在没有集团集成信息平台的支持下,将一个个信息孤岛的财务数据进行层层汇总、合并,最后形成集团的财务报表,此时集团只能看到报表数据及其反映的表面现象。这就无法有效地保证最终获得的反映财务战略执行情况的信息的真实性、正确性和有效性。

5.2.3 如何有效地对整个集团的资金动态进行管理和控制

资金是企业的血液,"现金至尊"是现代企业财务管理的基本理念,健康的资金流对于企业的生存和发展至关重要。从理论上讲,集团对分子公司的信息有知情权,并通过动态获取分子公司财务活动的信息实施监控。

然而,由于企业集团下属成员单位众多、地域分布广泛,资金采用分散管理,分子公司有独立贷款权,账户林立,企业集团无法对整个资金流量、流速、存量、贷量进行监控,无法充分发挥集团资金管理的优势,"双高"现象比较严重。事实上,集团对分子公司的财务监控非常弱化,无法掌控资金的流向和流速,财务监控只能是事后监控,动态监控

也只停留在理论上和概念上。这种情况下，不出问题则已，一出问题就触目惊心。因此，如何有效地对整个集团的资金进行动态管理和控制的问题，成为集团发展过程中财务管理面临的新挑战。

5.2.4 如何正确评价绩效、支持财务战略与决策

集团财务管理作为集团管理的重要组成部分，需要向投资者解释经营成果和提高经营管理水平，需要向经营者展现不同的成员单位、行业板块、责任中心等的经营绩效、财务状况、获利能力等，并通过多视角评价体系评价其绩效。

然而，从企业集团纵向价值视角分析，在集团与成员信息孤岛环境中，面对集团庞大的组织结构和复杂的层级关系，面对自下而上层层收集汇总信息的状况，集团财务部门无法从多视角获得财务与非财务信息，使得集团很难按照经营板块（如多元化企业集团的制造、金融、服务、进出口板块）、事业部（如按照产品组成的冰箱、彩电、洗衣机等板块）客观评价绩效，从而无法有效地支持集团成员单位和个人为集团创造价值的动力，集团也无法合理配置资源，最终影响了竞争力和提升。

大量实践表明，将信息技术与财务管理有机融合，是应对集团快速发展过程中财务管理面临的挑战的制胜法宝之一。

5.3 企业集团财务管理信息化的管理思想创新

5.3.1 基础理论——价值链理论

价值链（Value Chain）理论最初是由哈佛商学院教授迈克尔·波特于1985年在《竞争优势》中提出。他认为，企业需要认识价值链中的价值活动。他试图通过价值链工具在战略及其实施之间建立一座桥梁，从企业内部的价值过程中寻求竞争优势的来源，同时弥补以往对企业内部因素重视不够的缺陷。他认为，就竞争角度而言，价值是买方愿意为企业提供给他们的产品所支付的价格。价值用总收入来衡量，总收入则是企业产品得到的价格与销售的数量的反映。如果企业所得的价值超过创造产品所花费的各种成本，那么企业就有盈利；反之，则亏损。企业为了获取经营的差异化所带来的价格溢价，常常有意抬高成本，所以分析竞争地位必须使用价值而不是成本，为买方创造超过成本价值是任何基本战略的目标。在波特的理论中，资源被配置在价值链结构中，其价值链模型表明，企业要比竞争对手更具有竞争优势，必须以更低的成本执行价值链中的价值活动，或以不同的价值结构导致产品的差异化。用于判定竞争优势和寻找增强竞争优势方法的基本工具就是价值链。

1. 价值链定义

波特将价值链描述成每个企业用来“进行设计、生产、营销、交货及维护其产品的各种活动的集合”。从价值链看，这些活动分为基本活动和辅助活动两类，如图5-2所示。

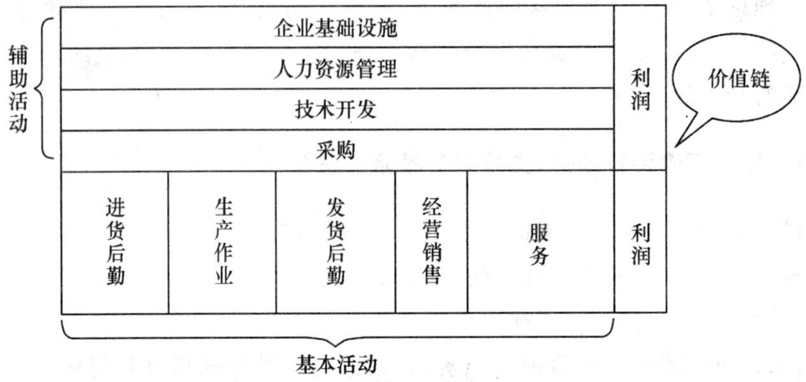

图 5-2　基本价值链

2. 价值链的基本活动与辅助活动

波特将企业价值链分为基本活动和辅助活动两类。基本活动是涉及产品的物质创造及其销售、转移给买方和售后服务的各种活动,可分为内部后勤、生产作业、外部后勤、市场营销和售后服务五类。辅助活动是辅助基本活动,通过提供外购投入、技术、人力资源以及各种企业范围的职能以相互支持。辅助活动包括总体管理、计划、财务、会计、法律支持、政府关系和质量管理等所有对整个价值链起支持作用的行为。它通过整个价值链而不是单个活动起辅助作用。

3. 价值链分析与优化

不同企业的战略不同、性质不同,就使其基本活动和辅助活动的价值链有所不同。价值链分析与优化的内涵是:首先,确定企业的价值链构成;其次,分析价值链各项活动中哪些是“增值”的,哪些是“不增值”的,判断各项价值活动的利润空间;最后,应用具体方法清除不增值活动,简化流程,合并相关活动,实现价值增值。

4. 价值链理论的发展与虚拟价值链

近年来,价值链理论得到了许多新的发展。Shank 和 Govindarajan 的研究进一步拓展了价值链这一概念,他们认为,每个企业都应将自身的价值链放到整个行业的价值链中去考虑和审视,从最初的原材料到最终的使用者,以此来理解成本行为和差异的来源。随着 E 时代的到来,Jefferey F. Gayport 和 John J. Sviokla 提出“虚拟价值链”的概念。他们认为,在 E 时代,企业不仅存在一个由可以看到、摸到的资源构成的物质世界(定义为市场场所)形成的实物价值链,同时还存在一个由信息组成的虚拟世界(定义为市场空间)形成的虚拟价值链。企业价值链中的每一项价值增加活动都可以分为两部分,一部分是在市场场所中基于物质资源的增值活动,另一部分是在市场空间中基于信息资源的增值活动。物质增值活动构成了传统价值链,而与此相对应的信息增值活动则独立出来构成虚拟价值链。虚拟价值链概念的提出,为关注信息资源活动的人们进行价值链分析提供了新的分析思路。Henri C. Dekker 通过实证研究方法进一步证明了价值链分析方法可应用于跨组织的价值链分析,有助于理解成本行为和差异的来源,并且帮助管理者制定出保证企业保持和扩大竞争优势的合理战略。

价值链理论的研究者认为，通过价值链分析，可以清楚地了解企业内部各个活动彼此之间的关系，探索行业中所面临的主要压力和问题。它是一个实用的决策工具，能够指导 CFO 在企业战略的制定和实施过程中实现自身的“创造价值”；同时，价值链分析可以明确构成价值链的关键活动，因而它还可被用于企业流程的再造和重组。

5.3.2 协同商务

当首席财务官 CFO 应该成为“战略家”的呼声不断高涨时，CFO 应该超越以往仅仅“目光向内”的思维，更多地参与到支持企业战略实施的领域中来，如外部市场、竞争对手和经济分析，这些领域的认识对企业战略的成功实施是不可或缺的。特别是对贯穿价值链始终的战略计划的关注、对企业风险管理的关注，使其不断成为企业管理的焦点。从理论上讲，当 CFO 掌握价值链等相关信息系统的支持，就会具有无以比拟的“强势”地位。CFO 掌握相关的数据、知悉不同数据间的关系，同时可以通过从企业的供应商入手，进入内部价值链，直到企业顾客、产品和服务使用者进行整个过程的分析，掌握整个行业价值链的状况。很多学者认为，价值链分析是一种实用的战略分析工具，而这种工具恰恰能够指引 CFO 在企业战略的制定和实施过程中实现其自身的价值。在价值链思想的指引下，企业集团财务管理信息化的规划应该树立协同商务的思想。协调商务有两层含义：

（1）从企业外部看，构建以核心企业为主体的价值链条，通过信息流协同上下游企业与核心企业间的商务关系，实现整个价值链的增值。

（2）从企业内部看，在 IT 环境中，构建最佳财务业务一体化流程，通过信息流协同企业集团各成员有序运作，合理配置企业资源，保证企业经营效率和效益的提高。

5.3.3 集中管理

企业集团在发展壮大的过程中，在全国多个地区和城市乃至不同国家建立多个分、子公司，当一个分子公司建立后，设立为该分子公司服务的财务组织，负责组织各自财务核算工作，依据传统的四个假设——会计主体、会计分期、货币计量、持续经营——以反映单个会计主体的经营信息，并在会计期末结账后向上级单位递送书面报表。从虚拟价值链、信息链视角分析，企业集团财务管理的纵向虚拟价值链是由企业集团各个成员单位的信息活动形成的，即集团总部与成员单位之间的财务信息下达、收集、组织、挑选、合成、分配、发布等活动，而这些活动建立在企业集团成员之间的一个个信息孤岛上，纵向价值链信息的协同性、及时性、有效性无法得到保证，导致价值链运作效率低下，运行成本增加，制约了集团对分子公司的财务控制能力和执行力，企业集团财务必然出现诸多问题。

【案例 5-1】 B 集团是 1998 年在政府主导下以原省级外贸公司改制上市的股份公司为主体，吸收合并相关国企组建的，现为省级国有资产授权营运机构。随着 B 集团规模的快速扩张，子孙公司层出不穷。截至 2003 年年底，B 集团旗下拥有子公司 38 家，其中全资

8家、绝对控股4家、相对控股3家、参股23家；通过子公司所管辖的孙公司65家，其中全资8家、绝对控股24家、相对控股13家、参股20家；处于第四层的公司多达245家，其中全资10家、绝对控股45家、相对控股75家、参股115家；此外，还有第五层公司若干家。

集团财务管理在非集成的环境下进行，分子公司定期将报表报送集团总部。2003年，B集团曾统一聘请会计师事务所旗下公司进行全面审计，其中本部和二层公司全面审计、三层公司抽查了70%、四层公司随意抽查了50%、五层公司抽查了30%，共查出这些企业的资产不实2.5亿元，所有者权益不实1.52亿元，利润不实1.5亿元。

综上所述，通过价值链分析我们清晰地认识到，企业集团财务战略执行弱化的一个关键原因在于信息孤岛治理的缺失。因此，优化集团与分子公司的纵向价值链，建立集团财务管理过程信息下达、收集、组织、挑选、合成、分配、发布等的信息集成环境，树立集中管理的思想至关重要。

麦肯锡咨询公司的研究报告指出，跨国公司与中国企业相比，最大的进步之一就是实现了集中管理。

集中管理是指在企业集团与成员单位之间构建统一的信息集成IT环境，通过信息集成的IT环境，在将企业集团纵向多层次的组织结构压成扁平化组织的基础上，实现对企业集团各成员的管理制度、财务数据、业务信息等信息资源的有效集成和集中管理。集中管理不等于集权管理。

(1) 企业集团制定的统一财务制度和政策存放在集成的IT环境中(中央数据库)，全集团成员单位通过网络共享统一的管理制度。

(2) 所有成员单位在集成的IT环境中将财务数据传递到中央数据库，实现全集团数据的集中管理。

(3) 在集成的IT环境中，集团总部不仅能够获取分子公司的财务数据，还可以获取集团的关键业务信息，如供应链信息、集中采购信息、内部过程信息、员工学习创新信息、客户价值管理信息等，实现纵横交错的信息资源共享。

大量的理论研究和实践证明，保证价值链有效运作、支持信息共享、协同、集成的关键技术是IT。

集中管理的直接目的是保证整个企业集团的数据共享、信息共享、管理制度和政策共享，保证企业集团与成员单位财务战略目标的一致性，保证全集团财务信息真实、正确、有效，掌控整个企业集团的资金运动，正确评价整个集团的绩效和支持决策，提供新的解决问题的思路。

5.4 支持财务集中管理的集成IT平台规划

以价值链理论为基础，在协同商务、集中管理思想指导下，企业集团可以规划实现整个集团集中管理的统一集成IT平台。根据企业集团财务管理和控制的不同需求，可以采用以下策略。

5.4.1 实时集中策略

随着企业集团规模的不断扩大，基于传统虚拟价值链的财务管理方式，由于虚拟价值链上的信息孤岛，使得企业集团财务政策、制度的执行力和控制力大大弱化。为了强化企业集团的管理和控制，一些企业集团利用信息技术进行纵向价值链的优化，其目的是使集团能够做到集中管理和配置关键资源；集团制定的各项政策如会计政策能够贯彻到集团每一个成员；集团总部能够实时掌控企业集团各成员的信息，以及整个企业集团的资金运动；下级单位必须按照集团总部的要求和控制标准对经营活动实施实时控制。

实时集中管理模式是企业集团优化价值的一种非常普遍的信息集成模式。实时集中策略是指在 B/S 技术支持下，进行纵向价值链的优化，在集团总部和成员单位之间建立实时信息集成的共享 IT 环境，使得多层级的企业集团纵向价值链变成集团总部——IT 共享平台——成员单位两级的扁平化价值链，并且在 IT 共享平台的支持下实现集团总部与成员单位信息的实时共享和传递，实现集团总部对分子公司的管理和控制。

1. 实时集中的 IT 环境

(1) 采用浏览器/服务器(B/S)应用结构。

(2) 客户端——分子公司电脑，主要负责人机交互，包括一些与数据和应用关系的图形和界面运算。客户端一般由微机担任，客户可以在千里之外通过网络在客户机上完成各项任务。

(3) 集团总部设置 Web 服务器，主要负责对客户端应用的集中管理；应用服务器主要负责会计管理软件中逻辑结构和数据关系等的事务处理；数据库服务器主要负责数据的存储和组织、分布式管理、备份和同步等。

2. 实时集中的纵向虚拟价值链

整个集团财务管理的纵向虚拟价值链只有两个成员：集团总部和下属成员单位。传统价值链上的多层信息管理的组织关系不再存在，集团总部与下属成员单位的信息通过网络实现信息共享，纵向虚拟价值链大大缩短，如图 5-3 所示。

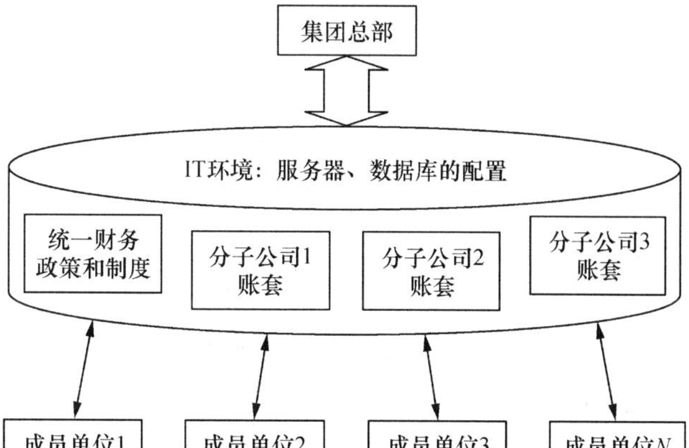

图 5-3 实时集中策略的纵向价值链

3. 集团总部的定位

集团总部设立服务器,并统一维护与管理,整个集团使用同一套财务软件并保存在集团的服务器数据库中;集团制定统一财务制度和政策信息并保存在集团服务器的数据库中,实现整个集团财务信息的集中管理;对核心资源进行统一调配,并对下属成员单位的财务活动进行实时控制。

4. 下属成员单位的定位

下属成员不管处于集团传统价值链上的哪一级,都要按照集团数据库的财务制度和政策进行日常业务处理,并将所有数据全部实时传递到集团总部服务器的数据库中进行集中存储。

5.4.2 定期集中(分级集中)策略

一些企业集团在发现基于传统虚拟价值链财务管理的局限性后,由集团总部对分子公司的管理和控制实施分级管控、定期管控。如一些企业集团成员遍及全国各地,而且由于集团成员分属不同行业,因此,集团总部将财务信息实时控制下放到行业(或者区域)管理总部,集团定期对每个行业(或者区域)管理总部实施定期管控,即对虚拟价值链的优化采用定期集中(分级集中)策略。

分级集中策略在 B/S 技术支持下,进行纵向价值链优化,在集团总部与成员单位之间建立信息分级集成的共享 IT 平台,使集团总部成员单位在分级的集成环境中共享信息和传递信息,实现集团总部对分子公司的分级管控、定期管控。

1. 定期(分级)集中的 IT 环境

(1) 可以采用 C/S 结构或 B/S 结构。

(2) 企业集团的成员单位——分子公司设立服务器,并保存相关的程序和数据,定期将数据传递到集团总部。

(3) 集团总部设置 Web 服务器,主要负责对客户端应用的集中管理;设置应用服务器,主要负责会计管理软件中逻辑结构和数据关系等事务处理;设置数据库服务器,主要负责数据的存储和组织、分布式管理、备份和同步等。定期收集成员定位的信息。

2. 定期集中的纵向价值链

整个集团财务管理的虚拟纵向价值链上有三类成员:集团总部、中层管理组织、下属成员单位。传统虚拟纵向价值链上的多层信息管理的组织关系变成了三层,集团总部与中层管理组织通过网络实现信息共享,中层管理组织与下属成员单位通过网络实现信息共享,如图 5-4 所示。

(1) 集团总部。设立主服务器和主数据库,集团制定的统一财务制度和政策信息都保存在集团服务器的数据库中,并通过网络完整地传递到中层管理组织的数据库中;定期对下属成员单位的财务活动进行管控。

(2) 中层管理组织。设立服务器和数据库,接收集团总部的制度和政策,供下属成员单位使用和共享;定期将数据库中下属成员单位的财务信息传递到集团总部数据库

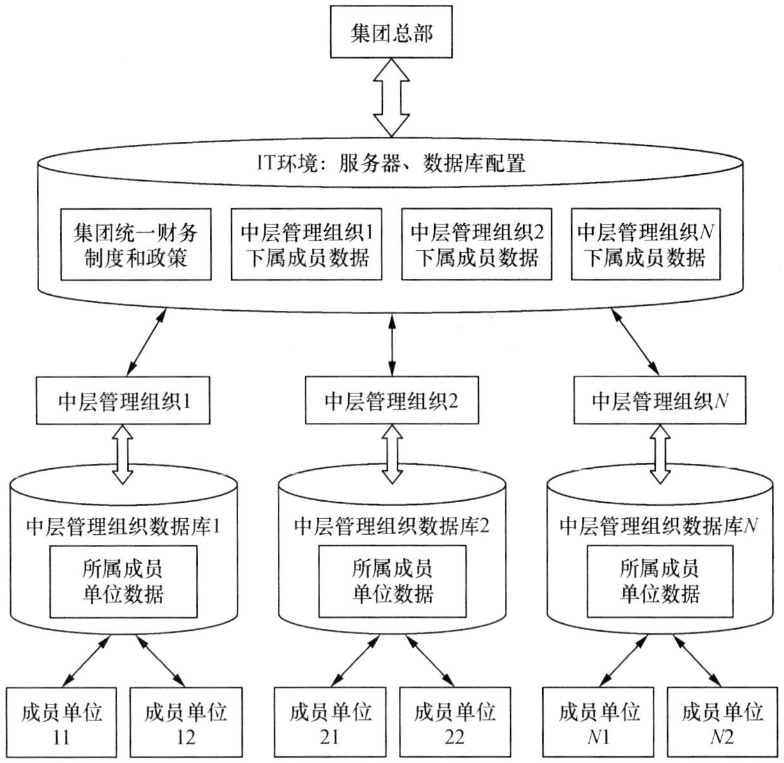

图 5-4 定期(分级)集中策略的纵向价值链

中,实现信息共享。

(3) 下属成员单位。下属成员单位不管处于集团传统价值链上的哪一级,都按照分级归口的要求,根据集团财务制度和政策进行日常业务处理,并将所有数据全部实时传递到中层管理组织服务器上的数据库中进行集中存储。

5.4.3 混合集中策略

混合集中策略是实时集中和定期集中相结合的策略,即对一些关键下属单位,无论这些分子公司处于法人组织的哪一层级,集团总部都对其进行实时集中管理和控制;而对另一些下属单位,只需要粗放管理和控制。混合集中策略实现了信息集成和分级管理及控制。

5.4.4 财务与业务系统平台的集成策略

对于具体集团而言,从财务管理视角看,支持财务集中管理的集成 IT 平台可以自成体系;从整个企业集团的管理信息化来看,财务管理是企业管理的一部分。当集团已经建立了其他管理系统时(如供应链系统、客户关系管理系统等),作为 CFO 团队,就需要与业务经理、首席信息官(CIO)合作,规划出财务与业务平台的集成策略,最大限度地实现财务与业务的无缝链接和集成。

5.5 支持集团财务管理信息化的软件资源规划

5.5.1 企业集团财务软件的框架与内涵

通过上述分析可以看出,企业集团与单一企业在管理内容、组织结构、管理流程、管控模式等方面都有很大差异。从软件自身功能模块的名词上看,企业集团的财务软件与单一企业的财务软件比较相似,都包括三层级的软件:业务处理层、管理控制层、评价与决策层,此外,企业集团财务软件的架构还包括基础环境层,如图5-5所示。

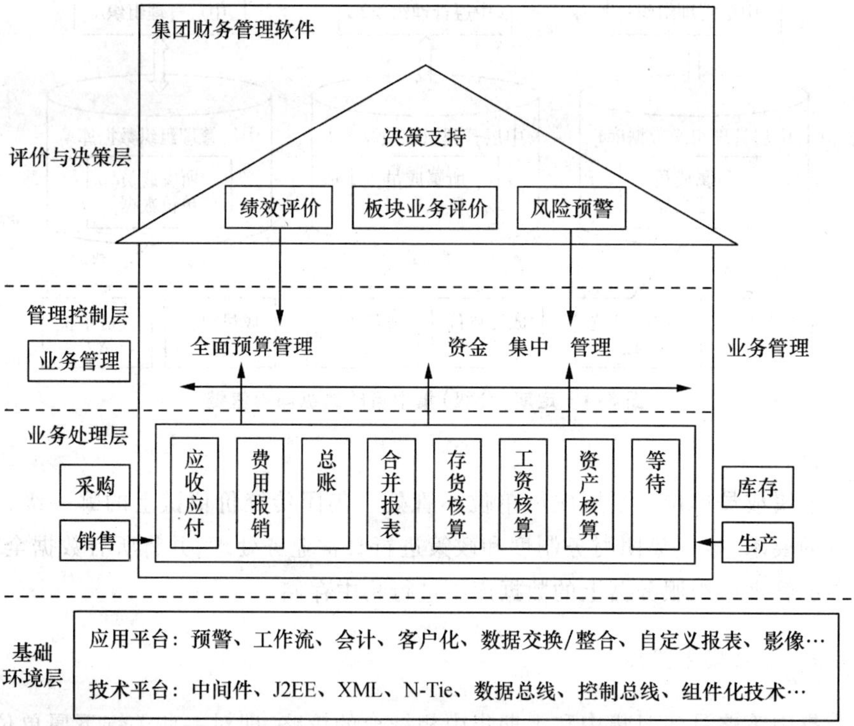

图5-5 企业集团财务软件的架构

然而,企业集团的财务软件与单一企业财务软件相比,在技术上有很大差异,它必须提供支持企业集团价值链优化的信息集成环境(实时集中、定期集中、混合集中);在功能上还需要支持CFO团队价值链的有效运作,最大限度地解决集团战略执行中的关键问题,并保证达成财务战略共识、进行集团财务监控、正确评价绩效。因此,从理论上讲企业集团管理软件与单一企业的财务管理软件在内涵上有本质的区别。企业集团管理软件通常应该具备以下组件(可体现在基础环境层,也可以体现在业务处理层、管理控制层、评价与决策层),以实现集团财务管理的特殊需求:

(1) 定义组件。从集团财务战略管理的视角出发,描述和定义企业集团的资源对象,即描述或定义企业集团的组织、财务制度与政策、信息分类规范、财务权限等;描述和定义行为对象，即描述或定义企业集团财务战略执行的各类流程与控制机制，如财务审计流程、财务信息传递流程、财务控制机制等，并保存在财务战略数据库中，以便企业成员单位共享财务战略。

（2）映射组件。从集团财务战略数据库中获取集团统一财务战略，以某一分子公司的财务管理需求为依据，分解出与分子公司相关的财务战略，按照纵向价值链分别映射到其下属的子公司、孙公司，在体现利益相关群体战略协同和一致的同时，确保集团财务战略被虚拟价值链上的各个层级利益相关者有效贯彻。

（3）信息收集与监控组件。支持企业集团纵向价值链上不同层级分子公司获取采购到付款、销售到收款、资产核算、成本核算、资金流动等经营活动信息；支持价值链上不同层级的分子公司财务机构按照财务管理多维要求，获取财务核算、资金运动、预算管理等组织信息；按照法人实体、业务群组、经营板块等组织信息，形成多视角财务信息并保存在财务信息数据库中；在信息获取和组织的过程中，根据数据库中的政策、制度、流程、权限等实施相应的控制，最大限度地保证信息的真实、准确、及时、有效，实现对分子公司的控制。

（4）分析与评价组件。定义集团财务分析与战略评价规则，即集团设计好的财务战略预警规则、财务分析与战略评价指标、财务战略发布规则等，通过该组件的定义，保存在财务战略评价规则数据库中，为战略监控与评价奠定基础；发布财务战略评价报告，即根据财务数据库、业务数据库的信息，按照财务战略评价规则数据库中定义的规则，生成各种财务战略评价报告，并通过网络进行动态发布。

5.5.2 企业集团财务管理关键要素与软件的融合

集团财务管理的战略性决定了企业集团的首席财务官 CFO 团队在规划企业集团财务管理信息化时，不仅要理解集团财务软件本身的内涵，还要思考如何将企业集团财务管理的关键要素——组织、管控模式、财务制度、管理流程与管理软件有机融合。

1. 组织结构与软件的融合

合理的组织结构有利于协调内部关系，产生 1 + 1 > 2 的放大效应，能够确保集团组织协调成本低于市场交易成本，实现集团发展战略目标；不合理的组织结构则可能导致内部关系不协调，“集而不团”，出现“1 + 1 < 2”甚至“1 + 1 < 1”的不良效果，降低企业集团管控能力，阻碍或影响集团发展战略目标的实施。因此，企业集团要从战略管理视角出发，不断设计和调整组织结构，使其能够发挥企业集团的管控能力。企业集团的组织结构又分为法律组织结构和管理组织结构，如图 5-6 所示。

管理组织结构	≠	法律组织结构
——围绕企业集团战略目标和管控需求按照产品、服务、区域、业务板块划分的组织结构		——根据法律上的资产拥有权和控制权而划分的组织结构
——管理组织结构的控制是通过集团总部对战略经营单元设置的责权体系来实现的		——法律结构的控制是通过股权利益和法律权力来实现的
——管理组织结构强化集团管控		——法律组织结构弱化集团管控

图 5-6 管理组织结构与法律组织结构

【案例 5-2】 某企业集团法律组织结构是根据法律上的资产拥有权和控制权划分的组织结构。主体是母公司，客体是具有法人资格的子公司和孙公司，主体和客体按照法律规定构建母子公司的责权体系。管理组织结构是围绕企业集团战略目标和管控需求按照产品、服务、区域、业务板块划分的组织结构。主体是集团总部，客体是各个战略经营单元（事业部和下属成员），并按照集团管控的要求构建主客体的责权体系，如图 5-7 所示。

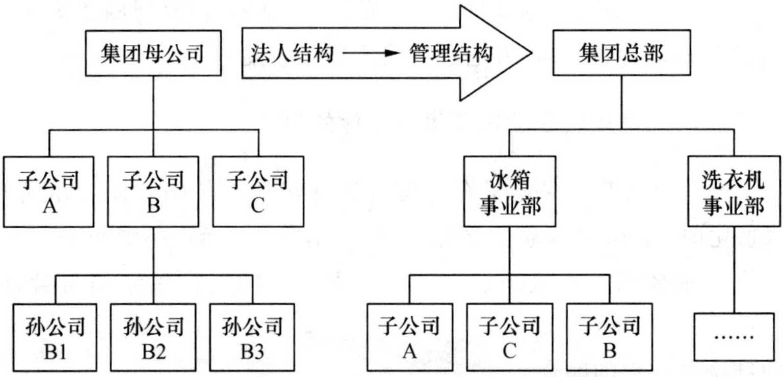

图 5-7 某企业集团法律组织与管理组织

首席财务官 CFO 团队在进行财务管理信息化的规划时，一方面要参与企业集团的战略管理，理解企业集团组织的特征；另一方面，要通过财务管理软件定义和描述法律组织和管理组织，并保存在共享 IT 平台的数据库中。

2. 管控模式与软件的融合

集团企业的管控模式体现了总部对子公司管理的集权与分权程度。按总部职能、管理重点和集权程度分为以下三种类型，如表 5-3 所示。

表 5-3 企业集团三种典型的管控模式

	财务管控型	战略管控型	运营管控型
总部定位	1. 总部一般业务管理部门人数少 2. 总部对下属成员单位的管理和考核是关键财务指标	1. 总部根据情况决定是否设立具体业务管理部门 2. 按照战略规划对成员单位进行管理考核	1. 总部设置业务管理部门 2. 直接对下属成员单位进行日常运营管理
管控目标	1. 在战略协同指导下,追求集团价值最大化 2. 通过投资组合的优化,关注投资回报	1. 在战略协同下集团价值最大化 2. 集团投资组合协调发展 3. 对关键资源集中配置	1. 在战略协同下集团价值最大化 2. 规范下属成员单位的经营行为 3. 整体运营协调 4. 对关键资源集中配置
维系纽带	资本纽带/金融纽带	资本纽带 + 战略纽带/管理纽带	资本纽带 + 技术/渠道/品牌资源
一般选择的企业	非相关多元化产业投资企业集团	非相关多元化企业集团	单一产业或者相关多元化企业集团

从理论上讲,企业集团的管控模式主要有财务管控型、战略管控型、运营管控型。但从企业集团实践看,对于多层级的集团而言,从纵向来讲,不同层级的子集团存在不同的管控模式;对于存在多个业务板块的集团而言,从横向来讲,不同的业务板块或子公司其战略地位不同,也存在不同的管控模式;从企业集团的具体财务管控内容看,经营业务的反映与控制、投融资过程的资金管控、绩效评价与分析等,也是根据企业集团的发展阶段动态调整的。

因此,首席财务官 CFO 团队在作财务管理信息化规划时,一方面要正确理解企业集团管控模式的需求;另一方面,要根据管理软件的功能,合理设计满足企业集团管控要求的权责利体系,并通过定义组件对不同层级的分子公司设置合理的筹资活动权、投资活动权、资产处置权、内部交易客户的分配权等,并保存在共享 IT 平台的数据库中。其目的是明确不同利益相关者在共享财务战略时的权利和义务,实现集权和分权的统一。

3. 财务制度与软件的融合

为了发挥企业集团的整体优势,集团需要制定统一的财务制度(如统一的会计科目、统一的客商管理体系、统一的折旧政策、差旅费报销政策等),使统一的财务制度在全集团得到共识、共享和有效贯彻执行。

因此,首席财务官 CFO 团队在作财务管理信息的规划时,一方面要调查、总结和制定统一的财务政策;另一方面,要通过定义组件将集团统一的制度固化在共享数据库中,通过映射组件,把集团的统一制度和政策按照成员单位财务战略的差异进行分解和映射。

4. 管理流程与软件的融合

越来越多的企业集团认识到,企业集团的持续整体利益最大化和协同效应能否实现在很大程度上取决于企业集团的核心管理流程是否完善。核心管理流程是将企业集团各成员单位组织结构、责权体系和控制方法联系在一起的重要保证，是企业集团管控的关键要素。

因此，首席财务官 CFO 团队在作财务管理信息的规划时，一方面要根据企业集团的财务管理，设计大量管理流程，包括资金管理中心与成员单位的资金审批流程、跨组织的费用报销流程、企业集团与银行的资金结算流程等；另一方面，需要通过定义组件，将各种管理流程嵌入共享数据库，强化企业集团各成员单位和人员按照集团统一的流程运作。

5.5.3 企业集团财务管理解决方案的规划

企业集团财务管理是战略管理的重要组成部分，首席财务官 CFO 团队应根据企业集团的战略管理需求，在关注企业集团战略管理的关键要素——组织、管控模式、财务务制度、管理流程——的同时，在应用管理软件提供的组件中选择若干功能模块，像搭“积木”一样，规划满足企业集团特定财务管理需求的解决方案，包括财务战略落实的基础（核算与报告解决方案）、财务战略执行的核心（资金集中管理方案）、财务战略评价的保障（分析与评价解决方案），如图 5-8 所示。同时，企业集团财务管理解决方案还可根据企业集团财务管理的需求增加和修改，从而不断得到丰富和完善。

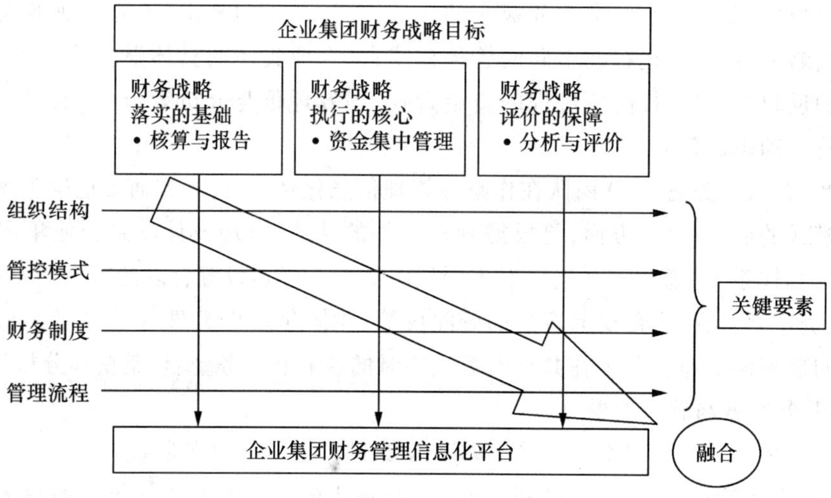

图 5-8 企业集团财务管理解决方案规划

1. 战略落实的基础——核算与报告的软件资源规划

财务核算与报告解决是企业集团财务战略落实的基础，是依托 IT 环境，合理地规划企业集团财务集中核算的框架、组织、内容、策略、流程，做到企业集团的财务信息实时传递、共享和集中管理，保障信息真实、准确、完整、有效，实现对下属各单位财务核算的集中监控，并为信息的使用者提供财务报告。一般来讲，设计财务核算与报告的解决方案通常要进行软件资源规划，配置总账模块、应收应付模块、固定资产模块、工资核算模块、报表模块等。从集团战略财务规划看，这些模块基本属于信息收集与监控组件，以及简单的分析与评价组件。为了保证企业集团纵向价值链财务管理的信息质量和降低管理成本,必须选择具有定义和映射组件概念的若干模块,这是集团财务核算与报告方案和单一企业财务核算与报告最大的区别。企业集团CFO要站在整个集团的高度,进行多成员单位的组织结构设置、统一科目体系设置、财务核算流程、审批权限、集权与分权"控制"权度的设置、内部协同的单据设置、支持财务业务一体化凭证模块的设置、集团统一报告体系设置等,并将其嵌入优化价值链的IT环境,供整个集团的财务核算和报告成员共享。

2. 战略执行的核心——资金集中管理的软件资源规划

资金是企业的血液,健康的资金流对于企业的生存和发展至关重要。随着信息技术的发展和商业网上银行业务不断推进,很多企业集团在实施财务核算与报表系统的基础上,期望借助网络技术和信息化手段,设计一个以资金平衡为基础,融合银行的金融服务,满足企业集团资金计划管理、结算业务管理、资金调度、财务核算、信贷业务、风险监管和决策分析一体化的资金集中管理解决方案。资金管理可分为计划层、日常经营层和短期预测层。计划层,即制定资金的长期预算,通过预算,管理者可以了解未来现金流入流出的情况;日常经营层,即通过日常现金收支管理,实时动态反映现金流入、流出情况,让管理者实时了解企业日常经营的现金流入流出情况;短期预测层,即从中央数据库中动态获取采购订单、应付款、贷款到期等信息,得到短期现金流出量,自动生成短期预测表。管理者可以通过预测表动态了解近期的现金流情况,合理安排资金,有效进行经营活动。一般来讲,设计资金集中管理解决方案时,应该选择和配置资金预算和计划模块、应收模块、应付模块、报账中心模块、资金结算、资金计息、票据管理、信贷管理、资金报告等模块,这些模块能够正确反映、收集、监控资金运动,并进行简单分析和评价。

3. 战略评价的保障——分析与评价的软件资源规划

自美国学者亚历山大·沃尔创建综合财务评价指标体系以来,公司财务分析与绩效评价问题一直是国外财务管理学界备受关注的研究重点。杜邦分析、沃尔综合评价法为正确评价企业绩效提供了支持。随后,预算管理也被企业公认为支持战略和评价绩效的重要工具,它能够协助企业制定财务战略目标,通过编制计划和预算合理配置企业资源,通过预算和实际数的对比分析评价企业的绩效。近年来,绩效评价理论不断发展,平衡计分卡、EVA等的出现又为企业从战略高度评价绩效提供了支持。1999年6月,财政部等四部委联合印发的《国有资本金绩效评价规则》与《国有资本金效绩评价操作细则》等文件,确立了国有资本金绩效评价体系。随着企业集团风险管理的呼声不断高涨,风险管理的仪表盘报告、经营风险的追根溯源报告也被纳入企业集团战略管理与评价的范畴。随着财务管理的不断深入,分析与评价型财务越来越受到关注。通过对企业集团的经营活动进行正确分析和评价,能够调动企业集团各个利益相关者为集团创造价值的积极性,提升企业集团的核心竞争力。

由于分析和评价的视角多、内容广、结构复杂,因此,很多企业集团期望利用信息技术支持集团的分析和评价，即按照集团财务战略管理的需要，合理定义和设置评价体系，从企业集团的数据库中动态获取评价所需的信息，并根据评价体系自动生成各种评价报告。

从集团财务战略管理视角看，由于不同企业集团在不同时期和不同阶段分析和评价的内容不尽相同，因此要求选择和配置的软件组件具有高度灵活性，即能够定义和设置集团分析和评价体系、规则、模型，并保存在数据库中；要有极强的数据挖掘功能，即能够从企业集团不同地区、不同系统、不同数据库中挖掘数据，支持动态分析和评价。

本章小结

管理信息化是增强企业核心竞争力的重要方法之一，同时管理信息化又是一个非常复杂的系统工程，它涉及企业管理的方方面面。企业成败的关键在管理，管理的核心在财务。企业有了具备现代财务管理理论、理解财务管理创新的 IT 环境、掌握流程再造工具和方法的 CFO 团队，就可以从财务战略管理视角出发，分析实施企业财务管理信息化的重要环节。

企业集团是指以资本为主联结纽带的母子公司为主体，由以集团章程为共同行为规范的母公司、子公司、参股公司及其成员企业或机构组成的具有一定规模的企业法人联合体。将信息技术与财务管理有机融合，是应对集团快速发展过程中财务管理面临的挑战的制胜法宝之一。企业集团财务管理信息化的管理思想就是价值链理论、协同商务和集中管理。

企业集团与单一企业在管理内容、组织结构、管理流程、管控模式等方面都有很大差异。从软件自身功能模块的名词上看，企业集团的财务软件与单一企业的财务软件比较相似，都包括三层级的软件：业务处理层、管理控制层、评价与决策层，此外，企业集团财务软件的架构还包括基础环境层。在规划企业集团财务管理信息化时，不仅要理解集团财务软件本身的内涵，还要思考如何将企业集团财务管理的关键要素——组织、管控模式、财务制度、管理流程与管理软件有机融合。

练习题

1．名词解释

（1）企业集团

（2）价值链

（3）协同商务

（4）集中管理

（5）管理组织结构

2．选择题

（1）从资财关系上分析，母公司对子公司管理的主要内容是对资金、财务活动的监控。同时，子公司又是独立法人，具有自主经营、自负盈亏的法律主体地位，其财务活动既服务于本企业的管理活动，接受本企业监管部门的监督，又要接受母公司的财务调控，因此企业集团的财务监控具有(　　)性。

A. 多层次　　B. 一个层级　　C. 不分层次　　D. 单独

(2) 企业集团组建的(　　)主要是：获得集团整体利益可持续最大化，实现规模和组合效益、资源配置效益及财务协同效益。

A. 目的　　B. 动力　　C. 作用　　D. 要求

(3) 不同企业的战略不同、性质不同，就使其基本活动和辅助活动的价值链有所(　　)。

A. 不同　　B. 一样　　C. 相同　　D. 一致

(4) 资金是企业的血液，“现金至尊”是现代企业财务管理的基本理念，健康的资金流对于企业的生存和发展至关(　　)。

A. 严格　　B. 重要　　C. 需求　　D. 供求

(5) 从集团财务战略管理视角看，由于不同企业集团在不同时期和不同阶段分析和评价的内容不尽相同，因此要求选择和配置的软件组件具有高度(　　)性。

A. 重复　　B. 灵活　　C. 稳定　　D. 牢固

3. 判断题

(1) 企业成败的关键在管理，管理的核心在财务。(　　)

(2) 在现代企业制度下，集团的母公司与子公司的关系是资产纽带关系。(　　)

(3) 组建企业集团的目的是单纯以最大化母公司或者子公司的利益为目标，也是以集团整体利益最大化为目标，即兼顾眼前和长远利益最大化，实现整个集团的可持续发展。(　　)

(4) 企业集团的持续整体利益最大化和协同效应在很大程度上并不是取决于企业集团的核心管理流程是否完善。(　　)

(5) 一般来讲，设计财务核算与报告的解决方案通常要进行软件资源规划，配置总账模块、应收应付模块、固定资产模块、工资核算模块、报表模块等。(　　)

4. 复习思考题

(1) 企业集团的发展与财务管理有什么新特征？

(2) 构建集团财务管理模式有什么意义？

(3) 什么是企业集团纵向价值链？

(4) 财务集中管理的信息集成有哪些策略？

(5) 企业集团财务管理关键要素怎么样与软件融合？

第 6 章　网络组织的财务活动及管理

本章框架结构

网络组织的财务活动
- 网络财务活动
- 网络筹资管理
- 网络投资管理
- 网络财务风险管理
- 网络营运资金管理

本章学习目标

- 了解和掌握网络对财务管理各方面所产生的影响；
- 理解在网络经济环境下，企业财务管理内容的变化和发展趋势；
- 掌握筹资管理、投资管理、财务风险管理和营运资金管理的方法。

在网络经济环境下，企业的经营方式和管理模式正发生着巨大的变化，而作为企业管理核心部分的财务管理也正在经历一个新的阶段。网络技术的快捷性和便利性特征，对传统财务管理的筹资管理、投资管理、财务风险管理和营运资金管理产生了重大的影响，同时为企业更好地进行财务管理提供了一种技术手段。

6.1　网络财务活动

财务管理网络化打破了地域限制，提高了信息传输速度，增加了信息的使用价值，降低了企业成本，并促使传统的财务管理演化为网络财务管理。网络财务活动有筹资活动、投资活动、风险管理、营运资金管理活动等。

6.2　网络筹资管理

6.2.1　企业筹资概述

筹资是企业财务管理的重要内容之一，是指企业根据自身的生产经营、对外投资及调整资金结构的需要，通过筹资渠道和筹资市场，采取各种筹资方式，筹集企业所需资金的活动。企业进行筹资的主要目的就是满足其正常生产经营活动的开展和持续发展的要求，同时满足企业的财务管理目标。不同企业进行筹资的目的不同，因此，企业需要根据自身经营特点、未来发展趋势、各种筹资成本的难易程度和风险来确定筹资渠道和筹资方式。

1. 筹资渠道

企业要进行筹资，必须通过一定的渠道，运用一定的筹资方式。就目前而言，企业所能利用的筹资渠道主要有以下几种：

（1）国家财政资金。国家财政资金在过去一段时间一直是我国国有企业获得资金的主要来源。目前国有控股企业的资金基本上来源于国家财政拨款。此外，通过国家的一些特殊政策，如税款的减免或退回也可形成国有企业的资本。尽管随着经济体制改革的不断深入，国家财政资金所形成的企业资本的比例不断缩小，但是国家财政资金仍然是一些企业，如关系到国计民生、基础性行业的企业进行筹资的主要渠道。

（2）银行资金。银行贷款一直是企业资金来源的重要渠道。我国银行主要包括政策性银行和商业银行。商业银行根据偿还性原则和择优发放原则为各类企业提供商业性贷款；政策性银行为特定企业提供政策性贷款，其目的不是未来盈利，而是追求社会整体效益，服务于公共利益。这些银行为企业提供了主要的筹资渠道。

（3）非银行金融机构资金。非银行金融机构主要包括信托投资公司、租赁公司、证券公司和保险公司等。这些非银行金融机构主要通过证券承销和资金融通等手段为企业提供筹资渠道。目前在我国，非银行金融机构为企业提供的资金比较有限，但是具有非常广阔的前景。

（4）其他企业资金。一些企业出于某种目的，如为了控制原材料上游企业会进行股权投资。另外，企业在生产经营过程中，往往会有一部分暂时闲置的资金，为了充分利用这部分闲置资金，企业之间也出于经济利益进行相互投资。因此，对于资金短缺的企业而言，采用其他企业所提供的资金也是一种筹资渠道。

（5）居民个人资金。目前，游离于银行及非银行金融机构的居民个人资金数目非常庞大，企业可以通过发行股票及债券等方式，将这部分民间资金筹集起来，用于企业的生产经营活动。随着人民生活水平的不断提高，居民个人资金将更加庞大，因此这种筹资渠道将越发重要。

（6）企业内部资金。企业内部资金主要有企业计提的各项公积金、折旧和未分配利润等。与其他投资渠道所不同的是，这种投资渠道的资金不用企业特地去筹集，而是由企业内部直接转移而来，并且这部分资金的成本较低。随着经济的发展，这种筹资渠道将日益受到企业的重视。

2. 筹资方式

企业的筹资方式是指企业取得资金的某种具体形式。对不同的筹资渠道，企业可以采取不用的筹资方式，对同一筹资渠道，企业也可以采取不同的筹资方式。

目前,企业的筹资方式主要有以下几种:

(1) 长期借款。长期借款就是指企业向银行、非银行金融机构及其他企业借入的、还款期限在一年以上的借款,是企业长期负债的主要来源之一。

企业利用长期借款筹资,速度较快,时间较短,可以快速地获得资金;企业的借款成本较低,利息可以在所得税前扣除,从而可减少企业实际负担成本;企业的借款弹性较大,在借款时,企业可以直接与银行等商定贷款合同的一些条款。长期借款对企业具有较大的灵活性。

但长期借款的缺点是财务风险较大,如借款合同通常采取固定利率的形式,企业需要定期支付利息;限制的条件较多,这可能会影响到企业以后所进行的筹资和投资活动;筹资数额有限。

(2) 融资租赁。融资租赁又称财务租赁,是区别于经营租赁的一种长期租赁方式。它是指由租赁公司按照承租企业的要求融资购买设备,并在契约或合同规定的较长期限内提供给承租企业使用的信用性业务。融资租赁资产所有权的有关风险和报酬实质上已经全部转移到承租方。

承租企业采用融资租赁的主要目的是融通资金,因此它具有借贷性质,是承租企业筹集长期借入资金的一种方式。这种方式的租赁期限一般较长,通常达到设备寿命的一半以上;租赁合同比较稳定,非经双方同意一般不得中途解约,这有利于维护双方的权益;同时,筹资速度较快,有利于保持企业的举债能力;财务风险较小,可以获得减税的利益。它的缺点是租赁成本较高,这主要是因为出租人所承受的风险较高,必然要求较高的回报,从而导致筹资成本比其他筹资方式要高,同时还有可能存在利率风险。

(3) 发行债券。债券是债务人为筹集债务资本而发行的,承诺在一定期限内向债权人还本付息的一种有价证券。在我国,股份有限公司和有限责任公司发行的债券为公司债券,非公司制企业发行的债券为企业债券。发行债券是企业筹集债务资本的一种主要方式。

这种筹资方式的优点是债务成本较低,债券利息也可以在企业所得税前扣除,并享受税收优惠;发挥财务杠杆的作用,因为债券持有人只能收取固定利息,而不管发行债券企业的盈余多少,所以企业的更多盈余主要分配给股东或留存企业;企业股东能够保障其控股权,债券持有人无权参与企业的经营管理;企业通过发行债券可以优化企业的资本结构,提高企业治理水平。

但其缺点是企业财务风险较高,需定期支付利息,到期偿还本金。在企业经济不景气的情况下,这会给企业带来财务困难;债券持有人对企业的限制条件较多,从而限制了企业的进一步筹资能力;企业通过发行债券的数额也有限。

(4) 发行股票。股票是股份公司依照一定程序发行的,用以证明其持股人的股东身份和权益的一种书面凭据。股票分为普通股和优先股,普通股代表持有人在公司中拥有平等的权利和义务,享有公司的经营管理权;优先股代表持股人优先于普通股持股人取得公司股利和公司清算时的剩余财产。我国公司所发行的股票指的是普通股股票。《公司法》和《证券法》对公司的普通股股票的发行和股票的上市有严格的要求和法定的程序。

公司发行普通股的优点是不承担固定的股利分配，是否分配股利视公司的盈利情况而定；没有固定的到期日，因为它是一种永久性资本，除非公司清算时有剩余才给予偿还；有助于增强公司的借债能力。

这种筹资方式同样也有缺点：公司发行股票的成本较高，主要是因为投资者投资在股票上的风险较高，所以要求较高的报酬，并且股利只能在税后利润中支付，不能减免税赋；公司发行股票有可能分散公司的控股权，降低公司的每股收益。

(5) 吸收直接投资。吸收直接投资是指企业依照"共同投资、共同经营、共担风险、共享利润"的原则来吸收投资者资金投入的一种筹资方式，投资者可以现金、实物或土地使用权方式进行投资。企业吸收直接投资的方式与公司发行股票相似，它主要是非公司制企业筹集资本的一种方式。

这种筹资方式的优点是有利于降低企业财务风险，吸收的资金能够尽快投入到企业生产经营中去。其缺点是资金成本较高，容易分散企业控制权。

6.2.2 网络对企业筹资环境的影响

网络技术的广泛使用使企业内外部环境悄然发生变化并最终影响到企业筹资活动的开展和进行。这种影响主要体现在以下两方面：

1. 金融市场环境

在现代的社会经济条件下，企业开展生产经营活动所需的资金除部分由企业所有者投入外，其余基本上都是通过金融市场筹集而来，因此金融市场的完善程度直接关系到企业能否筹集到为开展生产经营活动所需的资金。网络技术为金融市场的发展提供了技术支持和保障，促进了金融市场的全球化和自由化，为企业提供了良好的筹资环境。

(1) 网络技术的产生和发展为企业筹集资金提供了极大的便利和信息支持。在网络条件下，资金提供方可以将资金供应方面的相关信息随时随地发布在网络上，而资金需求方同样可以利用网络技术方便地收集与愿意提供资金的供应方相关的信息，这为企业筹资决策提供了极大的便利和信息支持。

(2) 网络技术的产生和发展大大提高了企业筹集资金的速度。由于网络技术具有便利性的特征，故筹资企业可以通过网络技术随时就资金提供的有关条件与资金提供方进行协商。一旦双方就有关资金的转移达成一致，筹资企业就可以很快地获得资金，这极大地提高了企业筹集资金的速度。企业通过网络筹资还可以省去大量的中间环节，极大程度地提高筹资速度，降低企业的筹资成本。同时，筹资速度的大大提高也在一定程度上缓解了企业急需资金的压力，企业可以迅速地将所筹集的资金投入到企业的生产经营活动中去。

(3) 网络技术的产生和发展为企业提供了更为广阔的资金筹集空间。网络技术的广泛运用,使得金融市场最终实现一体化,企业的筹资空间已不再局限于当前的金融环境。企业可以通过网络技术在全球范围内寻找资金提供者,并与资金提供者建立联系,这与受地域限制的传统金融环境是截然不同的,也是传统金融环境不能比拟的。在这种条件下,企业筹资空间已不受地域限制,筹资范围得到极大的拓展,这对筹资企业来说无疑具有重大的意义。

2. 经济环境

网络技术的出现与社会经济的发展是密不可分的,两者之间存在着相互影响、相互促进的关系。网络技术对经济环境的影响主要体现在两方面:

(1) 促使经济全球化。网络技术的快速发展,促使世界范围内各国、各地区的经济相互交织、相互影响、相互融合成统一整体,并且使得生产要素在全球范围内自由流动和优化配置。

(2) 知识资本越来越受到重视。网络经济时代拓宽了资产的范围,使得资本结构得到了改变,物质资产在企业资产中的比重相对下降,知识资本的地位不断上升。知识资本作为独特的生产要素,其价值和作用日益凸显。

网络技术的快速发展对企业筹资与经济环境产生了深远的影响,并在对企业筹资环境产生影响的同时也影响了企业的筹资方式和筹资成本。

6.2.3 网络对企业筹资方式的影响

筹资方式是企业筹资决策的重要部分。外部的筹资环境和企业的筹资能力共同决定了企业的筹资方式。网络技术是企业在进行筹资活动时必须考虑的一个重要因素,其直接影响了企业的筹资方式的选择和财务风险水平。

1. 网络技术的产生和发展影响企业筹资方式的侧重点

网络技术作为企业进行筹资活动的一种重要手段,并没有改变企业所能选择的筹资方式,没有对企业所能采取的筹资方式本身产生实质性的影响。网络技术对企业筹资方式所产生的影响主要体现在企业对各种传统筹资方式选择的侧重点上。网络技术为企业进行筹资活动提供了便利,这就使得企业在方式选择上更偏好于选择方便、快捷的筹资方式。

2. 网络技术的产生和发展影响企业筹资方式的具体选择。企业筹资方式的选择与金融市场的发展有着密切的关系,并直接依赖于金融市场的发展和完善程度。网络技术的产生和发展则为金融市场的高效运行提供了技术支持和保障。网络技术对金融市场的影响主要体现在以下几个方面:促进金融市场的证券化,降低了证券的经营成本;金融市场规模不断扩大,促进了国际资本的有效流动。随着金融市场的不断完善和发展,企业的筹资方式也将进行相应的策略调整,主要表现有:

首先,证券筹资在企业所筹集资金中的比重不断上升。由于金融市场的证券化和证券筹资成本的降低,企业将更多选择发行股票或债券等有价证券的方式来筹集企业所需资金。

其次，在企业的各种可以选择的筹资方式中，融资租赁这一筹资方式可能被越来越多的企业接受。融资租赁是在现代金融环境下发展起来的一种非常特殊的筹资方式，大到飞机、小到机器设备，几乎企业使用的各种设备都可以通过融资进行租赁。但是由于融资租赁这种方式涉及的关联方较多，且多个关联方之间的联系与协调所带来的成本是任何采用这种筹资方式的企业都不可小视的，特别是目前我国企业所融资的设备由境外生产的较多，企业在开展融资租赁业务时涉及境外关联方比较多，这阻碍了该筹资方式的广泛使用。而在网络环境条件下，企业可以通过网络技术方便、快捷地寻找到愿意提供资产租赁的供应信息，并且企业与租赁方可以通过网络技术实时进行交流与协商，这大大降低了企业融资租赁的成本。在美国，公司生产经营中所需要的全部新设备中约有 30% 是通过租赁获得。企业采用融资租赁方式筹集资金的多种障碍在网络技术下都可以得到很好的解决，这提高了企业采用该种筹资方式的积极性。

6.2.4 网络对企业筹资成本的影响

资金成本是指企业筹集和使用资金所付出的代价。广义上讲，企业筹集和使用资金不论是短期的还是长期的，都要付出代价。狭义上讲，资金成本仅指筹集和使用长期资金的成本。资金成本包括资金筹集费用和资金占用费用两部分。资金筹集费用是指企业在资本筹集过程中为获取资本而支付的费用，如发行股票支付的印刷费用，以及发行手续费用、广告宣传费用等，这些费用都是企业在筹资时一次性支付的，在资本使用过程中不再发生。资金占用费用是指企业占用资本所支付的费用，如向股东支付股利、向债权人支付利息等。

资金成本是一个重要的财务概念，是企业筹资决策的主要依据。对于一个投资项目而言，若投资报酬高于筹资成本，则表示该项目是有利可图的。企业在进行筹资活动时要充分考虑筹资成本的各个因素，争取以较低的资金成本筹集到企业进行投资活动所需的资金。企业的外部筹资环境是影响企业筹资成本的一个重要因素，它与资金成本高低有着直接的联系。而网络技术的产生和发展正在通过影响企业外部筹资环境的方式来影响企业的筹资成本，这种影响主要体现在：

(1) 网络技术的产生和发展降低了资金筹集费用。如上所述，资金筹集费用主要包括发行股票、债券等期间发生的费用，如印刷费、手续费、宣传费、律师费及资信评估费等，由于这些费用是一次性支付的，并且属于刚性支出，所以企业在对资金成本进行分析时很少关注这些费用。但实际上，企业在进行筹资活动时所发生的筹资费用也是企业筹资成本的一项重要内容，直接影响到企业资金成本的高低。

网络技术的出现极大地方便了企业的筹资活动。一方面，企业通过网络技术与资金提供者进行在线磋商等方式节省了筹资活动的前期成本；另一方面，由于网上证券业务随着网络技术的产生得到了快速发展，企业通过网络技术筹集资金又可以节省大量的发行股票、债券等的印刷费用。因此，网络技术的产生和发展为企业节省了大量的筹资费用，降低了筹资费用在企业资金成本中的比重。

(2) 网络技术的产生和发展对降低资金占用费用产生了积极的作用。在传统筹资环境下,企业选择资金供应方一般受到信息传输的限制,并局限于某个区域内,企业筹资范围较小,这可能导致企业需要支付较高的资金成本。在网络环境下,企业通过网络技术收集到更多资金提供方的信息,筹资范围已不再局限于某一地域内,企业甚至可以在全球范围内寻求资金提供者,与资金供应方建立联系,洽谈筹资事项等。因此,网络技术的产生和发展,一方面为企业在更大范围内寻求资金供应方提供了支持;另一方面,由于企业有了更多的比较和选择,这就使得企业有更多的机会以较低的资金成本获得所需资金。

6.3 网络投资管理

6.3.1 企业投资概述

1. 企业投资的概念及其意义

投资是企业财务活动的重要内容之一,通常是指企业将一定的经济资源投放到一定的对象上,期望在未来取得收益的经济行为。在市场经济条件下,企业能否把筹集到的资金投放到收益高、回收快、风险小的项目上去,对企业的生存和发展具有十分重要的意义。

(1) 企业投资是实现财务管理目标的基本前提。企业财务管理目标是不断提高企业价值,增加股东财富,为此企业就要采取各种措施增加利润,减低风险。其中一项重要的措施就是进行投资,在投资中获得收益。

(2) 投资是企业维持和扩大再生产活动的必要手段。在社会经济快速发展的今天,要维持企业的再生产活动,扩大再生产规模,就必须不断更新生产所需的机器设备,增加人力、物力,对产品和生产工艺进行改革,同时不断提高企业员工的专业技术水平和文化素质等。企业只有通过一系列的投资活动,才能维持和扩大再生产活动。

(3) 投资是企业降低经营风险的重要方法。企业把所筹集的资金投放到生产经营急需的关键环节或薄弱环节中,可以使各种生产经营能力配套、平衡,形成更大的综合生产能力。企业如果把资金投入到多个非相关行业,并实行多元化经营,则能较好地降低企业的经营风险,增强企业的盈利能力。

2. 企业投资的分类

为了加强投资管理,提高投资效益,必须分清投资的性质,对投资进行科学的分类。常用的分类有如下几种:

(1) 直接投资和间接投资。直接投资是指把资金投放于生产经营性资产中,以便获取利润的投资。在非金融性企业中,直接投资所占比重很大。间接投资又称证券投资,是指把资金投放于证券等金融资产,以便取得股利和利息收入的投资。随着我国金融市场的完善和多渠道筹资的形成,间接投资将越来越广泛。

（2）对内投资和对外投资。对内投资又称内部投资，是指把资金投在企业内部，用于购置各种生产经营用资产的投资。对外投资是指企业以现金、实物、无形资产等方式或者以购买股票、债券等有价证券方式对其他单位进行的投资。对内投资都是直接投资，对外投资主要是间接投资，也可以是直接投资。随着企业横向经济联合的开展，对外投资将变得越来越重要。

3. 影响投资的因素

（1）筹资能力。投资是筹资的目的和归宿，筹资对投资起着约束作用。筹资的规模和时间不仅取决于投资需求，还受许多因素的影响和制约，如金融市场行情的波动、投资者心理预期的变化等。面对好的机会，企业如果不能及时筹集到资金，就有可能错失投资时机，因此企业需要维持较强的筹资能力，以把握投资机会。

（2）投资动机。企业进行投资的根本动机就是追求投资收益最大化。在筹资能力有保障的前提下，投资收益的高低是决定投资方案是否被采纳的关键因素。投资者要充分收集和积累各种信息资源，善于进行深入细致的市场分析，要在金融市场中寻找投资机会。投资者既不能因优柔寡断错失机会，也不能盲目地进行投资。

（3）投资风险。投资风险就是指由于环境的不确定性而导致在投资活动上遭受经济损失的可能性，或不能获得预期投资收益的可能性。企业要有风险意识，要分析各种风险产生的可能性及对投资收益产生的影响，同时要建立风险预警和防范机制，预防风险的发生。风险一旦发生，应及时将其可能产生的损失控制在最小范围内。

（4）投资成本。企业进行投资时，首先要进行分析的就是投资成本。投资成本的高低直接决定了企业在投资活动中所获得净收益的高低。如果投资成本高于投资收益，那这种投资就毫无意义了。

（5）投资管理和经营控制能力。与对内投资相比，对外投资管理涉及因素多，关系复杂，管理难度大，因此企业在进行对外投资前必须考虑企业自身的投资管理和经营控制能力。如果企业所进行的投资规模与范围超出了企业的管理能力，则这种投资不仅不能给企业带来收益，而且有可能使企业自身陷入困境，甚至有可能导致破产。

（6）投资环境。投资环境就是企业内、外各种影响企业投资活动的因素总和。企业的投资活动都是在这样一个环境下开展的。现代市场经济下的投资环境具有构成复杂、变化快等特点，这就要求企业在进行投资活动时必须对投资环境进行分析与把握。

6.3.2 网络对企业投资环境的影响

网络技术的产生和发展会对企业的内、外部环境造成不同程度的影响，进而影响到企业的投资活动。企业要充分把握这种环境下的投资活动的特征，这对于企业取得良好的投资效果是非常有必要的。

1. 网络技术的产生和发展对社会文化差异产生的影响

信息通过网络技术在全球范围内传输，使得投资者可以轻而易举地获得投资信息，投资者的投资范围也将扩大到全球范围。企业在进行跨区域，特别是跨国投资时所面临的最大问题是不同文化的价值观、思维方式和行为准则之间存在着明显的差异。不同国籍、不同文化背景下的公司管理原则和方法却各不相同,美国鼓励员工积极参与,以个人主义为核心,日本则强调共同合作、团结共进等。在母国文化中行之有效的管理原则与方法,在异国文化中不一定能达到预期的效果。网络技术的产生,在促使全球一体化的同时,也增加了各国各民族之间的相互联系和相互了解,加强了不同文化的交融和相互认同。通过网络可以方便、快速地了解不同民族和国家的文化与风俗,了解他们的思维方式与价值观,这就为企业进行跨国投资活动提供了方便。因此,企业进行跨国投资活动的首要条件是,对不同国家、不同地区的文化差异进行一个全面的了解和掌握,同时要"入乡随俗",这也是企业进行跨国投资活动能否成功的一个关键影响因素。

2. 网络技术的产生和发展对管理差异产生的影响

网络技术的产生和发展促使跨国投资迅猛发展,与此同时带来了一系列跨国投资活动中的投资管理差异问题。如中国的管理重视人情,讲究关系;而西方的管理则是以"法"为中心,在管理上表现为规范管理、制度管理和条例管理,以此来实现管理的有序化和有效化。当中国的人情化管理遇到了刻板的法制化管理,就会发生冲突。因此,在进行跨国投资管理活动时必须要改变管理方式。在具体管理细节上,将网络技术运用于企业管理中使远程进行实时监控成为可能,这解决了跨地区、跨国投资监控难的问题。同时,应针对不同国家、不同地区采取不同的管理方式,只有这样才能保证企业的跨地区、跨国项目的投资管理质量,同时减少为管理投资项目而付出的管理成本。

3. 网络技术的产生和发展对企业选择投资机会产生的影响

企业在进行投资活动时,首先要选择投资机会。投资机会的选择有赖于企业对自身及外部环境的了解和认识,有赖于企业对商业机会的把握。商业机会与企业外部环境的变化息息相关,在变化之中又孕育着商业机会。网络技术的出现提高了企业在选择投资机会时收集信息的速度,并使企业能够及时对信息进行分析,从而提高了其选择投资机会的效率。

6.3.3 网络对企业投资方式的影响

企业的投资活动都要通过一定的投资方式进行。一般来说,投资方式分为对内投资和对外投资。对内投资主要包括固定资产投资、流动资产投资等;对外投资主要包括股权投资、金融资产投资等。企业所能选择的投资方式受多方面的影响,而网络技术的出现是影响企业投资方式的一个重要因素。

1. 以组建虚拟企业形式进行产权投资

在传统的经济环境下,企业一般采取纵向一体化的方式来保证企业与其供应商及分销商之间的稳定关系。这种纵向一体化是指企业通过采取投资控股或兼并等方式来实现对提供原材料、半成品或零部件的企业级分销商的控制,也即以产权为纽带带来实现核心企业与其供应商与分销商间的稳定关系。进入网络经济时代之后,企业的经营环境发生了显著的变化,这种变化突出表现在企业所面对的是一个变化速度快的买方市场,这使企业对未来的预测越来越难把握。企业要保持在市场竞争中的主动地位,就必须具有对市场中出现的各种机会做出快速反应的能力,而以往的纵向一体化模式显然难以实现这一要求。因为在以产权为纽带的纵向一体化模式下,企业与其供应商和分销商之间的那种稳固关系是为把握以往的某种市场机会而建立的。当以往的市场机会已经不存在,或者企业需要把握更好的新的市场机会时,企业将更多的选择以组建虚拟企业的形式进行产权投资,通过与供应商及分销商之间建立伙伴关系而结成利益共同体,形成一个策略联盟。当相应的市场机会消失时,这种伙伴关系的解除不管是从时间上还是从成本上都比纵向一体化的影响要小得多,同时,网络技术的快速发展又为企业在寻找合作伙伴上提供了更加广阔的空间。

2. 无形资产投资比重加大

这是由网络经济的自身特点决定的。在企业的资产结构中,以知识为基础的专利权、商标使用权、人力资本及产品创新等无形资产的比重将会大大提高,无形资产将成为促使企业快速发展的一个重要动力,成为企业生产和再生产过程中不可或缺的重要因素。因此,网络技术的产生和发展促使企业不断完善资本结构,充分利用知识资本为企业创造价值,挖掘知识资本潜在的收益能力。

3. 金融投资中的证券投资比重提高

网络环境下证券市场交易的便捷性和资产证券化的趋势将使企业在考虑投资方式时,对金融资产投资予以更多的关注,企业在股票、债券等方面的投资在其全部投资中的比重将有更大的提高,主要原因是:

(1) 网络技术具有成本优势。在传统证券业务模式下,在作为交易中介的证券商经营证券业务的过程中必然会产生许多交易费用,这些交易费用在网上证券业务模式下都将大大下降。

(2) 网络技术具有便利性和快捷性。网络技术的这些特点使得企业在进行证券投资时,无论处于何时何地,只要通过网络技术就可以非常便利、快捷地获得相关信息以进行证券的买卖。这也是网上证券业务迅猛发展的重要原因之一。

(3) 网络技术能使企业快速获得证券投资的相关资讯。企业要进行证券投资,前提是要掌握充分的投资决策的相关信息。网上证券业务的开展可以使企业通过网络技术获得及时更新的并经过深入分析和研究的证券投资的相关信息,这些信息的获得在极大程度上有助于企业的投资决策。

6.3.4 网络对企业投资决策的影响

投资决策是企业所有决策中最为关键、最为重要的决策,一个重要的投资决策失误往往会使一个企业陷入困境,甚至破产。财务管理的一项极为重要的职能就是为企业当好参谋,把好投资决策关。

1. 网络技术的产生和发展对投资决策方法的影响

企业可以采纳的投资决策方法很多,一般可以分为定性决策方法和定量决策方法。定性决策方法主要是指依靠企业管理人员的主观判断和历史经验而进行的投资决策;定量决策方法是指运用数学模型和公式来解决一些决策问题,即运用数学工具,建立反映各种因素及其关系的数学模型,并通过对这种数学模型的计算和求解选择出最佳的决策方案。

从定性及定量决策方法的发展与运用方面来看,定量决策方法有迅速增长的趋势,对决策问题进行定量分析,可以提高决策的时效性和准确性。随着企业投资活动的增长及其所考虑的因素不断增加,企业在进行投资决策时所使用的变量也将随之增加,且各种因素之间也存在着相互影响和相互作用的关系,因此,对网络环境关系较为密切的决策问题而言,定性决策方法适用的范围进一步缩小。而定量决策方法具有科学性和准确性的特征,且不受人文因素的影响,网络技术的产生正好符合了定量决策方法的这种要求并为定量决策方法提高决策的准确性提供了技术条件,因此,定量决策方法在网络环境下将有更为广阔的运用空间。

2. 网络技术的产生和发展对相关投资决策信息的影响

企业要进行科学合理的投资决策,前提是要获取充分的投资决策的相关信息。在传统条件下,企业要收集支持投资决策的信息比较困难,并且要花费大量的前期成本。网络技术的产生则为企业及时收集各种相关信息提供了一种科学、先进的工具。因此,网络技术的产生和发展促使企业投资决策的科学化,为企业投资决策质量的提高提供信息保障。

3. 网络技术的产生和发展对相关投资决策者的影响

网络经济环境下的投资活动往往不会仅仅局限于某个单一领域,而是会涉及多个不同的领域。因此,在企业进行投资活动时,相关决策人员必须具备较高的知识文化水平和文化素质,并要善于把握企业所进行投资活动的本质,进行科学合理的投资决策。在个人知识水平无法达到特定投资决策要求时,组织决策团队解决特定的投资项目成为必然。在网络经济环境下,相关项目的投资决策人员必须对网络经济模式有较好的了解,必须在具备多科学知识的同时具有团队精神,所有这些都是网络经济环境下对相关投资决策者的能力提出的要求。

6.4 网络财务风险管理

6.4.1 财务风险的概念与分类

1. 财务风险的概念

财务风险是指在企业的各项财务活动中,由于各种难以预测和无法控制的因素导致企业在一定时期、一定范围内所获取的最终财务成果与预期的经营目标发生偏差,从而使企业蒙受经济损失或获得更大收益的可能性。由于企业的财务活动贯穿于生产经营的整个过程,故在筹措资金、长短期投资、分配利润等过程中都可能产生风险。

2. 财务风险的分类

根据风险的来源财务风险主要可以划分为以下几种:

(1) 筹资风险

筹资风险是指由于资金供需市场、宏观经济环境的变化,由企业筹集资金给财务成果带来的不确定性。筹资风险主要包括利率风险、再融资风险、财务杠杆效应、汇率风险、购买力风险等。利率风险是指由于金融市场上金融资产的波动而导致筹资成本的变动;再融资风险是指由于金融市场上金融工具品种、融资方式的变动,导致企业再融资产生的不确定性,或由于企业本身筹资结构的不合理导致再融资产生困难;财务杠杆效应是指由于企业使用杠杆融资给利益相关者的利益带来的不确定性;汇率风险是指由于汇率变动引起的企业外汇业务成果的不确定性;购买力风险是指由于币值的变动给筹资带来的不确定性。

(2) 投资风险

投资风险是指企业投入一定资金后,因市场需求变化而使最终收益偏离预期收益的不确定性。企业对外投资主要有直接投资和间接投资两种形式。直接投资是指直接用于生产,将货币资产转化为实物资产的投资。间接投资则是指用于购买股票、债券等有价证券,将货币资产转化为金融资产的投资,它主要分为股票投资和债权投资两种形式。股票投资是风险共担,利益共享的投资形式;而债券投资与被投资企业的财务活动没有直接关系,只是定期收取固定利息,其所面临的是被投资者无力偿还债务的风险。

投资风险主要包括利率风险、再投资风险、汇率风险、通货膨胀风险、金融衍生工具风险、道德风险、违约风险等。

(3) 经营风险

经营风险是指在企业的生产经营过程中,由供、产、销各个环节不确定性因素的影响导致企业资金运动的迟滞,引起企业价值的变动。经营风险主要包括采购风险、生产风险、存货变现风险、应收账款变现风险等。采购风险是指由于原材料市场供应商的变动而产生的供应不足的可能性以及由于信用条件预付款方式的变动而导致实际付款期限与平均付款期限的偏离;生产风险是指由于信息、能源、技术及人员的变动而导致生产工艺流程的变化,以及由于库存不足导致停工待料或销售迟滞的可能性;存货变现风险是指由于产品市场变动而导致产品销售受阻的可能性;应收账款变现风险是指由于赊销业务过多导致应收账款管理成本增大的可能性,以及由于赊销政策的改变导致实际回收期与预期回收期的偏离等。

6.4.2 财务风险的成因

企业财务风险产生的原因很多,既有外部原因,也有企业自身的原因,不同财务风险形成的具体原因也不尽相同。一般而言,企业产生财务风险的原因有以下几点:

1. 财务管理宏观环境的复杂性

宏观环境的复杂性是企业产生财务风险的主要外部原因。环境的不断变化可能为企业带来某种机会,也可能使企业面临某种威胁。企业财务管理系统如果不能及时适应复杂多变的外部环境,必然会给企业带来风险。财务管理的宏观环境、法律环境、市场环境、社会文化环境、资源环境等,这些因素存在企业之外,但会对企业财务管理产生重大的影响。

2. 财务管理人员对财务风险的认识不足

财务风险是客观存在的,只要有财务活动,就必然存在着财务风险。然而在现实工作中,许多企业的财务管理人员缺乏风险意识。风险意识的淡薄是财务风险产生的重要原因之一。

3. 财务决策缺乏科学性导致决策失误

在企业的财务决策中普遍存在着经验决策和主观决策的现象,这可能导致决策失误,从而产生财务风险。因此,避免财务决策失误的前提是财务决策的科学化。

4. 企业内部财务关系不明

企业内部财务关系混乱是企业产生财务风险的又一重要原因。企业与内部各部门之间及企业与上级企业之间,在资金管理及使用、利益分配等方面存在权责不明、管理不力的现象,从而会造成资金使用效率低下,资金流失严重,资金的安全性、完整性无法得到保证从而产生财务风险。

6.4.3 网络对财务风险管理的影响

随着网络技术的迅速发展和广泛运用,信息技术革命和经济全球化趋势使经济环境发生显著变化,企业面临着更加多样化和复杂化的财务风险,网络对财务风险管理的影响也日趋明显。

1. 网络对筹资风险管理的影响

筹资活动是一个企业生产经营的起点,其最终目的是扩大生产经营规模,提高经济效益。在网络经济条件下,市场行情瞬息万变,企业之间的竞争更加激烈,任何的决策失误、管理不当都有可能使筹资活动产生很大的不确定性,从而直接制约投资活动并影响生产经营活动的正常运行。按照资金的来源渠道不同,企业筹资分为负债性筹资和权益性筹资。

(1) 负债性筹资

负债性筹资可能导致企业所有者的收益下降,甚至导致企业陷入财务困境直至破产。负债性筹资受定期支付利息、到期还本的限制,使得网络条件下负债性筹资风险比传统经济条件下的负债性筹资风险更加复杂。

① 网络技术的产生和发展促使汇率变动日益频繁。在网络经济环境下全球经济已逐步一体化,企业间的竞争已从区域性竞争转化为全球性竞争,资本在国际间流动日益频繁。与此同时,企业筹集资金的方式和范围也发生了变化,企业可以充分利用网络技

术方便、快捷地向外资银行贷款、发行债券，以此来吸引国际资本，从而有效解决企业资金不足的问题。但网络技术在给企业筹集国际资本提供方便的同时，也使得国际资本市场上汇率变动的因素错综复杂，汇率波动频繁，而汇率的频繁波动将对企业产销数量、价格、成本等指标产生影响，使企业在短期内的利润增加或减少，从而企业更容易发生财务风险。因此，在网络经济环境下，企业要经常分析货币政策的变化情况，及时了解国内外利率、汇率等金融市场信息，以便做出正确的决策。

② 网络技术的产生和发展使得企业的投资回报率与借入资金利率的波动变大。随着网络技术的发展和电子商务的广泛运用，企业的经营方式和策略发生变化，生产经营活动面临着更大的不确定性，这影响到其投资回报率。当企业投资回报率高于借入资金利率时，企业使用借入资金将因财务杠杆的作用提高自有资金利润率；反之，当企业投资回报率低于借入资金利率时，企业使用借入资金将使自有资金利润率降低，甚至发生亏损。因此，在网络化条件下，企业负债性筹资风险更大，企业必须充分考虑投资回报率与借入资金利率的高低，再决定是否借入资金。

（2）权益性筹资

权益性筹资可以分为留存收益筹资和股票筹资两种方式。留存收益筹集资金为企业的自有资金，财务风险较小。股票筹资具有极大的灵活性，其资金为企业的永久性资金，不需要还本付息，现金流出的压力较小，企业可根据生产经营的实际情况决定是否分红及分红数量的多少。随着国际股票融资方式的盛行，越来越多实力雄厚的企业通过在国外发行股票的方式进行筹资。全球化竞争促使企业进一步融入全球经济一体化之中，同时全球经济的复杂性会使企业海外融资面临的不确定性因素增多，财务风险加大。

2. 网络对投资风险管理的影响

企业在投资过程中或投资完成后可能发生经济损失、不能收回投资从而无法实现预期收益。由于企业的不同投资方式有不同的特点，故相应的风险也存在差异。

（1）实物投资

实物投资的风险主要来源于宏观经济环境的影响。在网络经济环境下，随着全球经济的一体化发展，企业不仅受到国内宏观经济环境的影响，而且受到全球经济环境的影响，并且这种影响将日益明显。例如，随着我国市场的逐步开放，世界各国产品大量涌入，加上技术变革进程的加快，使得国内某些产品市场趋于饱和甚至出现过剩局面，投资回报率下降趋势不可逆转，投入资金的回收周期延长，实物投资风险较大。

（2）资本投资

网络技术的产生和发展使得企业生产经营面向全球后，资本性项目进一步放开，逐渐与国际金融市场接轨，企业的行为与国际市场的联系更为紧密，而国际市场的不确定性因素远多于国内市场，如汇率变动、通货膨胀、贸易条件的变化及金融风暴等，将使资本投资这种间接投资方式的收益不确定性因素明显增多，加大企业的投资风险。

3. 网络对经营风险管理的影响

网络技术的快速发展和广泛应用不仅大大降低了企业的成本,提高了工作效率,也成为企业满足客户个性化需求的必然选择。但这种新的经营方式也给企业带来了更多的风险。

(1) 网络技术的产生和发展促使企业经营方式转变的同时加大了企业的经营风险。在网络经济环境下企业的生产经营活动均以满足客户的需求为出发点,这改变了企业的传统销售方式,使得企业对营运资金的管理难度加大。企业为适应一系列变化必须加强生产经营管理,认真分析客户需求,以市场需求为导向,采取有针对性的营销策略来提高产品的销量,以达到降低经营风险的目的。

(2) 网络技术的产生和发展使得产品采购更趋复杂化。由于客户的需求是千差万别的,这要求企业必须根据客户的需求来细化产品,以满足更多客户的需要。这使得企业产品采购难度加大,企业难以享受大批量进货所带来的商业折扣收益,提高了采购成本并增加了经营风险。

(3) 网络技术的产生和发展加大了企业的信息化改造成本。网络技术给整个世界带来了翻天覆地的变化,网络的兴起使全球范围内的网络购物、网络消费等成为可能。企业的产品销售不再局限于柜台形式,通过网络企业的产品可以在全球范围内流通,突破了传统的空间概念。这要求企业加大信息化改造的力度,加快信息化进程,采用先进的管理思想来优化企业的业务流程,为企业创造更多的财富。但信息化改造为企业创造更多财富的同时也增加了企业的成本,导致企业资金短缺,从而加大了企业的经营风险。

(4) 网络技术的产生和发展在拓宽企业产品销路的同时也给企业的生产经营增加了难度。在网络经济环境下,企业的生产经营已不仅仅局限于某一区域,应该把眼光放长远,积极开拓国际市场。但是由于不同国家在文化、信仰、习惯等方面存在的差异,不同的市场对产品的需求不同,这就要求企业制定适当的营销策略,因地制宜地生产产品。这使企业在增加销量的同时,经营风险也成倍增大。

(5) 网络技术的产生和发展使得企业的网络系统面临安全风险。网络财务系统的开放性与企业财务运作所要求的某些信息的保密性形成了冲突。在网络化条件下,电子单据、电子报表、电子合同等无纸介质的使用,无法使用传统的签字方式,使网络财务在辨别真伪上存在风险。此外,计算机系统本身是脆弱的,黑客的恶意攻击、病毒的盛染等都可能对企业的财务系统造成破坏,这使得企业网络维护成本增加,财务风险加大。

6.5 网络营运资金管理

在市场经济条件下,资金是企业的血液,企业要生存、发展,就必须要筹集、拥有和支配一定数量的资金,其中非常重要的一项就是营运资金。从本质上讲,营运资金包括流动资金和流动负债的各个项目，是对企业短期性财务活动的概括；从数量上讲，营运资金就是从企业流动资产中减去流动负债后的差额。

营运资金管理就是对企业流动资产及流动负债的管理。由于篇幅原因，本节主要介绍网络化对流动资产中的现金、应收账款及存货管理的影响，并对流动负债中的应付账款及短期借款管理的影响进行简单的介绍。

6.5.1　网络流动资产管理

1. 流动资产概述

（1）流动资产的概念及其特点

流动资产是指可以在一年内或者超过一年的一个营业周期内变现或者耗用的资产。有些企业的产品周期长，超过一年以上，则这些企业在生产制造这类产品时投入的原材料的物质变现的时间会超过一年，但仍可以将其列入流动资产。流动资产一般包括现金、短期投资、应收账款和存货等。拥有一定数量的流动资产是企业进行生产经营活动必不可少的物质条件。流动资产与其他资产相比，具有以下特点：

① 周转快，变现能力强。流动资产可以在较短时间内耗用或变现。一般情况下，它是在一个生产经营周期就可以周转一次，即从货币形态重新回到货币形态，流动资产中的货币资金具有完全的变现能力，企业流动资产在正常情况下的变现能力也比较强。流动资产之所以具有较快的周转速度和较强的变现能力，主要是因为垫付在流动资产上的价值只要经过一次性转移，就可以转换为货币形态，并得到价值补偿。

② 形态多样，经常变动。流动资产在企业生产经营过程中，一般从货币形态开始，依次经过采购、生产、销售等过程，在这些过程中它具体表现为原材料、在产品、产成品、应收账款等形态。随着生产经营的顺利进行，不同形态的流动资产要依一定的顺序依次转化。企业中不同形态的流动资产一般都是并存的，在数量上有相对稳定的比例，只有这样才能保证企业资金的正常运转及生产经营的正常进行。

③ 数量不稳定，有较强的波动性。流动资产的数量随着企业内外条件的变化而变化，时高时低，波动很大。从生产经营业务量在全年的分布来看，在整个年度中经营业务完全均衡的企业并不多见，在绝大多数情况下，企业的经营业务量或多或少具有季节性的特征。

（2）流动资产的分类

按投资的占用形态，流动资产分为现金、短期投资、应收和预付款项及存货。

① 现金。指企业占用的各种货币形态上的资产，包括库存现金、银行存款和其他货币资金。它是企业流动资产中流动性最强的资产，可直接支用，也可以立即投入流通。拥有大量现金的企业具有较强的偿债能力。

② 短期投资。指企业持有的能随时变现的有价证券，或时间不超过一年的其他对外短期投资。

③ 应收和预付款项。指在企业生产经营过程中所形成的应收而未收的或预先支付

的款项。它属于企业债权性资产,包括应收票据、应收账款、其他应收款、预付货款等。

④ 存货。指企业在生产经营过程中为了销售或耗用而储存的各种资产,包括产成品、半成品、在制品、原材料、低值易耗品、燃料及包装物等。存货在流动资产中所占的比重较大。

2. 网络现金管理

(1) 企业持有现金的目的

企业持有现金往往是出于以下考虑:

① 交易动机。在企业的日常经营活动中,为了正常的生产销售周转必须保持一定的现金余额。由于销售产品所得收入往往不能马上变为现金,而采购原材料、支付工资等则又需要支付现金,为了进一步生产交易,企业必须持有一定的现金余额。虽然在企业的生产经营过程中,现金收入和现金支出可能同时存在,但是由于任何企业都无法保证其现金收入与现金支出在任何时点上完全同步,所以企业需要保留一部分以应付支付动机的需要。在企业安排现金收支中,应尽量做到收支同步,以减少交易所需的现金。

② 预防动机。这是指企业持有现金,以应付意外事件对现金的需求。企业预计的现金需求量一般是指正常情况下的需求量,但有许多意外事件如企业遭受自然灾害、生产事故等都会影响企业现金的收入和支出,打破企业的现金收支计划,使现金收支出现不平衡。因此,企业现金收支预测的可靠程度越高,现金流量的不确定性越小,企业临时借款能力越强,预防性现金的需求量越小;反之,就应增加预防用现金数量。

③ 投机动机。投机动机是指企业持有现金,以便能够抓住回报率较高的投资机会,获得投资收益。在企业外部环境中,机会与威胁几乎可以说是无所不在的,如果企业经营者对证券市场上证券价格的波动规律有所掌握,能够较准确地判断其价格走势,就可以在低价位时买进股票或债券,在高位时将其卖出,从中获利。但是如果判断失误则有可能造成企业损失。事实上,当企业因为投资动机而持有较多数量的现金时,这种情况对于大多数企业来说并不划算,所以除非一些特殊的情况,企业应减少出于这一目的而持有的现金。

企业现金管理的核心实际上是合理确定企业的现金持有量。企业对现金进行管理时,应力求做到既保证企业交易所需现金,降低经营风险,又不使企业持有过多的闲置现金,以增加收益。

(2) 现金管理的方法

企业进行现金管理的方法主要有现金流量同步化、合理使用现金浮游量及加速应收账款收现等。

① 现金流量同步化。企业的现金流入与流出一般来说是很难准确预测的,为了应付有这种不确定性带来的问题,企业往往需要保留比最佳现金持有量多的现金余额。为了尽量减少公司持有现金带来的成本增加,企业财务部门需要提高预测的准确性和管理的能力,使现金的流入和流出能够合理匹配,以实现同步化的理想效果。企业现金

流量同步化可以使企业减少现金余额，降低持有成本，提高企业盈余。

② 合理使用现金浮游量。由于企业支付、收款与银行转账之间存在的时滞性，会使本应显示同一余额的企业账簿和银行记录之间出现差异，股份制企业应合理预测现金浮游量，有效利用时间差来提高现金的使用效率。

③ 加速应收账款收现。企业为了增加销售额，一般同意购货方推迟付款，这就意味着企业并不能马上得到可以自由支配的现金收入。为保证应付账款方面的现金能收回，企业应尽量在不损害企业与客户之间关系的前提下，采取一些措施，如开户银行的选择、应收账款的信用政策等，以加速应收账款的收现。

（3）网络对现金管理的影响

① 网络技术的产生和发展对企业现金存在形式的影响。现金主要由企业的库存现金、各种形式的银行存款，以及银行本票、银行汇票及在途货币资金等几部分构成。企业的现金存在形式实际上受到金融市场技术条件的影响。在网络环境下，电子货币的出现必然使得企业持有的库存现金大大减少，银行本票及银行汇票的比例有所增加。与此同时，金融机构之间的资金划转速度大大提高，缩短了资金在途时间，使得企业的在途货币资金在现金中所占的比重也大大降低。

② 网络技术的产生和发展对现金最佳持有量的影响。企业持有现金的成本包括持有成本、转换成本和短缺成本。持有成本指企业因保留一定现金而增加的管理费用及企业不能用这部分现金进行其他投资并获得收益的成本。转换成本指企业在现金同有价证券等之间进行转换而发生的成本。短缺成本则是指企业因现金持有量不足而又无法及时将其他资金变现而造成的损失。在这三项成本之中，持有成本在很大程度上受到网络技术的影响。当网络环境下的电子货币被广泛采用后，企业库存现金就会大大减少，企业花在库存现金的保管及采取的安全措施上面的费用也会大幅度减少。另外，由于网络技术在证券交易中被广泛使用，企业通过网络进行有价证券买卖时的交易成本也大幅减少。转换成本在企业现金成本中的比重也会逐渐减少。这些均影响到企业现金最佳持有量的确定

③ 网络技术的产生和发展对现金及集中管理的影响。在传统环境下，对于大型企业集团而言，由于子公司、分公司众多，分散在不同地域，且每个下属企业各自设定有现金持有量，在集团下属企业之间要做到现今供求信息实时沟通有较大的困难。随着网络技术的广泛应用，在企业内部建立局域网后各企业之间的现金供求信息就可以做到实时传输。因此，由于企业集团对现金进行统筹管理，从整个企业集团出发设立最佳现金持有量也成为可能。但从金额上讲，企业集团整体考虑设立的现金持有量会大于单个企业设立的现金持有量，但会远小于集团下属企业现金持有量之和，这就使得企业集团节约了不少持有现金的成本，同时减少了企业的管理成本。在企业集团统筹管理现金的情况下，下属企业可以将更多精力放在生产经营活动中去。

④ 网络技术的产生和发展对现金预算编制的影响。企业应当保持一定的现金来防止可能出现的现金短缺，但又不能把过多的现金置于这种没有收益的用途上。企业通

过编制现金预算可以较为有效地预计和控制未来现金流量,这是对现金进行动态管理的一种有效方法。在传统环境下,由于受到现金供求信息滞后性的影响,企业在编制现金预算时的预算编制时期较长,而时期较长就会导致预算的准确性较差。但这一状况在网络技术出现后将得到很大的改善,企业通过网络技术可以方便、快捷地获取有关产品销售后的现金回收信息和企业采购材料,以及接受劳务、支付工资等方面的现金支出信息。在此基础上,企业现金预算的时期可以进一步缩短,而现金的预算编制周期也将不断缩短,这不仅能提高预算编制的准确性,而且能及时地为企业管理层提供决策信息。

⑤ 网络环境对企业现金管理方法的影响。为提高现金使用效率,企业一般要在收支管理上采取一定的方法。这些管理方法主要有现金流量同步化、合理使用现金浮游量及加速应收账款收现等。这些方法的使用可以提高企业现金的使用效率和效益。随着网络技术的广泛使用,这些方法所能体现出来的作用将会有所改变。

• 对现金流量的同步化的影响。要想实现现金流量的同步化,企业财务部门必须具备较强的预算和管理能力,同时要合理安排现金流量。在网络技术条件下,企业可以方便、快捷地获取与企业现金流量相关的信息,这些与现金流量相关的信息会直接影响企业对现金流量预测的准确性。鉴于此,要想提高预算的准确性,企业必须掌握较多的与现金流量有关的信息,掌握的信息越多,预测的准确程度越高,所编制的现金预算就越科学、合理,从而可达到企业现金流同步化的理想效果。另外,企业财务管理部门通过企业内部的局域网可以随时了解企业各部门的现金使用情况,并且可以合理调度现金,实现对企业现金收支的合理安排。

• 对使用现金浮游量的影响。如前所述,现金浮游量的存在是因为企业资金的划拨与银行资金的划拨之间存在时间差,造成这种时间差的主要原因是企业与银行相互之间信息传递的滞后。在网络化条件下,银行与企业之间可以通过网络技术实现资金划拨信息的实时高效传输,这就使得现金浮游量在网络环境下失去了原有的作用。

3. 网络应收账款管理

(1) 应收账款管理的目的

当企业在销售产品或提供劳务时同意接收方暂缓交付款项,便形成了企业的应收账款,该款项构成了企业流动资产的一部分。应收账款已经成为企业扩大产品销售、提高市场占有率从而最终提高企业竞争力的有力工具。它对于企业经营活动的良性发展十分必要。实际上可以认为它是企业为扩大产品销售、增加收益而做的一项投资。应收账款产生的根源是商业信用,因此要加强对信用的管理。

应收账款管理的目的是通过应收账款管理发挥应收账款强化竞争、扩大销售的功能,同时尽可能地降低投资的机会成本、坏账损失与管理成本,最大限度地提高应收账款投资的效益。

(2) 信用政策

信用政策也就是应收账款的管理政策,是企业在给客户提供赊销时应遵循的原则、标准、条件、程序和对策等。企业通过制定和执行信用政策,可将应收账款的事后管理转向事前管理。信用政策主要包括信用标准、信用条件和收账政策等。

信用标准是客户获得商业信用所具备的最低条件,通过用预期坏账损失率来表示。制定信用标准,通常是指对客户进行调查了解,对其信用进行评估后确定是否给客户提供赊销,以及提供多少赊销。客户信用标准的确定受多种因素影响,如信用品质、偿付能力、资本、抵押品和经济状况等,即通常所说的"5c"标准。在充分考虑这些因素的情况下,企业可以通过定性分析、定量分析或两者相结合的方法来确定信用标准。

信用条件是指企业接受客户订单时,在对客户信用等级进行评价的基础上所提出的付款要求,主要包括信用期限、折扣期限和现金折扣。信用期限是企业为客户规定的最长付款时间;折扣期限是企业为客户规定的可享受现金折扣的付款时间;现金折扣是在客户提前付款时给予的优惠。

通过信用分析确立的信用条件随企业经营环境的改变而改变。企业在提供信用条件时必须进行权衡,在放宽信用条件后,由于销售的扩大而增加的收益必须要高于由于信用条件的放宽而新增的坏账损失,并能够满足企业对应收账款增加部分的投资对收益率的要求。

收账政策是指客户违反信用条件,拖欠甚至拒付账款时企业所采取的收账策略。企业如果采取较积极的收账政策,可能会减少应付账款及坏账准备,但会增加收账成本;如果采用较为消极的收账政策,则可能会增加应付账款及坏账损失,但会减少收账费用。企业在实际工作中,可参照测算信用标准、信用条件的方法来制定收账政策。

(3) 网络对应收账款管理的影响

网络技术的产生和发展将对企业的应收账款管理产生一定的影响,特别是会对一些影响信用政策制定的因素产生较大的影响,具体表现在以下几个方面:

① 网络技术的产生和发展对客户信用等级评估的影响。客户的信用等级与企业的客户信用管理工作密切相关。没有一个企业的信用管理是保持常年不变的,它总会随着企业的一些条件的变化而变化。在传统条件下,企业很难收集全有关客户的信息,即使收集到信息,它也有可能是滞后的,并且收集成本较高,这必然影响到企业对客户的信用评估。在网络环境下,企业就能解决上述问题。利用网络技术,企业可以方便地收集与客户自身有关的信息,如注册资本、业务范围等,也可以收集一些影响客户生存和发展的一些外部信息,如行业景气度、客户在其所处行业中的位置等,同时还可以通过当地工商管理部门和银行等机构获取有关客户诚信状况的信息。这时企业就可以通过所收集的信息对客户进行客观、科学的评估,确定适用于企业自身的信用条件,针对客户的信用等级确定每一位客户的信用警戒线,将客户的信用等级及信用警戒线纳入客户诚信网络资源库进行管理,并随客户信息的更新及时调整客户的信用等级。

② 网络技术的产生和发展对应收账款具体管理的影响。在商品经济高度发达的现代社会里,商品购销业务往往会在企业销售部门以外的区域发生,这就有可能使得企业财务部门不能及时了解发生在异地的赊销情况,不能满足企业对客户的信息需求。通

过网络技术，这一问题可以得到较好的解决。只要利用网络便可将及时发生的经济业务的详细资料传送给其所归属的销售部门，使相关信息及时更新，动态地反映应收账款的实际情况，这样既方便业务人员与企业联系，又方便企业管理者进行管理与控制，使得管理部门能迅速将工作安排和有关信息发送给各个下属部门。各业务单位每天发生的业务、客户往来情况通过网络技术可准确、自动地汇总到企业的数据库中，从而可实现企业内部数据汇总的自动化。企业还可以随时更新资源库中有关客户的诚信等级。

③ 网络技术的产生和发展对收账成本的影响。企业收账成本的高低主要受企业收账政策的松紧程度的影响。企业对应收账款的催收主要通过与客户间的沟通来实现，而沟通的具体方式主要以电话与传真等为主。在网络化条件下，企业主要以发送电子邮件或电话的方式进行应收账款催收，特别是电子邮件的采用可以大大降低企业的收账成本。同时，企业利用网络可以随时跟客户沟通，了解客户应收账款逾期未付的原因，如客户确实是因暂时经济困难而不得以延缓，则企业可以适当放宽收账政策，避免采取不必要的法律手段，同时也可以留住客户。

4. 网络存货管理

(1) 存货管理的目的

为了保证生产或销售的正常运行，并且出于对价格的考虑，企业需要保持一定的存货。存货的增加可以增强企业组织生产、销售活动的机动性，但过多的存货因占用较大的资金，会增加与存货有关的各项开支，这样会导致企业成本上升、利润受损。因此，存货管理的目的就是在充分发挥存货作用的同时降低存货成本，使存货效益和存货成本达到最佳结合，保持最优的存货量。企业在充分发挥存货功能的基础上，应努力控制存货的数量，降低存货成本，加速存货资金的周转。存货的成本主要包括储存成本、订货成本和缺货成本。

① 储存成本是指企业为持有存货而发生的全部成本，包括仓储费、搬运费、保险费及占用资金支付的利息等，一般会随着平均存货量的增加而上升。

② 订货成本是指企业为订购材料、商品而发生的成本，包括采购人员的差旅费、订货手续费、运输费等。订货成本一般与订货的数量无关，而与次数有关。

③ 缺货成本是指企业在存货短缺时产生的生产中断、销售不畅等间接成本。企业应当在其存货成本与存货效益之间进行权衡，以求两者之间的最佳均衡点。通过存货决策，可使企业的存货成本达到最小。

(2) 网络对存货管理的影响

要想提高企业生产经营效率，必须搞好存货管理。企业存货管理的效率的高低直接影响着企业的经济效率。而网络技术的产生和发展将对企业的订货成本和缺货成本产生积极影响。

① 网络技术的产生和发展对订货成本的影响。在传统条件下，企业为了订购材料、商品，通常会通过电话或传真的方式向供应商发出购货意向，一旦供应商有企业需要的材料或商品，企业就派采购人员直接到供应商单位，了解货物的质量等情况，并且就货

物价格与供应商进行协商，如果在价格问题上存在着差距，企业就需寻找其他供应商。因此，在传统经济环境下，订货成本是不可避免的，而且寻找符合企业要求的供应商通常会花费很长一段时间。在网络经济环境下，寻找合适的供应商的时间会大大地缩短，并且使企业的订货成本大幅度下降。由于网络技术快捷、方便的特点，企业可轻而易举地寻找到合适要求的供应商，并就价格等问题通过网络技术实时磋商已达到双方满意的结果，如果协商不成，又可以快速地寻找下家。通过网络技术，企业能快速订到符合要求的货物，并大大节约订货成本。

② 网络技术的产生和发展对缺货成本的影响。企业为了减少缺货成本，通常会设置存货安全储备量，这在降低缺货成本的同时增加企业的储存成本。最优的存货政策就是在这两者之间进行权衡，选择使总成本最低的订货点和安全储备量。在网络化条件下，由于企业可以通过网络技术与货物供应商实时进行联系，因此在存货达到安全储备量的情况下，企业可以利用网络技术及时向供应商发出提货通知，而供应商也可以通过网络技术向距离企业最近的办事处或仓库发出供货通知，及时将货物运送给企业。由此，从企业发出提货通知到货物运达企业之间的时间可以大大地缩短，大幅减少企业的安全储备量，从而降低了企业的缺货成本。

6.5.2 网络流动负债管理

1. 流动负债的概念及特点

流动负债是指需要在一年或者超过一年的一个营业周期内偿还的债务。流动负债又称短期融资，具有成本低、偿还期短的特点。

2. 流动负债的分类

流动负债主要包括应付款项、短期借款、应付票据、应付工资、应付税费及应付利润等。

(1) 应付账款是指企业因购买材料、商品或接受劳务供应等而发生的债务。

(2) 短期借款是指企业借入的期限在一年以下，一般是为维持正常的生产经营所需的资金或是为抵偿某项债务而借入的款项。

(3) 应付票据是指由出票人出票，委托付款人在指定日期无条件支付特定的金额给收款人或支票人的票据。

(4) 应付工资是指企业应付给职工的工资总额，是企业对职工个人的一种负债。

(5) 应交税费是指企业根据一定时期内取得的营业收入和实现的利润，按规定向国家缴纳的各种税金，应交的税金在尚未缴纳之前暂时停留在企业形成一项负债。

(6) 应付利润是指企业除按税法规定缴纳税金外，还必须支付给投资者的利润。投资者应分享所得税后的利润分配。

3. 网络应付账款管理

(1) 应付账款管理的目的

应付账款管理是企业控制资金流出的一个重要环节。企业对应付账款管理的目的是在维护企业信誉前提下延迟付款。拖延款项的支付实质上就等于增加了企业的流动资金,改善了企业的资金流动状况,还能够获得一定期限内的利息收入。

(2) 网络对应付账款管理的影响

企业通过网络技术可以定期分析应付账款,规定付款程序,采取多种方式(如抵抹账、预先支付有折扣的货款等)定期清理应付账款,对无人追索的款项进行调查。如发现该款项确属不需支付款项,则及时将其转入收入账内。通过网络技术可以简化应付账款管理程序,大大缩短采购周期和降低管理费用。

4. 网络短期借款管理

(1) 短期借款管理的目的

借款利息在企业费用支出中占有一定比例,对企业现金流影响明显。企业对短期借款进行管理的目的是在满足企业近期对资金的需求及维护正常生产经营的前提下,节省利息支出。

(2) 网络对短期借款的影响

借款资金的管理是企业财务管理的一项重要内容。企业可以充分利用网络技术加强合同管理,正确计算利息,编制还贷计划,定期与银行核对借款金额和应付利息,发现问题,及时与银行进行协调。企业还可以通过网络技术合理调度资金,利用借短还长等手段减少财务费用。

本章小结

财务管理网络化打破了地域限制,提高了信息传输速度,增加了信息的使用价值,降低了企业成本,并促使传统的财务管理演化为网络财务管理。网络财务活动有筹资活动、投资活动、风险管理、营运资金管理活动等。

网络技术的广泛使用使企业内外部环境悄然发生变化并最终影响到企业筹资活动的开展和进行。网络技术的产生和发展影响企业筹资方式的侧重点,也影响企业筹资方式的具体选择。网络技术降低了资金筹集费用和资金占用费用。

网络技术的产生和发展会对企业的内外部环境造成不同程度的影响,进而影响到企业的投资活动。企业要充分把握这种环境下的投资活动的特征。这些特征表现为:以组建虚拟企业形式进行产权投资、无形资产投资比重加大、金融投资中的证券投资比重提高。

企业的财务活动贯穿于生产经营的整个过程,在筹措资金、长短期投资、分配利润等过程中都可能产生风险。企业财务风险产生的原因很多,既有企业外部的原因,也有企业自身的原因。在网络经济环境下,财务风险管理在企业经营管理中的地位就显得更加重要了。

营运资金管理就是对企业流动资产及流动负债的管理。主要包括:网络化对流动资产中的现金、应收账款及存货管理,对流动负债中的应付账款及短期借款管理。

练习题

1. 名词解释

(1) 筹资 (2) 投资 (3) 财务风险 (4) 营运资金

2. 选择题

(1) 在网络经济环境下,企业的经营方式和管理模式正发生巨大的变化,而作为企业管理核心部分的( )也正在经历一个新的阶段。

A. 财务管理　　B. 会计核算
C. 工资计算　　D. 固定资产折旧

(2) 企业进行筹资的( )就是为了满足其正常生产经营活动的开展和持续发展的要求,同时满足企业的财务管理目标。

A. 基本定义　　B. 主要目的　　C. 一种打算　　D. 预期利润

(3) 企业把所筹集的资金投放到生产经营急需的关键环节或薄弱环节中,可以使各种生产经营能力配套、平衡,形成更大的( )生产能力。

A. 单项　　B. 基础　　C. 综合　　D. 理想

(4) 由于企业的财务活动贯穿于生产经营的整个过程,故在筹措资金、长短期投资、分配利润等过程中都可能产生( )。

A. 收益　　B. 利润　　C. 收入　　D. 风险

(5) 在网络环境下,电子货币的出现必然使得企业持有的库存现金大大( ),银行本票及银行汇票的比例有所增加。

A. 减少　　B. 增加　　C. 平衡　　D. 相等

3. 判断题

(1) 企业需要根据自身经营特点、未来发展趋势、各种筹资成本的难易程度和风险来确定筹资渠道和筹资方式。( )

(2) 企业预计的现金需求量一般是指非正常情况下的需求量,许多意外事件如企业遭受自然灾害、生产事故等都会影响企业现金的收入和支出,打破企业的现金收支计划,使现金收支出现不平衡。( )

(3) 网络技术的发展为企业筹集资金提供了极大的便利和信息支持。( )

(4) 实物投资的风险并不是来源于宏观经济环境的影响。( )

(5) 企业通过网络技术可以定期分析应付账款,规定付款程序,采取多种方式(如抵抹账、预先支付有折扣的货款等)定期清理应付账款,对无人追索的款项进行调查。( )

4. 复习思考题

(1) 网络化财务管理的目标是什么?

(2) 网络技术对筹资活动产生的影响主要体现在哪些方面?

(3) 网络技术对投资活动产生的影响主要体现在哪些方面?

(4) 网络技术对财务风险管理产生的影响主要体现在哪些方面?

(5) 网络技术对应收账款管理产生的影响主要体现在哪些方面?

第 7 章　网络财务的内部控制

本章框架结构

网络财务内部控制
- 内部控制的概念
- 网络财务内部控制的特点
- 网络财务内部控制体系的设计原理
- 网络财务内部控制体系的实现

本章学习目标

- 了解内部控制的概念和发展；
- 理解网络财务内部控制的特点和网路财务内部控制体系的设计；
- 掌握网络财务内部控制的实现。

网络财务在网络经济的发展中起着越来越重要的作用，设计好网络财务的内部控制制度并且有效实施，是网络财务管理发展和完善的一个重要组成部分。

7.1　内部控制的概念及其发展

7.1.1　内部控制概念的变迁

20 世纪初资本主义经济迅速发展，现代企业制度的主要形式——股份公司规模日益扩大，其特征是所有权与经营权分离。根据股份公司的特征，为防止和揭露错误和舞弊，保证会计信息的质量，保证资产的安全与完整，逐步形成了一些组织、调节、制约和监督企业经营管理活动的方法，进而形成了内部控制。从历史角度看，内部控制是一个不断变迁的动态结构。其中，以美国的内部控制的理论和实务发展最为先进和完整，具有代表性和权威性。因此，本节主要以美国内部控制为发展主线，将内部控制概念的演变大致分为四个阶段：萌芽时期（20 世纪 40 年代前）、奠基时期（20 世纪 40 年代末至 70 年代初）、发展时期（20 世纪 70 年代至 90 年代初）、成熟时期（20 世纪 90 年代至今），具体如表 7-1 所示。

表 7-1　内部控制的发展

时期	阶段	要素	目标	结构
萌芽时期(20 世纪 40 年代)	内部牵制	无	防弊	点状结构
奠基时期(20 世纪 40 年代末至 70 年代初)	内部控制制度	管理控制和会计控制(当时不称为要素)	防弊和兴利	直线结构
发展时期(20 世纪 70 年代至 90 年代初)	内部控制结构	控制环境、会计制度、控制程序	企业完成既定目标	平面三角形结构
成熟时期(20 世纪 90 年代至今)	内部控制整体框架(IC-IF)	控制环境、风险评估、控制活动、监督、信息与沟通	经营效率、财务信息可靠、遵循性	立方体结构
	企业风险管理框架(ERM)	内部环境、目标设定、事件识别、风险评估、风险回应、控制活动、信息与沟通、监督	战略、经营、报告、遵循性	

1. 内部控制的萌芽时期——内部牵制

20 世纪 40 年代以前是内部控制的萌芽时期。当时人们习惯用“内部牵制”这一提法。美国著名审计学家蒙哥马利在 1912 年的著作《审计——理论与实践》中已明确地表述过内部牵制的思想。根据《柯氏会计辞典》的解释,内部牵制是指“以提供有效的组织和经营,并防止错误和其他非法业务发生的业务流程设计。其主要特点是以任何个人或部门不能单独控制任何一项或部分业务权力的方式进行组织上的责任分工,每项业务通过正常发挥其他人或部门的功能进行交叉检查或交叉控制”。该定义隐含的意思是内部牵制是一种制衡,两个和两个以上的个人或部门发生同样的错误的概率很小,串通舞弊的可能性也大大降低。由此可见,这一时期内部牵制主要以查错防弊为目的。

内部牵制的思想在管理实践中产生并发展,成为现代内部控制理论中有关组织控制、职责分离控制的雏形,在现代内部控制理论中占据了相当重要的地位。内部控制在内部牵制阶段完成了实践塑造的过程。

2. 内部控制的奠基时期——内部控制制度

20 世纪 40 年代末至 70 年代初,“内部控制”这一术语被正式提出,内部控制分为内部管理控制和内部会计控制。这是内部控制发展的第二阶段,奠定了内部控制的发展基础。

1936 年,美国注册会计师协会(AICPA)的前身美国会计师协会(AIA)在其发布的《注册会计师对财务报表的审查》中,首次正式使用了“内部控制”这一专业术语,但它显然将内部控制混同于内部牵制了,即“注册会计师在制定审计程序时,应考虑的一个重要因素是审查企业的内部牵制和控制……内部牵制和控制这一术语,是指为了保护公司的现金和其他财产、检查簿记事项的准确性而在公司内部采用的手段和方法”。

1949 年,美国注册会计师协会发布了一篇题为《内部控制:一种协调制度要素及其对管理当局和独立注册会计师的重要性》的专题报告,该报告首次对内部控制做了权威性的定义:“内部控制包括组织结构的设计和企业内部采取的所有相互协调的方法和措施,旨在保护企业资产,审核会计数据的准确性和可靠性,提高经营效率,推动企业执行既定的管理政策。”此定义强调内部控制不只局限于会计和财务部门,首次将触角伸入管理领域,从而形成管理控制的雏形。

1953 年 10 月,美国注册会计师协会发布的《审计公告第 19 号》(SAP NO.19),将内部控制首次划分为内部会计控制和管理控制。公告中指出:“广义地说,内部控制按其特点可以划分为内部控制和管理控制。”1958 年该协会又发布了《审计程序公告第 29 号——独立审计人员评价内部控制的范围》的报告,进一步阐述了内部控制的“制度两分法”,正式界定了内部会计控制和内部管理控制的定义及其包含的内容。

1972 年,美国注册会计师协会所属审计准则委员在《审计准则公告第 1 号》(SAS NO.1)中,重新表述了“会计内部控制”和“管理内部控制”的定义,并进行了明确的分类,为企业进行内部控制提供了指导。

在这一时期,推动内部控制发展的主要是审计职业界,所以内部控制就不可避免地打上了审计的烙印。所谓的“两分法”也成为出于审计便利需要之物——注意力仅集中于会计控制的测试,对管理控制鲜有涉及。两分法未能完整地反映内部控制所涵盖的内容,也没有考虑控制环境对内部控制制度设计及其实施效果的影响。尽管如此,这些概念的界定和分类仍为内部控制发展奠定了一定的基础,起到了承上启下的作用。

3. 内部控制的发展时期——内部控制结构

20 世纪 70 年代至 90 年代初,内部控制概念演变为“内部控制结构”,这个阶段是内部控制概念演变的第三个阶段,即内部控制的发展时期。

继“水门事件”调查之后,1977 年美国国会通过《反国外行贿法案》(FCPA)。该法案包括了一些会计和内部控制的条款。自该法案生效以来,内部控制开始在企业得到广泛重视,与此同时内部控制制度不足以指导企业的内部控制实务的局限性也随之暴露出来。

1988 年 4 月,美国注册会计师协会发布了《审计准则公告第 55 号——财务报表审计对内部控制结构的考虑》(SAS NO.55),第一次用“内部控制结构”概念代替“内部控制制度”,规定从 1990 年 1 月起以该公告取代 1972 年发布的《审计准则公告第 1 号》。在这份公告中指出:“企业的内部控制结构包括为合理保证企业特定目标的实现而建立的各种政策和程序”,并指出了内部控制结构包括控制环境、会计制度和控制程序。

内部控制结构与内部控制制度相比有两点差异:首先,内部控制结构将内部控制环境纳入了内部控制的范畴;其次,它不再区分内部会计控制和内部管理控制,而是用控制环境、会计制度和控制程序三要素来代替了。这一概念仍由审计职业界提出,强调了管理者对内部控制的态度、认识和行为等控制环境的重要作用,有助于企业完成既定目标。虽然审计职业界也考虑到了企业内部控制的实际需要,但审计色彩仍然过于浓厚,无法满足企业应对日益复杂的环境风险的需要。

4. 内部控制的成熟时期——整体框架

自 20 世纪 90 年代至今,内部控制研究开始着眼于企业整体及利益相关者,而非完全出于审计便利的需要,逐渐形成了内部控制和风险管理的整体框架,并且逐渐强调内部控制和风险管理框架在实务中的应用。在这一阶段,内部控制逐渐走向成熟和相对稳定。

1985 年,由美国注册会计师协会、美国会计学会(AAA)、财务经理人协会(FEI)、内部审计师协会(IIA)和全国会计师协会(IMA)共同资助成立美国反欺诈财务报告委员会(National Commission on Financial Reporting),即著名的 Treadway 委员会。该委员会在成立两年后提交的报告中强调控制环境、行为守则、内部稽核功能的重要性,并重新呼吁管理当局对内部控制有效性提出报告,还对公众公司的管理当局及董事会、会计师、证券交易委员会、主管机关、立法机构及学术界提出了建议。

Treadway 委员会的赞助机构还成立了 COSO 委员会来制定内部控制指南。1992 年,COSO 委员会发布著名的 COSO 报告,即《内部控制——整体框架》。该报告将内部控制定义为:"由企业董事会、管理当局和其他员工实施的,为达成经营活动的绩效和效果、财务报告的可靠性、相关法律法规的遵循性等目标提供合理保证的过程。"此时的内部控制包括五个要素:控制环境、风险评估、控制活动、信息与沟通、监控。

2002 年 7 月 25 日,美国国会通过《2002 年萨班斯—奥克斯利法案》,对财务报告内部控制的有效性的评价和披露的报告进行了相关规定。

2004 年 9 月 29 日,COSO 委员会颁布了最新报告《企业风险管理——整体框架》,定义了企业风险管理,并引入了风险偏好、风险容忍度、风险组合观等概念。

COSO 委员会先后提出的《内部控制——整体框架》和《企业风险管理——整体框架》,反映了各利益相关方对内部控制的各种需求,较前期几个概念更为全面、综合和系统,表现为:首次正式提出了内部控制的目标,并在后一框架中把目标扩展到了战略层面;首次专门为企业制定了应用指南;首次糅合了管理和控制的界限,表现为管理和控制职能模糊;首次全面而明确地阐述了内部控制制定和实施的责任问题等。这两份报告使内部控制概念开始向纵深方向发展。

7.1.2 COSO 报告对网络财务内部控制的影响

与以往的内部控制理论研究成果相比,COSO 报告对于网络财务内部控制具有更为重要的指导意义。

尽管 COSO 报告只是站在企业整体角度提出了内部控制建设整体框架,但其方法论意义比较明显,它为企业各个职能部门内部控制建设提供了方法论指导。按照五要素观点构建网络财务内部控制理论体系和实施方案,可以保证网络财务内部控制的建设更加全面、有效。依托 COSO 报告的五要素剖析网络财务内部控制面临的机遇和挑战,并重视从理论上分析网络财务内部控制架构,指出网络财务内部控制建设的目标和主要内容也是非常有意义的。

我国著名会计学者朱荣恩教授指出COSO报告提出的内部控制整体框架性，只有在内部控制整体框架基础上，以内部控制方法推行内部控制，效果才会更好。他的核心思想是企业建设内部控制不能仅仅停留在整体框架上，而应该在内部控制整体框架的基础上采用具体可行的控制方法建设内部控制制度，只有这样方能取得较好的成效。但是由于COSO报告在网络财务内部控制建设理论分析方面的意义不能忽视，故在实际中，可首先运用COSO报告的结论分析网络财务内部控制理论框架，然后针对网络财务面临的挑战提出具体实施方案。更为重要的是，为了使网络财务的内部控制方案真正切实有效地发挥作用，需要依托一些最新的信息技术和IT设备，并将其和网络财务系统结合起来，只有这样，网络财务内部控制才不仅仅停留在理论层面，同时也具有应用价值。

7.1.3 网络财务内部控制基本要素的变化

前面提到，COSO报告提出内部控制整体架构由五要素组成。在网络环境下，企业内部控制系统仍由上述五个要素构成，框架体系并未发生实质性的改变。但是每项基本要素的内部构成具有新的内容，表现出新的特征，并带来了新的问题。下面分别就这五个方面论述新经济条件下企业内部控制要素所发生的相关变化。

1. 控制环境

控制环境是指对企业内部控制系统的建立和实施有重大影响的各种因素的总称。根据SAS NO.78的规定，影响控制环境的因素有管理哲学、组织结构、董事会或审计委员会、人力资源政策与实务、权责分派方式、品行与价值观、胜任能力等。控制环境提供企业架构，塑造企业文化，并影响着组织成员的控制意识，是其他控制要素的基础。在信息技术条件下，企业内部控制环境将发生以下主要变化，这要求管理层树立信息意识，更新控制观念。

(1) 在管理结构扁平化时代，内部控制的组织结构发生改变。随着企业的扩张，其管理层次和机构也在发展，结果是组织结构越来越臃肿，管理流程越来越复杂，管理效率越来越低下，企业难以在第一时间对市场做出反应，满足顾客的要求。信息技术的广泛应用，使企业组织结构的扁平化成为可能，企业内部控制层次明显地减少，但责任更加明确，效率更高。

(2) 内部控制的方式与管理观念将发生改变。信息技术的应用产生了强大的竞争力，增强了企业的灵活性。在企业的这种新型扁平式结构中，信息的对等性使得无论信息处于何处，企业内外部人员能够轻易获得，领导也不再是组织等级的上层，而成为行动的中心。信息经济要求并导引着企业组织从机械师向有机式并最终向虚拟组织发展演变，这就要求企业的领导阶层必须学会在一个动态环境中构造组织，既要有利于创造、革新、加快速度，又能在不断磨合中加强内部控制和向心力。

2. 风险评估

每个企业都面临来自内部和外部的不同风险，风险评估的目的就是分析和辨认实现企业所定目标时可能发生的风险并适时加以处理。信息技术手段的不断应用,在给企业带来风险的同时也带来了控制风险的机会和工具。

(1) 风险控制体系的变革,使内部控制的范围加大。在信息技术环境下,虽然企业的整体目标没有改变,但是经济、产业及管理的外部环境与内部因素都发生了变化,伴随业务流程的改变产生了系统的开放性、信息的分散性、数据的共享性。这极大地改变了以往封闭集中状态下的运行环境,从而改变了传统的风险控制内容和方法。例如,强大、复杂的计算机系统增加了企业潜在的风险,这是因为人们的主观判断被忽略,数据处理过于集中,存储的数据可以被不留痕迹地改写和删除;数据的存放形式增加了数据再现的难度;数据处理过程无法观测等。这些新的风险构成了内部控制的新内容。由于新的技术带来了新的风险,所以我们应辨认已发生的改变,并采取必要的行动,扩大控制的范围。

(2) 有效利用信息技术,作为控制风险的工具。应该明确这样一种认识:风险的存在不是把信息技术拒之门外的理由,应该树立信息意识,更新控制观念,改变思维定式,有效利用信息技术为企业服务。如果把信息技术作为防范风险的工具,并与业务活动有效结合起来,则一个控制良好的电子数据处理系统就能发挥更大的潜力,从而可以减少错误和舞弊的发生,保证企业业务处理活动严格按商业规则进行。因此,我们应该、也有可能把信息技术作为强化内部控制的一个有效工具。

3. 控制活动

控制活动是指企业为了保证指令得到实施而制定并执行的控制政策和程序,是针对实现组织目标所涉及的风险而采取的必要防范或减小损失的措施。SAS NO. 78 列举的控制活动包括绩效评估、信息处理、实物控制和职责分工等。信息技术的广泛应用,对控制手段也有一定的影响。

(1) 信息技术的引入增强了控制手段的多样性、灵活性、高效性,加强了内部控制的预防、检查与纠正的功能。控制的重点由对人的控制转变为对人、机共同控制为主,控制程序也应当与计算机处理相适应。

(2) 信息技术的恰当应用,可以使企业摆脱人员与资源的限制,经济有效地实现内部控制的目标。在新的环境下形成新的控制理念:好的内部控制不应该仅依赖过多的审核人员或复杂的控制程序,也应该依赖信息时代的控制理论和恰当适用的信息技术。

(3) 同时应该看到,随着计算机使用范围的扩大,利用计算机进行的贪污、舞弊、诈骗等犯罪活动有所增加。如储存在计算机磁性媒介上的数据容易被篡改;数据库技术的提高使数据高度集中,未经授权的人员有可能通过计算机和网络浏览全部数据文件,并复制、伪造、销毁企业重要的数据,使得计算机犯罪具有很大的隐蔽性和危害性等。这些活动增加了信息技术环境下内部控制的难度与复杂性。

4. 信息与沟通

企业在其经营与控制的过程中,需要按某种形式辨识并取得来自企业内部及外部的信息,并在组织内部进行沟通,以使员工清楚地获取有关其控制责任的信息,履行其责任。与现代信息技术结合的信息系统具有开放化、实时化、电子化的技术特点,在内部控制系统中展现出了新的特点并发挥出了新的作用。

(1) 在新经济时代,网络连接了企业的各种职能部门,实现了会计和业务的一体化处理,并使会计核算从事后的静态核算转变为事中的动态核算;信息需求者可以获取实时信息,这使得工作在空间和时间上的接近不再是至关重要的问题,这样内部控制可以由顺序化向并行化发展。通过这种方式,可以使企业的设计、制造、销售、工业工程等人员并肩工作,共同控制企业的物流和信息流。

(2) 开放的信息系统为内部员工、管理者,以及顾客、供应商等外部团体提供了开放的沟通管道,有利于内部沟通与外部沟通的进行,使得组织内的员工清楚了解内部控制制度的规定及各自的职责;管理者可以随时掌握内部控制制度的执行与生效情况,并可以从外部信息中获悉关于本企业内部控制功能的重要信息。

(3) 由于网络开放的环境很难避免非法侵扰,故会计信息系统很有可能遭受非法访问甚至黑客或病毒的侵扰。同时,我们还应注意新环境下信息系统的信息质量问题。在网络环境下,财务信息的传递借助于网络完成,电子符号代替了会计数据,磁性介质代替了纸张,财务数据流动过程中的签字盖章等传统交易授权手段不再存在,从而使网络信息的真实性受到质疑。以上这些都给内部控制提出了新的问题。

5. 监控

内部控制的程序化使得内部控制具有一定的依赖性并增加了差错反复发生的可能性。信息技术的应用,使得内部控制具有人工控制与程序控制相结合的特点。这些程序化的内部控制的有效性取决于应用程序,如果程序发生差错或不起作用,由于对计算机系统的依赖性、麻痹大意及程序运行的重复性,会使得失效控制长期不被发现,从而使系统在特定方面发生错误或违规行为的可能性较大。因此,在网络环境下更应注意对内部控制的监控,应由适当的人员在适当的时候及时评估控制的设计和运行情况。

综上所述,信息技术的应用使得内部控制框架的内部构成产生了新的变化,为提高企业内部控制效率、增强内部控制效果带来了新的机会,也产生了潜在的风险。与手工会计系统的内部控制制度相比较,信息系统下的内部控制制度是范围扩大、控制程序灵活多样的综合性控制,是控制的重点为职能部门和计算数据处理部门并重的全面控制,是人工控制和计算机自动控制相结合的多方位控制。

7.1.4 网络财务信息系统与内部控制的辩证关系

1. 网络财务信息系统是内部控制的环境

现代网络企业都拥有一个较为完善的管理信息系统,网络财务信息系统是其中的一个重要子系统,其最基本的职能是反映企业一定时点的财务状况和一定时期的经营成果及现金流量,保证企业各项资产的安全完整。网络财务信息系统提供的会计信息是企业高层管理员把握企业整体经营风险和财务风险的主要途径。没有网络财务信息系统提供的信息,企业的整体内部控制就将无从下手。

2. 网络财务信息系统必须嵌入内部控制

现代网络企业经营规模日益庞大,社会影响力不断增强,为了准确反映企业财务状况、经营成果和现金流量情况,企业的网络财务信息系统本身已经成为一个非常复杂的系统,故该系统需要完善的控制程序,同时在其内部应设置相应的控制准则和控制标准。在财务信息系统建设的过程中嵌入内部控制体系是非常重要的,特别是对事项驱动型的网络财务而言。建设流程管理系统,设计实时控制模式和方法,是实现网络财务内部控制的重要途径。如果不能在网络财务信息系统中嵌入内部控制的程序和方法,则网络财务的内部控制将无法有效实施。

7.2 网络财务内部控制的特点

7.2.1 网络财务的特点

网络财务本身既是一个网络化的会计信息系统,又是一个事项驱动型的会计信息系统。它具有如下特点:

1. 工作环境网络化

网络财务的突出特点是网络工作环境。通常来说,因特网是网络财务有效运行的平台,网络机房和服务是网络财务系统运行的发动机,而数据库则成为信息存储和数据处理的核心。

网络财务是对“事项”进行记录、描述和管理的会计信息系统,离不开数据库技术的支持,这是因为数据库是全部事项的信息仓库,是所有操作的数据平台。网络财务数据的集成存储模式如图 7-1 所示。

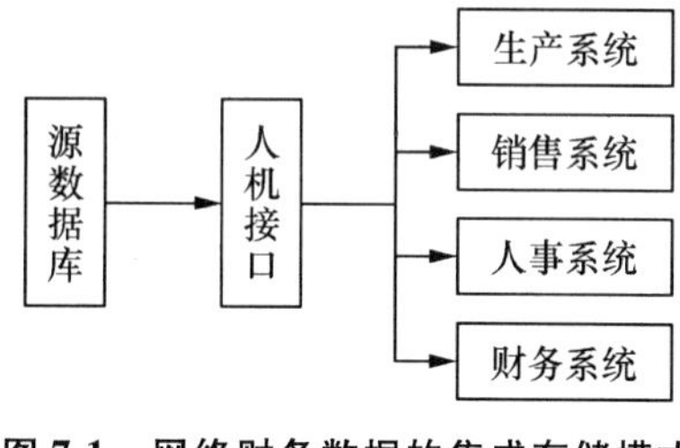

图 7-1 网络财务数据的集成存储模式

2. 计算机设备成为主要的操作工具

网络财务信息系统的操作工具不再是传统的凭证、账簿、笔墨、算盘、计算器,取而代之的是计算机、读卡器、POS 机、网络设备及各类办公自动化软件、专业财务软件等。

3. 工作流程网络化

在网络财务信息系统中,所有人员的工作都在一个开放的网络中进行,基本账务处理的流程发生了变化。许多工作均通过网络来完成,诸如网上申报、网上审批、凭证传递、数据更新、信息沟通等网络应用越来越多。

4. 工作效率大大提高

网络财务信息系统借助计算机信息技术将过去烦琐、重复的人工劳动转变为利用计算机自动处理，大大提高了工作效率。随着信息技术的发展，系统软件越来越完善，越来越向智能化发展。减少人工干预，将更多工作程序化，由核算型向管理型、决策型转化是网络财务信息系统发展的方向。

5. 会计信息提供更具个性化

网络财务信息系统改变了传统会计信息系统"会计部门—信息使用者"单向系统提供模式，使得信息使用者拥有更多的自主选择权。与传统会计信息系统不同的是，网络财务信息系统强调在不完全了解信息使用者的需求和决策模型的情况下，会计部门应立足于提供各种可能的决策模型相关的经济事项，由信息使用者自己根据决策需要对数据进行剪裁，这样更能提高会计信息的决策有用性。由于直接面向使用者，故使用者可以依据自己的需要从企业最原始数据出发进行数据加工并获取信息，同时信息使用者不再仅限于管理人员，还包括众多个人信息用户。显然，这种双向模式使网络财务信息系统赋予了使用者更多自主选择会计信息的权利，极大地提高了会计信息的使用效率，会计信息的公开性提高，信息提供更具个性化。

6. 信息共享性大大提高

网络财务面向业务事项本身，改变了传统会计信息系统各个职能部门信息相互隔绝的状态，并将所有信息存储在共同的数据库中，使得会计信息集合程度更高，而且由于财务数据与业务数据具有共同来源，所以各级职能部门均可使用同一数据库的原始数据（当然，对其使用具有严格的权限控制）。除了财务部门的信息共享外，财会部门和单位其他部门也可以通过开发集成数据接口开放和共享一些公共信息来提高这些公共信息的同一性和准确性。

7. 信息处理及时性提高

在网络环境下，对企业来说，生产、销售、人事、仓储等各个分支部门可借助网络将各自的信息实时传输到企业的统一资源数据库中，再由财务部门实时处理后将相关信息反馈回去，从而可使财务部门和其他职能部门随时保持沟通；在对外公布方面，企业可以通过网络技术在保证自身数据安全基础上将企业自身动态数据信息实时传送给各相关部门的信息使用者。各种信息使用者通过网络便能实时了解目标企业运营状况，这使得信息处理速度明显提高，网络财务信息系统信息处理的及时性也大大提高。

7.2.2 网络财务内部控制的变化

网络财务信息系统的上述特点使得网络财务内部控制和传统会计内部控制相比发生了很大变化，主要表现在如下几个方面：

1. 内部控制环境

对于网络财务信息系统而言，由于其完全依靠计算机、网络等进行工作，所以传统的控制环境在网络财务信息系统中已不存在。它的内部控制环境更多是以网络、数据库、信息和数据的传递等虚拟环境为主。

2. 内部控制的范围和内容

对于网络财务信息系统而言,内部控制的范围在扩大,其内容也发生了很大的变化。控制范围主要增加了网络控制和系统控制,其中网络控制包括网络的安全、病毒防护等,系统控制包括系统的设计、开发、软硬件的运行维护等。新的控制范围带来了新的控制内容,主要包括:网络安全控制、数据库安全控制、病毒防护;系统的设计、开发,软硬件的运行维护,使用权限和口令的控制,计算机数据处理的程序和控制等。

3. 内部控制的重点

网络信息系统自身的特点,决定了内部控制的重点和传统会计内部控制有很大的不同。传统会计主要是对人的控制,其重点是凭证和账簿、报表的核对、签字盖章等。网络财务信息系统建立起来后,很多原来需要人工完成的工作转为由计算机程序自动完成,因此内部控制的重点由对人的控制转变为对人、机进行控制,其内容包括网络、系统的安全,数据的备份,会计原始数据的输入,会计信息的输出,人机交互处理控制,会计信息访问权限控制及不同系统间的连接控制等。也就是说,在网络财务信息系统中,除了会计核算和业务管理的控制外,信息系统本身的控制将是重中之重。

4. 内部控制的手段

由于控制环境的变化、内部控制范围的扩大,网络财务信息系统拥有了全新的内部控制内容,内部控制的重点也转向网络和系统方面,所以内部控制手段也有了很大的变化。传统的会计主要采用的是严格的凭证控制制度,相关人员签字盖章,修改、交易处理等的文字痕迹审核等内部控制手段。而在网络财务信息系统中,对于网络、系统等方面的控制往往是看不见、摸不清的,这主要靠一些计算机设备和信息技术来实现。同时,业务处理方面的控制,主要依靠交易授权、人员权限控制、相关业务的程序化控制来实现。

通过以上分析,可以看出网络财务信息系统的内部控制和传统会计信息系统的内部控制相比,发生了很大的变化,两者的主要差异如表 7-2 所示。

表 7-2 网络财务信息系统内部控制与传统会计信息系统内部控制的差异

	传统会计信息系统	网络财务信息系统
控制环境	手工环境	计算机、网络、数据库
控制范围和内容	凭证、账簿、报表	网络、系统安全、系统开发和软硬件的运行和维护
控制重点	人员、制度的控制	人员、计算机、程序的控制
控制手段	职责分工和牵制、签章、痕迹	IT 设备、信息技术

7.2.3 网络财务内部控制的优势及难点

1. 网络财务内部控制的优势

(1) 交易授权自动完成

在企业管理中,交易授权可确保会计信息系统处理的所有重大交易都是真实有效的,业务都是实际发生而且符合管理当局目标的。交易授权是企业内部控制手段。在传统企业管理中,交易授权通过人为设定控制程序由经办人员执行;在网络环境下,由于企业信息处理高度集成,特别是原来许多通过手工完成的工作内化于计算机软件中,故通过设定软件和数据使用权限可自动完成交易授权活动。在网络环境下,多数交易授权都可以通过计算机程序自动实现,无须外力介入。

(2)监控与操作的分离实现系统的有效牵制

在网络环境下,部门工作人员大大减少,多数工作由计算机自动统一执行,不再需要以多人重复劳动为代价的“多方牵制”内部控制手段。在网络财务信息系统中可以设置操作与监控两个岗位,通过对每笔业务同时进行多方备份,把会计人员处理账务时的操作和结果数据同步记录在监控人员的机器上,有利于监控人员即时审查。通过岗位划分、设定系统权限、使用信息技术便可实现有效牵制。

(3)数据处理由系统自动完成,提高了工作效率及准确性

网络财务信息系统很大的一个优势就是把原来手工进行的数据处理工作变由系统自动完成。会计人员录入记账凭证后,总账、明细账、日记账等各类账簿都根据凭证内容由计算机自动登记完成,同时,各类报表也由计算机根据设计好的报表格式及计算公式自动计算填列,这使得工作效率大大提高,数据的准确性也能得到保证。这样,传统会计中账簿、报表的正确性检查在信息系统中就完全没有必要了。当然,这也带来了内部控制方面的一个难点,就是数据的无痕迹修改问题,这将在下面予以论述。

(4)通过程序控制相关业务流程,实现核算要求,减少人为错误

在网络财务信息系统中,大多数的核算要求、业务流程可以通过系统进行控制。例如,在系统中设置好会计科目的核算内容,则某笔经济业务应该由哪个科目支出,计算机均有严格的控制,违反了控制规则,凭证就无法录入和保存。再如,一些业务流程也可以在系统中设计好,这样计算机就会严格按照程序执行。很多原来由人控制和执行的东西,都可以程序化嵌入到系统中,由计算机来严格执行,从而可以避免人为因素的影响,使可靠性大大提高。

网络技术对会计信息系统内部控制的促进和完善远不止以上几个方面。如它在提高会计工作效率、减少人力劳动的同时,可使企业内部控制更加有效。其突出表现是提高了系统内部信息传递的及时性,从而使系统错误可在短时间内被发现,减少了由错误带来的累计损失;使控制措施程序化,减少了人为因素的影响和执行的偏差,提高了效率和会计信息的质量。另外,网络技术使单位各个职能部门之间的资源实现了共享,便于同一笔经济业务的相互核对和稽核。

2. 网络财务内部控制的难点

网络财务信息系统的建立,带来了许多新型的控制技术和手段,使我们的工作越来越快捷和便利,并完善了传统内部控制的含义和内容。但它同时也带来了许多问题和困扰,具体表现如下:

（1）网络安全控制的问题

网络安全问题在人们享受网络服务的同时，一直困扰着人们。目前，各种对系统的恶意攻击、病毒的传播、数据库的侵入等都是通过网络这一唯一的途径进行的，而且网络是没有绝对安全的，因此网络安全问题不容忽视。

（2）系统和数据安全的问题

网络财务信息系统的安全性问题，归根结底就是系统和数据的安全。硬件设备的损坏可以通过维修、更换来解决，但是数据的损坏和丢失是难以弥补的。在传统会计环境下，所有的会计数据都是用具体的纸质记载下来的，如凭证、账簿、各类报表等，并且这些数据和资料作为会计档案有着严格的管理制度。但是在网络财务信息系统中，很容易被盗用、篡改、破坏，而且事先不容易察觉系统和数据的破坏。因此，系统和数据的安全是会计信息系统内部控制面临的又一个难题。

（3）系统维护人员控制的问题

在传统会计中，是不存在系统维护这一岗位的。但是在网络财务信息系统中，它是一个极其重要的岗位。尤其是具有最高权限的系统管理员，他肩负着整个系统的运行维护工作，掌握着系统的各类密码，能够访问系统核心数据库，是整个信息系统安全的守护者。缺乏有效监控的过高权限又使得这一岗位成为系统安全的一大隐患，这是很矛盾的一个问题。要想解决这一问题，一方面应提高系统管理员的职业道德水平和专业素质；另一方面应采取有效的控制手段对系统管理员的工作进行监督和控制。

（4）数据修改的问题

会计实行电算化后，数据修改的问题就同时出现了。在现在的网络财务中，这一问题尤为突出。在传统会计中，会计数据的修改有一套严格的制度和操作规范，如记账凭证的修改。一般已经经过复核并登记入账的凭证，是不能直接修改的，需要采用红字冲销法，即将原来的错误凭证冲销后重新填制凭证。又如账簿的登记，如有错误需要采用画线更正法更正，同时账页不能损毁，不能缺页。这些能保证信息的更正都留下痕迹，便于检查和监督。在信息系统下，很大的一个问题就是数据的修改问题，不论是凭证、账簿，还是报表，由于很多事情由计算机自动完成，故数据的修改可以不留下任何痕迹，无法对其进行监控和检查。特别是为了工作的方便，一般软件都是提供了反过账、反结账功能，即已经入账的凭证可以任意更改，则账簿也会随之自动更正，这使得修改过程没有痕迹，从而给内部控制带来了很多隐患。

（5）各种业务控制实施的问题

在传统会计下，财会人员分工明确，有严格的业务流程，每个步骤都需要相关人员签字盖章予以确认。虽然这样做工作量大，比较烦琐，但内部控制制度能够切实得以执行。网络财务信息系统建立起来后，很多工作均由计算机自动完成，原来的签字盖章不再适用，业务处理的过程很难被观测、审核和监控。如何在不影响工作效率、不增加工作量的情况下，实现内部控制制度的有关要求，是网络财务信息系统内部控制具体执行的难点所在，这不仅需要有完善的内部控制制度，更需要信息技术、IT 设备的强有力支持。

7.3 网络财务内部控制体系的设计原则

简单地说,网络财务信息系统内部控制设计的指导思想就是以内部控制理论,尤其是 COSO 报告的内部控制整体框架为依据,发挥网络财务信息系统在内部控制方面的优势,利用信息技术和 IT 设备解决其面临的难题。

7.3.1 网络财务内部控制的设计原则

1. 合法、规范原则

网络财务内部控制的设计应当遵循国家有关财经法规及单位自身有关管理制度的要求,以保证每一项经济活动在合法、合规的状态下开展。

2. 成本与效益原则

由于网络财务信息系统自身的特点,内部控制不可能做到尽善尽美,而且相对于传统会计内部控制来说,网络财务信息系统的内部控制在软件和硬件的投入方面也要大得多,因此,需要讲究成本效益原则。一般来说,控制程序的执行成本不能超过可能由风险或错误造成的损失或浪费,基本标准是实行控制的收益应大于其成本,否则再好的控制措施和方法也将失去存在的意义。

3. 针对性强

网络财务的内部控制应该有很强的针对性,应该依据网络财务内部控制的优势和所面临的难题,针对内部控制的薄弱环节,找出关键控制点,制定具体内部控制程序和相应实施手段。

4. 内控严疏和效率高低协调的原则

单纯从会计工作上来讲,需要最为严格的内部控制。但是如果内部控制实施后使得原本简洁的工作流程变得复杂,工作效率大幅降低,则该内部控制制度并没有可操作性,故应该在这两者之间找到一个最佳结合点。

5. 重要性原则

网络财务的内部控制应该突出重点,照顾一般。在把握事项的重要性方面,应该考虑该事项对系统的影响力、业务性质、金额大小等。

6. 安全性原则

和传统会计内部控制不同,网络财务首要的内部控制就是安全性问题,其中最核心的就是系统和数据库的安全。系统不安全,就无法正常运转,就不能提供可靠的会计信息。数据库一旦被破坏,其损失将是无法弥补的。

7. 实用性原则

网络财务内部控制的建设,是以理论为依据的,但绝非为了研究理论而建设,因此,实用性是非常重要的原则。内部控制的建设不是仅仅制定一个原则并把它挂在墙上,而是能够将其切实有效地贯彻执行。要特别注重将内部控制嵌入到系统中去,并利用各种信息技术、IT 设备等有效的手段来实施它。

8. 一般性原则

一般性原则也就是传统会计内部控制所说的相互制约、职责分离、审批监督等原则，这些原则在网络财务内部控制中依然有效，所不同的是要将它们嵌入到系统中去，并将人工控制转换为程序控制。

9. 发展性原则

随着单位情况的发展变化，以及系统的完善和发展，网络财务的内部控制环境也将随之发生变化，控制的关键点和内容也会有所变化。内控建设应该始终关注上述因素变化，定期评估并适时做出调整，以适应企业财务管理的发展需要。

7.3.2　网络财务内部控制的整体框架和主要内容

1. 网络财务内部控制的整体框架

对于网络财务而言，其内部控制整体框架同样可以依据 COSO 报告的要求来设计，其具体内容如下：

（1）控制环境

COSO 报告指出，控制环境包括以下方面：管理哲学、组织结构、董事会或审计委员会、人力资源与实务、权责分派方式、品行与价值观、胜任能力等。对于网络财务内部控制而言，最主要的是建立健全组织结构，并根据工作和内部控制的需要设置不同的人员角色，赋予不同的操作权限。一般来说，操作人员可以分为以下几类：财务主管、系统管理员、一般核算人员、管理人员、稽核人员等。权限的分配既要考虑工作的顺畅，又要考虑到相互制约。同时，加强人员的职业道德教育，提高各类人员的专业技术水平，也是非常必要的。

（2）风险评估

控制环境和风险评估是提高企业内部控制效率和效果的关键。对于网络财务而言，内部控制的研究不可能脱离其赖以生存的环境和单位内外部的各种风险因素，且应分析网络财务内部控制发生了哪些质的变化，以及这些质的变化对网络财务的潜在影响。对于网络财务而言，其重要风险点和传统会计相比，发生了很大的变化，主要包括网络的风险、系统和数据库的风险、会计数据修改的风险、由数据存储形式变化带来的风险、由交易授权形式变化带来的风险等。因此，必须从环境因素及其风险成因入手，对网络财务可能存在的各种风险进行全面分析和评估。必要时可设置风险评估部门或岗位，专门负责有关风险的识别、规避和控制。

（3）控制活动

企业应首先根据风险分析，结合业务流程，找出关键控制点，然后对这些控制点设立良好的控制活动。控制活动应该涵盖诸如核准、授权、验证、调节、复核、保障资金安全及权限控制等各项活动。对于网络财务而言，控制活动大致可分为网络控制、系统控制、数据库控制、各种具体业务活动控制。还可将控制活动分成事前预防、事中控制、事后审计来具体加以实施。

(4) 信息与沟通

网络财务的信息与沟通一般包括会计内部的信息与沟通、会计部门与其他职能部门之间的信息与沟通,有些还包括会计部门和单位外部的信息与沟通。在会计部门内部,信息是通过财务内部局域网来传递的,这些传递和沟通根据具体业务控制等需要,可以是单向的,也可以是双向的甚至是多向的,而且这些信息与沟通是嵌入到系统中,由程序来完成的。对于会计部门与单位其他职能部门之间的信息与沟通,其主要目的是实现各部门之间的信息共享,提高工作效率,提高信息传递和处理的及时性,这一部分主要可以依靠在各部门之间开发数据接口来完成。至于会计部门和单位外部的信息与沟通,主要是指一些基于因特网的网上应用业务。总体而言,对网络财务而言,内部控制中的信息与沟通主要是通过网络,借助信息系统来完成的。

(5) 监控

传统的监控一般包括日常内部稽核和审计、自我工作评估等。由于控制环境的变化、风险点的不同、控制活动实现方式的改变以及信息与沟通的网络化、程序化,网络财务监控的内容发生了很大的变化,主要包括对网络平台的监控、对系统整体运行情况的监控、对信息传递过程的监控和对具体业务的监控。除了可借助传统的会计稽核和审计手段外,还可以借助防火墙、安全审计系统、信息系统的实时监控模块等设备和技术来完成监控。

2. 网络财务内部控制的主要内容

基于以上对网络财务内部控制整体框架的分析,可以认为网络财务的内部控制主要包括以下内容:

(1) 网络控制

网络是会计信息系统运行的平台,网络控制的主要内容是网络安全控制。网络安全方面的威胁主要包括外部网络的安全威胁、内部网络的安全威胁、网络病毒的威胁等。

(2) 系统控制

系统控制包括信息系统的开发控制、维护控制,对服务器、客户端的运行控制,系统身份认证和权限控制等。

(3) 数据库控制

网络财务最重要的就是数据库的安全。这部分的控制内容主要包括数据库安全防护、数据库操作权限的控制、数据库使用变动情况的实时监控和事后审计、数据库的备份和恢复机制等。

(4) 具体业务控制

具体业务控制主要是涉及财务管理中业务流程的具体工作控制。它包括岗位设置、职责分工、授权批准,信息输入控制、信息流程控制、数据处理控制,数据输出控制,重要业务的实时监控等。每个单位根据自身信息系统的具体情况和要求,会有不同的控制内容。

7.3.3 网络财务内部控制体系的设计流程

1. 明确控制目标

网络财务内部控制的目标，是指通过控制所要解决的问题和所要达到的目的，可概括为以下六个方面。

(1) 确保系统的合规合法

信息系统与手工业务操作一样，其本身及其所处理的经济业务必须符合国家的有关法律、法令、方针、政策，以及有关部门颁布的各种规章制度、条例等，如现行的会计制度、财务制度等。因此，在设计系统的过程及系统运行阶段中，必须建立适当的内部控制，确保系统及其所处理的经济业务合规合法。

(2) 保证系统处理数据的正确无误

保证系统处理数据的正确性，是网络财务内部控制的基本目标。为了保证系统处理数据的正确性，在系统设计过程中，要注意设计程序化的控制，如平衡控制、合法性控制、综述核对控制、合理性检验、纠错系统检验、输入数据类型检验、顺序检验等。在系统运行过程中，要对数据输入环节进行严格的控制，确保输入数据的正确性。

(3) 提高系统的安全性

保证计算机系统的安全可靠，是系统能够正常运行的前提和基础。因此，在系统正式投入运行之前，就应考虑系统的安全性。应通过建立严密完善的硬件、软件和数据安全措施来保证系统安全、可靠。

(4) 提高系统运行的效率

信息系统的运行效率在很大程度上取决于输入数据的速度。因此，在系统输入设计中，可采用适当的控制设计技术，提高系统输入的效率。例如，在网络财务信息系统中，可用计算机自动生成凭证编号，以编码的形式输入会计科目，规范摘要的格式，用代码输入常用的摘要等。

(5) 提高系统的可维护性

系统维护的工作不仅量大而且复杂。可维护性是指系统易理解、易修改和扩充。为了达到这一控制目标，从系统开发工作开始，就应该考虑到今后的维护工作。在系统开发过程中，必须对系统开发的每一个环节进行严格的管理和控制。

(6) 增强系统的可审计性

所谓可审计性，是指有能力、有资格的审计人员，能够在一个合理的时间和人力限度内，对系统的正确性和可靠性等做出公正的评价。影响计算机信息系统的审计线索既容易被销毁，也容易被篡改，若设计时考虑不周，则很难进行事后审计。因此，只有在计算机信息系统的输入、处理和输出等设计环节采取适当的控制措施，如在网络财务信息系统中设立总账、明细账、记账凭证等各种数据库，才能保留各种审计线索，才便于对会计数据进行追踪审查。

2．进行风险评估

风险评估主要包括对网络风险、系统风险、信息风险进行评估，这部分内容可以参见第6章的相关内容。

3．设置关键控制点

在对网络财务所面临的网络风险、系统风险、信息风险进行评估后，应针对各类风险设置关键控制点。

4．进行流程设计

要优化网络财务业务流程，必须将其和控制体系结合，同时应根据网络财务的特点进行会计业务流程再造，建立财务一体化流程，详细的介绍可参考7.4.4节“业务流程的实时控制”中的相关内容。

5．配备主要技术和设备

支撑控制方案实施的网络信息技术和IT设备是必不可少的，它们是实现内部控制的基本保障。主要采用的一些技术和设备如表7-3所示。

表7-3　实施内部控制可采用的主要技术和设备

内控阶段	内控目标	解决途径
事前控制	网络安全	防火墙
	系统安全	入侵检测、防病毒网关、杀毒软件等
事中控制	系统维护人员控制	数字认证系统
	授权审批等业务控制	业务流程管理、实时监控系统
事后控制	数据安全	数据库审计系统

7.4　网络财务内部控制的实现

7.4.1　网络控制

对于网络控制而言，网络安全是其最主要的控制内容。

1．网络安全面临的主要威胁

(1) 网络机房的安全。

(2) 各种病毒的破坏。

(3) 由内部用户的恶意攻击、误操作等造成的系统破坏。

(4) 来自外部网络的攻击，具体有以下三条途径：① 黑客的恶意攻击，窃取信息。② 通过网络传送的病毒和Internet中的电子邮件夹带的病毒。③ 来自Internet的Web浏览可能存在的恶意Java/ActiveX控件。

(5) 缺乏有效的手段监视、评估网络系统和操作系统的安全性。目前流行的许多操作系统均存在网络安全漏洞，如UNIX操作系统、Windows操作系统。

2. 网络控制方法

网络控制方法主要有以下两种：

（1）配置硬件设备

主要是指加强控制中心（网络机房）的安全建设，配置硬件防火墙、入侵检测设备防病毒网关等网络安全防护设备和网络版防毒软件。

（2）加强制度建设

对于网络控制，除了部署安全防护设备外，还应加强制度建设，如机房管理制度、网络管理制度、设备管理制度等。

7.4.2 系统控制

系统控制主要包括对操作系统和各类应用系统的控制。对系统进行控制时，除了应利用信息技术设备外，还应加强安全管理制度的建设。

1. 操作系统控制

操作系统是整个网络财务运行的平台，其安全性至关重要，因此系统控制首先应做好操作系统的内部控制。由于操作系统面向所有的用户，再加上自身的缺陷，所以它时刻面临着来自各方面的潜在威胁，包括系统内部人员的滥用职权、越权操作和系统外人员的非法访问甚至破坏，还包括各类针对操作系统的网络攻击，以及各种各样通过操作系统破坏整个网络财务信息系统的计算机病毒等。要提高操作系统的安全可靠性，除了要尽可能地选用安全等级较高的操作系统产品，并经常进行版本升级外，还应在日常管理控制上采取以下措施：

（1）指定专人对系统进行管理，删除或者禁用不使用的系统默认账户。

（2）制定系统安全管理制度，对系统安全配置、系统账户及审计日志等方面做出规定。

（3）对能够使用系统工具的人员及数量进行限制和控制。

（4）定期安装系统的最新补丁程序，对可能危害计算机的漏洞进行及时的修补，并在安装系统补丁前对现有的重要文件进行备份。

（5）根据业务需要和系统安全分析确定系统的访问控制策略。系统访问控制策略拥有控制分配信息系统、文件及服务的访问权限。

（6）对系统账户进行分类管理，权限设定应当遵循最小授权要求。

（7）对系统的安全策略、授权访问、最小服务、升级与打补丁、维护记录、日志及配置文件的生成、备份、变更审批、符合性检查等方面做出具体要求。

（8）规定系统审计日志的保存时间，为可能的安全事件调查提供支持。

（9）进行系统漏洞扫描，对发现的系统安全漏洞进行及时修补。

（10）明确各类用户的责任、义务和风险，对系统账户的登记造册、用户名分配、初始分配、用户权限及其审批程序、系统资源分配、注销等做出规定。

（11）对于账户安全管理的执行情况进行检查和监督，定期审计和分析用户账户的使用情况,对发现的问题和异常情况进行相关处理。

2. 应用系统控制

应用系统控制包括系统开发控制和系统运用维护控制。

(1) 系统开发控制

① 系统方法控制。由信息化管理部门具体负责系统方案的制定。他们首先要到相关部门进行充分的调研,做出详细的需求分析。在方案设计出来后,由相关领导、信息管理部门、系统使用人员等对功能实现情况进行讨论,进行项目可行性和实用性的研究和分析后再确定开发方案。

② 开发过程控制。如果是自主开发,首先要明确各个阶段的任务、人员分工、文档编制等内容;其次,要求开发工具、开发文档编制标准化和规范化,这样有利于系统开发的分工合作和今后的运行维护;每一个阶段的工作结束后,要形成阶段开发报告,经论证审定后才能进入下一阶段,并作为下一阶段的依据。

如果是委托软件商开发,应与软件商签订开发协议,明确知识产权的归属和安全方面的要求,提出详细的要求报告。

③ 系统测试和验收控制。在网络环境下,应利用网络在线测试功能,检验整个系统的完整性、可靠性,并对非法数据的容错能力、系统抗干扰能力和发生突发事件的应变能力及系统遭遇破坏后的恢复能力进行重点测试,以及核实既定控制功能能否在系统中得以有效实现。一旦发现网络系统中的各类软件存在漏洞,应立即进行在线修补与升级,并将所有与软件修改有关的记录报告即时存储归档。

在系统正式使用前,应组织专家、软件商、使用单位进行系统验收,形成验收报告。验收内容主要包括:系统是否安全,是否达到设计方案和合同规定的功能要求,系统技术文档是否交付完整,软件包是否经过检测且不含有恶意代码。

(2) 系统运行维护控制

① 系统的运行维护由系统管理员负责,除此之外不得再有其他登录系统的账户和密码。

② 系统工具职能由系统管理员进行控制,并由他负责系统安全配置、系统账户及审计日志等的管理。

③ 应定期安装系统的最新补丁程序,对可能危害计算机的漏洞进行及时修补,并在安装系统补丁前对现有的重要文件进行备份。

④ 其他控制内容与操作系统控制类似。

(3) 设计 USB-Key 的数字认证体系,实施系统内部控制

该系统主要用于数据库的身份认证、权限管理。通过 USB-Key,能实现多种控制模式,这对建设统一的数字认证门户、控制数据库的访问、保证数据安全、监督系统管理员的工作有着重要的作用。

① 什么是 USB-Key

简单来说,USB-Key 就是具有 USB 接口的硬件数字证书,它是与 PKI 技术相结合开

发的符合 PKI 标准的安全中间件。利用 USB-Key 来保存数字证书和用户私钥,并对应用程序开发商提供符合 PKI 标准的编程口(如 PKCS#11 和 MSCAPI),有利于开发基于 PKI 的应用程序。作为密钥存储器,USB-Key 自身的硬件结构决定了用户只能通过厂商编程接口访问数据,这就保证了保存在 USB-Key 中的数字证书无法被复制,并且每一个 USB-Key 都带有 PIN 码保护,这样 USB-Key 的硬件和 PIN 码便构成了可以使用证书的两个必要因子。如果用户的 USB-Key 丢失,获得者由于不知道该硬件的 PIN 码,也无法盗用用户存在 USB-Key 中的证书。与 PIN 技术的结合使得 USB-Key 的应用领域从仅确认用户身份,扩展到了可以使用数字证书的所有领域。

② 基于 USB-Key 的数字认证系统的实现手段

• 制作 USB 接口的硬件数字证书。

• 将“原用户号 + 密码”的认证方式改为“数字证书 + 用户号 + 密码”。

• 建立一个信息系统数字认证软件对所有应用系统和数据库进行集成认证。

• 该硬件证书应包括使用人基本资料(如姓名、性别、科室、所在工作组等)、财务软件的进入权限、财务软件的具体操作权限。

• 可以修改该硬件证书使用人资料,但权限仅由所在工作组确定。

③ 网络财务信息系统的数字认证设计

• 网络财务信息系统的内部控制依托硬件数字人数实现。

• 一般操作使用单证书认证,重要的操作使用双证书或三证书同时认证。

• 将工作组分为财务负责人、系统管理员、单一软件主管、复核、审核(业务操作员)、查询。

• 系统管理员、单一软件主管工作组的成员由财务负责人进行认定和调整,复核、审核(业务操作员)、查询等工作组的成员由单一软件主管进行认证和调整,财务负责人不具有具体业务操作权限。

• 系统管理员负责整个信息系统的维护,但不具有具体业务操作权限。

• 数据库操作、数据初始化等由系统管理员具体执行,但需要财务负责人、单一软件主管和系统管理员的数字证书共同认证后才可进行,并在系统日志中予以记载。

• 重要的业务操作(由涉及的金额、性质区分)需由业务操作人员和软件主管双证书共同认证后才能执行,或者由业务操作人员预执行,再由软件主管或者财务负责人复核认可后转为正式数据。

7.4.3 信息控制

对于网络财务而言,保证数据安全和实行正确的信息控制是最为重要的。信息控制主要包括以下两个方面的内容。

1. 数据库的内部控制

在网络财务中,数据库的安全是重中之重,因此,对于数据库的控制应该十分严格。

(1) 对数据库的操作只允许通过客户端软件进行,没有特殊原因,任何人不得进入后台数据库。

（2）建立数字认证系统，将数据库的访问模式设计为"USB-Key + 用户名 + 密码"，以加强数据库访问的权限控制。

（3）对于特殊原因需要直接进入后台数据库的操作，需由财务主管审批，并持财务主管的硬件证书和系统管理员证书共同进行身份证后才能进入。

（4）禁止数据库的远程访问，软件商的维护人员不得自行进入后台数据库，如工作需要，需由系统管理员通过审批后执行。

（5）配置数据库审计系统，对重要的数据库操作进行实时监控，设置异常操作报警机制，同时记录日志作为日后审计的凭据。

（6）每周整理数据库审计记录，对进入后台数据库、未经客户端的数据修改进行重点审查。

对于以上数据库的内部目标的实现，一些设备和技术可以起到关键的支撑作用，其中主要包括数据库审计系统、基于 USB-Key 的数字认证体系等，详细的介绍可以参见本书第 6 章的相关内容。

2. 数据的备份和恢复

由于网络财务的信息都是采用电子数据进行存储的，故必须建立一套备份与恢复机制，以确保出现自然灾害、系统崩溃、网络攻击或硬件故障时数据能够得到恢复。备份和恢复系统应具备以下条件。

（1）支持大容量存储。

（2）支持异地备份和恢复。

（3）具有跨平台的备份能力。

（4）支持多种存储介质和备份模式。

（5）支持自动恢复机制。

（6）对数据库服务器建立双机热备系统。

在完善数据库备份与恢复的硬件和软件系统的同时，建立严格的数据库备份与恢复管理制度是非常必要的。管理制度主要应该包括以下几个方面的内容。

（1）应识别需要定期备份的重要业务信息、系统数据库及软件系统等。

（2）应规定备份信息的备份方式（如增量 = 备份或全备份等）、备份频度（如每日或每周等）、存储介质、保存期等。

（3）应根据数据的重要性和数据对系统运行的影响，制定数据的备份策略和恢复策略。备份策略应指明备份数据的放置场所、文件命名规则、介质替换频率和数据离站运输队方法。

（4）应指定相应的负责人定期维护和检查备份及冗余设备的状况，确保需要接入系统时能够正常运行。

（5）根据设备备份方式，规定备份及冗余设备的安装、配置和启动的流程。

（6）应建立控制数据备份和恢复过程的程序，记录备份过程，并妥善保存所有文件和记录。

(7) 应根据系统级备份所采用的方式和产品，建立备份设备的安装、配置、启动、操作及维护过程控制的程序，记录设备运行过程中发生的状况，并妥善保存所有文件和记录。

(8) 应定期执行恢复程序，检查和测试备份介质的有效性，确保可以在恢复程序规定的时间内完成备份的恢复。

7.4.4 业务流程的实时控制

1. 实时控制理论模型

由于事项驱动型的网络财务是业务流程和信息处理流程的集成，加之在网络环境下，业务活动的自动化处理代替了人工处理，存储介质也由磁介质代替了纸张，所以在对待如何完成对交易数据的正确获取这一目标上，就不能采取事后进行一致性检查等传统控制手段。又由于业务是通过网络实时发生的，人员干预的成分较少，故必须实施事中控制，即实时控制。由于已识别了事项驱动型网络财务的有关风险，就应该在风险发生时尽可能地控制它，并对业务的合法性和合理性进行充分检查，使之符合既定的业务规则。这不仅需要在业务或信息处理发生时检查和管理与事项相关的规则、政策，还需要将控制程序化，即在系统的设计和开发阶段把控制规则编写成源程序代码并嵌入到业务事件的执行过程中，使各项控制由计算机自动完成，从而降低错误和舞弊发生的可能性。当然，在网络环境下，要使人们正确树立会计实时控制观念，还必须进一步深入研究网络财务的流程再造、实时控制方法、实时控制模式等理论问题，不断丰富和完善网络财务实时控制系统，使其高效、安全、正常运转，最终保证网络财务实时控制目标实现。网络财务的实时控制理论模型如图 7-2 所示。

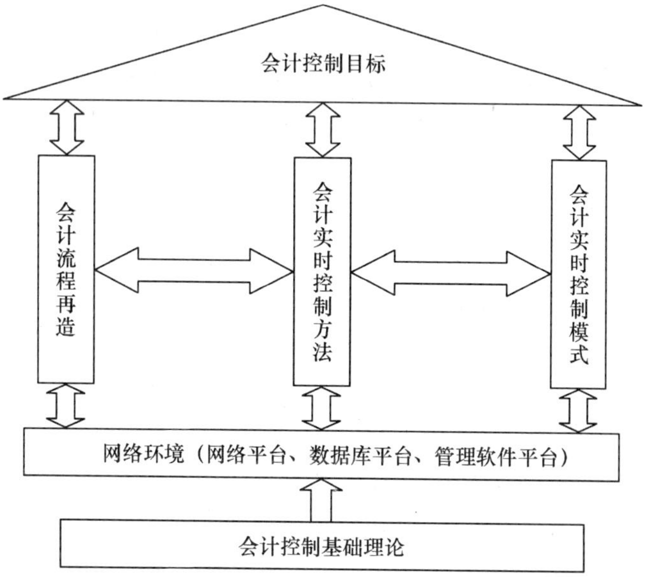

图 7-2 网络财务的实时控制理论模型

2. 会计流程再造

(1) 会计流程再造的意义

在网络财务中,传统的会计业务流程已无法适应,因此,“流程再造”是必要也是必需的。所谓“流程再造”,就是指利用技术改变传统会计中的管理流程、业务流程及会计流程,并将这三种业务流程集成,以实现会计的实时控制。它的实质就是采用所谓的基于“事项驱动”方式,再造传统会计和信息系统的业务流程。在网络财务中,这种基于“事项驱动”方式的会计业务流程有以下几个特点:

① 实现了源数据库的共享。这种系统结构将物理上分散的企业的多个数据库在逻辑上集中,并支持不同层次、综合性的信息需求。经过标准编码的源数据信息,可以满足企业外部所有信息使用者的需求,是数据库真正做到同出一源,实现共享。

② 业务流程、会计流程(信息流程)、管理流程之间能够紧密合作,各部门之间信息协调的状态可以得到缓解。

③ 提供实时财务报告。由于信息处理与业务活动的执行过程是同步的,能够实施会计的事中控制,且系统能就违反规则的活动实时地向负责人发送异常情况报告,或者阻止舞弊活动的执行,故可使系统预防风险的能力大大提高。

(2) 建立财务业务一体化流程

不管是传统会计,还是目前普遍使用的会计信息系统,其会计流程的起点主要还是依据经营活动发生时的各类原始凭证编制录入记账凭证,实际上仍然是事后算账。要实现网络财务的实时控制,打破传统会计流程,充分发挥网络信息技术的优势,建立起财务业务一体化流程是非常必要的。财务业务一体化流程如图 7-3 所示。

(3) 财务业务一体化平台的实现

① 充分利用网络平台和信息技术

网络平台是信息共享的基石,数据库、电子商务等信息技术的发展和不断完善是财务业务一体化流程得以实现的强有力的支撑工具。充分利用网络平台和信息技术,可以为实现实时获取信息、实时控制业务事项、实时生成信息、实时报告信息的全新流程打下坚实的基础。

② 数据的存取和管理

财务一体化流程包括三个基本库,即业务事项数据库、模型库和方法库。三库通过中间的信息处理器进行数据的存取和管理,为企业财务运营、控制和决策提供依据。

当业务事项发生时,探测器(即信息系统中的事项获取模块)会实时获取事项信息,将所有原始数据适当加工成标准编码的源数据;同时记录业务事项的个体特征和属性,并将集成于一个业务事项数据库中,而不是任由数据分散、重复存储于多个低耦合系统中。业务事项数据库不仅记录符合会计事项定义的业务事项,而且记录管理者想要的计划、控制和评价的所有业务事项,还存储业务活动中的多方面细节信息,任何授权用户可以通过它所存储的数据来定义和获取所需的有用信息。

方法库是财务决策得以实现的一个基础。系统要求有一个完善的方法库以进行有

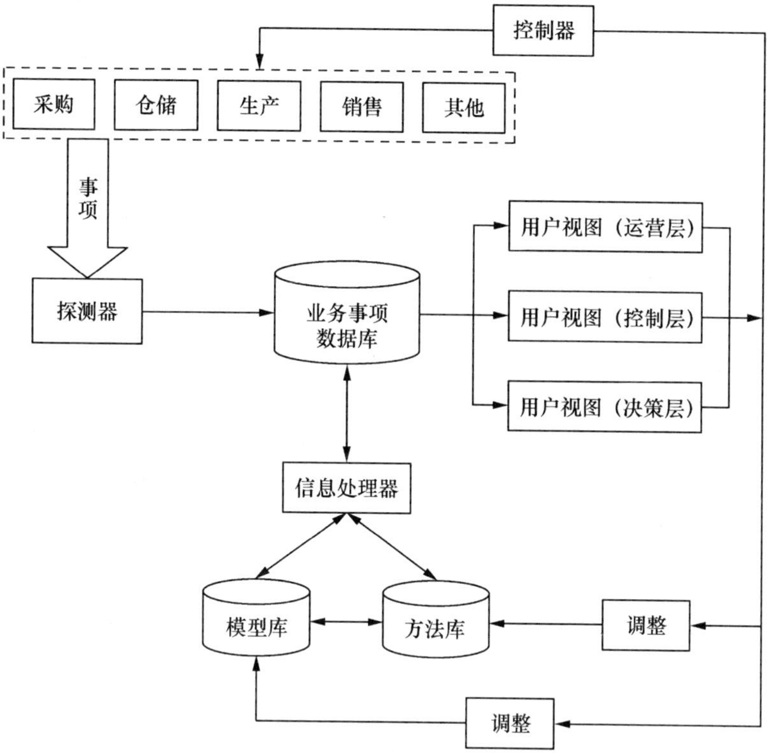

图 7-3 财务业务一体化流程

效支撑。方法库用于存放信息提取规则、业务处理规则和控制规则，以及不同的确认和计量规则。在信息使用者使用会计信息时，系统可以根据不同目的，选择不同的确认和计量规则，并将其组合成与信息使用者决策最相关的会计信息内容。此外，方法库中也包括一些基本数学方法、数据统计方法、经济数学方法、预测方法、评价方法、优化方法、仿真方法、决策方法及投入产出方法等。

模型库是分析问题、提供合理决策方案的基础。模型库中存放有用户求解问题所需的各种模型，如专用模型、通用模型及在求解问题时所建立的临时模型等。该模型库可以试想模型的生产、组合、运算及模型的增、删、改一体化运作。模型库中的模型主要分为类汇总模型、财务报告模型、财务分析模型、预测模型、决策模型等。采用事项驱动的原理，将模型库与业务事项数据库相连接，在事项驱动的方式下，可以把信息使用者所需要的信息按动机不同划分为若干事项，并可为每一种事项设计相应的过程程序模型，当决策者需要某种信息时，相应驱动不同事项程序，即可得到相应信息。

3. 实时控制方法

完成了会计流程再造后，实现网络财务的实时控制便可成为可能。在网络平台和信息技术的支持下，可通过识别结构化控制规则和非结构化规则来设计不同的内部控制方法，并在信息系统开发时将一些规则嵌入到系统中，或者设计一些管理控制模块，并将其和信息系统结合起来以完成实时控制。

(1) 结构化控制规则程序化

在会计数据库处理过程中,判断会计数据处理是否正确是根据结构化规则进行的,其基本规则包括以下几种。

规则1:有借必有贷,借贷必相等。

规则2:资产 = 负债 + 所有者权益。

规则3:上级科目余额 = 其下属明细科目金额之和。

规则4:未审核凭证不允许记账。

规则5:审核人与制单人不允许为同一人。

上述规则是会计数据处理中的基本规则,同时也是“不相容职务相互分离控制”、“授权批准流程控制”等控制方法的具体体现。事实上,规则远不止这些,人们一直在不断探索、不断丰富和完善规则,以使会计处理流程更加规范。

(2) 设计业务流程管理模块

为了实现网络财务的实时控制,可结合再造后的新业务流程,设计出流程管理模块,并将其与会计信息系统相结合以完成内部控制工作。设计业务流程管理模块的目的在于不因为实施内部控制而影响业务流程的流转,降低工作的效率。该模块内嵌于信息系统中,可以实现信息的单向、双向、多向传递,可在线实时完成业务处理申请、处理结果批复,保证信息系统传递的时效性和授权审批等手段的实现。

业务流程管理模块主要包括如下一些功能模块:

① 采购管理模块。采购管理模块主要用于实时获取从采购订单、出货、处理采购发票等一系列采购活动中的各种信息,并应用控制标准(如采购价格标准、采购费用预算等)、控制准则(如采购价格审批准则、采购发票控制准则等)以达到对供应商选择和确定采购订单价格、处理采购发票等一系列活动实时控制,为企业最大限度地降低采购成本、提高经营效率提供支持。

② 销售管理模块。销售管理模块主要用于实时获取从销售合同签订到结束全过程的经营活动信息,并应用控制标准(如信用额度、销售费用预算等)、控制准则(如赊销控制准则、销售价格控制准则等)对销售订单价格进行严格控制、指导,约束销售行为,动态控制产品的分配量、现存量、不可动用量、在途量等,在提高资金回笼流量和流速的同时,保证企业经营效益目标的实现。

③ 库存与存货管理模块。库存与存货管理模块主要用于实时获取物料入库、出库、盘点、报废及结存等信息,并应用控制标准(如各种存货的最高储量、存货最长储存期、标准用量等)、控制准则(如超储或缺货控制规则、超出最长储存期的扣款规则等)实时控制存货的流量和流速,最大限度地降低库存资金占用,提高存货周转率。

④ 成本管理模块。成本管理模块主要用于实时获取成本中心信息、每道作业的信息,并应用控制标准(如材料成本、产品成本、作业成本等)、控制准则(如各种价差控制规则、各种量差控制规则、各种成本动因的控制规则)在实施标准成本控制和作业成本控制的同时,最大限度地降低作业成本、产品成本,提高企业经营效益。

⑤ 财务管理模块。财务管理模块主要用于实时动态地获取企业经营过程中的个人和部门费用、现金流入、现金流出等信息，应用控制标准（如利润中心控制标准、费用中心控制标准、资金预算等）、控制准则（如个人借款限额规则、部门费用和总额费用规则等）严格按照预算对费用和资金进行实时控制，提高资金周转率，降低各种费用，最大限度地保证提高企业的经营效益。

针对以上各类业务，应制定相应的业务流程，在每个流程中规定各种业务的处理规则，并将其与业务流程管理模块相结合，以达到实时控制的目的。

(3) 通过数字认证体系进行权限控制

权限控制法是指企业高层管理者给予企业员工或部门一定的权利和责任，限定其多动范围，防止无权限人员对经营活动进行非法处理的控制方法。权限控制法也是授权批准控制法。在经营过程中，应用权限控制法能够使会计控制系统在有效的控制下正常运行，并能严格执行内部控制制度，保证系统的安全性和保密性。实施权限控制法时，也需应用相应的结构化规则来指导、协调、约束经营活动。其基本规则是当某项经营活动或事件发生时，如果某人有权限，则可以处理该事件，否则不允许处理。权限控制法从控制内容看，既涉及财务事件，也涉及业务事件控制权；从控制范围看，既涉及某一具体事件，也涉及整个流程的控制权。

(4) 建立实时监控系统

在网络财务实时控制中，对各类重要业务和事项进行实时监控是非常必要的，因此，建立业务事项的实时监控系统至关重要，其具体内容如下所示：

① 通过与各子系统的集成数据接口实时提取数据。

② 对于需要监控的数据，根据各子系统通过业务事项的重要程度设置数据提取的条件。

③ 业务监控系统向不同级别和权限的人员实时提供相应的监控信息。

④ 在数据达到时进行实时信息提示。

⑤ 具有权限的人员登入业务监控系统后，未阅读的监控信息会自动提示阅读。

⑥ 对提取的监控数据存档备查。

综上所述，在网络财务中，优化和再造业务流程后能够将控制规则嵌入会计控制系统，使计算机能严格按照控制规则进行实时控制。这样不仅减少了人工控制的缺陷，规范了经营活动，而且对发挥财务对经营活动过程的实时控制、实现提高企业经营效率和效益的目标起到了推动作用。

本章小结

网络财务在网络经济的发展中起着越来越重要的作用，设计好网络财务的内部控制制度并且有效实施，是网络财务管理发展和完善的一个重要组成部分。

内部牵制的思想在管理实践中产生并发展，成为现代内部控制理论中有关组织控制、职责分离控制的雏形，在现代内部控制理论中占据了相当重要的地位。内部控制在内部牵制阶段完成了实践塑造的过程。为了使网络财务的内部控制方案真正切实有效地发挥作用,需要依托一些最新的信息技术和IT设备,并将其和网络财务系统结合起来,只有这样,网络财务内部控制才不仅仅停留在理论层面,同时也具有应用价值。网络财务信息系统提供的会计信息是企业高层管理员把握企业整体经营风险和财务风险的主要途径。没有网络财务信息系统提供的信息,企业的整体内部控制就将无从下手。

内部控制的范围主要增加了网络控制和系统控制,其中网络控制包括网络的安全、病毒防护等,系统控制包括系统的设计、开发、软硬件的运行维护等。新的控制范围带来了新的控制内容,主要包括:网络安全控制、数据库安全控制、病毒防护;系统的设计、开发,软硬件的运行维护,使用权限和口令的控制,计算机数据处理的程序和控制等。在网络财务信息系统中,除了会计核算和业务管理的控制外,信息系统本身的控制将是重中之重。

网络财务内部控制的优势是:交易授权自动完成;监控与操作的分离实现系统的有效牵制;数据处理由系统自动完成,提高了工作效率及准确性;通过程序控制相关业务流程,实现核算要求,减少人为错误。网络财务内部控制的难点是:各种对系统的恶意攻击、病毒的传播、数据库的侵入等都是通过网络这一唯一途径进行的,而且网络是没有绝对安全的,因此网络安全问题不容忽视;在网络财务信息系统中,很容易被盗用、篡改、破坏,而且事先不容易察觉系统和数据的破坏;系统维护人员控制的问题;数据修改的问题;各种业务控制实施的问题。

网络财务内部控制的主要内容:网络控制、系统控制、数据库控制和具体业务控制。内部控制的目标是:确保系统的合规合法、保证系统处理数据的正确无误、提高系统的安全性、提高系统运行的效率、提高系统的可维护性和增强系统的可审计性。风险评估主要包括对网络风险、系统风险、信息风险进行评估,这部分内容可以参见第6章的相关内容。

练习题

1. 名词解释

(1) 内部控制

(2) 实时控制模型

(3) 流程再造

(4) 财务业务一体化

2. 选择题

(1) 从历史角度看,内部控制概念是一个不断变迁的(　　)结构。其中,以美国的内部控制的理论和实务发展最为先进和完整,而且具有代表性和权威性。

A. 动态　　B. 静态　　C. 完整　　D. 统一

(2) 控制活动是指企业为了保证指令得到实施而制定并执行的控制政策和程序,是针对实现组织目标所涉及的(　　)而采取的必要防范或减小损失的措施。

A．收入　　　　B．风险　　　　C．利润　　　　D．所得

(3) 网络财务信息系统提供的会计信息是企业(　　)把握企业整体经营风险和财务风险的主要途径。

A．基层员工　　　　B．会计主管　　　　C．高层管理员　　　　D．企业董事长

(4) 由于已识别了事项驱动型网络财务的有关风险,就应该在风险发生时尽可能地(　　)它,并对业务的合法性和合理性进行充分检查,使之符合既定的业务规则。

A．掌权　　　　B．理解　　　　C．采用　　　　D．控制

(5) 权限控制法是指企业高层管理者给予企业员工或部门一定的权利和责任,限定其(　　)范围,防止无权限人员对经营活动进行非法处理的控制方法。

A．活动　　　　B．生产　　　　C．采购　　　　D．销售

3．判断题

(1) 现代企业制度的主要形式——股份公司规模日益扩大,其特征是所有权与经营权不分离。(　　)

(2) 推动内部控制发展的主要是审计职业界,所以内部控制不可避免地印上了审计的烙印。(　　)

(3) 和传统会计内部控制相同,网络财务首要的内部控制就是安全性问题,其中最核心的就是系统和数据库的安全。(　　)

(4) 由于网络财务的信息都是采用电子数据进行存储的,故必须建立一套备份与恢复机制,以确保出现自然灾害、系统崩溃、网络攻击或硬件故障时数据能够得到恢复。(　　)

(5) 所谓“流程再造”,就是指利用技术改变传统会计中的管理流程、业务流程及会计流程,并将这三种业务流程集成,以实现会计的实时控制。(　　)

4．复习思考题

(1) 网络财务内部控制的基本要素有哪些?

(2) 简述网络财务内部控制的特点。

(3) 如何进行网络财务内部控制的设计?

(4) 网络财务内部控制主要是什么?

(5) 如何进行会计实务实时控制的设计?

(6) 网络财务内部控制的实施技术有哪些?

第8章　电子商务与电子政务

——协调财务关系

本章框架结构

网络财务关系
- 什么是财务关系
- 电子商务的内涵与特点
- 电子商务对传统财务系统的冲击
- 网络财务与电子商务之间的关系
- 什么是电子政务
- 网络财务与其他商务之间的关系

本章学习目标

- 了解协调财务关系的重要性；
- 理解电子商务与电子政务的含义；
- 掌握电子商务与电子政务的特点和对网络财务管理的支持。

企业的财务活动表面上看是钱和物的增减变动，其实钱与物的增减变动离不开人与人之间的经济利益关系，这就是我们讲的财务关系。财务关系体现着财务活动的本质特征，并影响着财务活动的规模、速度。

电子商务是基于网络信息技术的一次商业革命，它不仅涉及电子技术和商业交易本身，而且涉及诸如金融、税务、教育等社会其他层面。随着电子商务时代的到来，客户要求出现了新的变化。这些新的变化主要表现在需求个性化、随意性以及由此带来的电子商务模型多样化等方面。这些变化对财务管理提出了更高的要求，也是对网络财务的有力支持。

8.1　什么是财务关系

8.1.1　财务关系的内容

1. 企业与国家之间的财务关系

国家作为社会管理者，担负着维护社会正常秩序、保卫国家安全、组织和管理社会活动等任务，为企业生产经营活动提供公平竞争的经营环境和公共设施等条件，为此所花费的“社会费用”须从受益企业的生产费用中扣除，从而形成具有强制性的纳税义务。

因此，国家以收缴各种税费的形式，与企业之间产生财务关系，企业应照章纳税。这是一种强制性分配关系。

2. 企业与出资者之间的财务关系

这是指投资者向企业投入资金，企业向其支付投资报酬所形成的经济关系。

企业的所有者要按照投资合同、协议、章程的约定履行出资义务以便及时形成企业的资本，同时拥有参与或监督企业经营、参与企业剩余权益分配，并承担一定的风险；管理企业利用资本进行营运，对出资者承担资本保值、增值的责任，实现利润后，应该按照出资比例或合同、章程的规定，向其所有者支付报酬。一般而言，所有者的出资不同，他们各自对企业承担的责任也不同，相应对企业享有的权利和利益也不相同。

因此，企业与所有者之间的关系是风险与共和以资本保值、增值为核心的剩余权益分配关系，体现着一种经营权与所有权关系。

3. 企业与债权人之间的财务关系

这是指企业向债权人借入资金，并按借款合同的规定按时支付利息和归还本金所形成的经济关系。

企业除利用资本进行经营活动外，还要借入一定数量的资金，以便降低企业资金成本，扩大企业经营规模。企业利用债权人的资金，要按约定的利息率，及时向债权人支付利息；债务到期时，要合理调度资金，按时向债权人归还本金。

因此，企业与债权人之间的关系是建立在契约之上的债务—债权关系。

4. 企业与受资者之间的财务关系

这是企业以购买股票或直接投资的形式向其他企业投资形成的经济利益关系，是体现所有权性质的投资与受资的关系。

5. 企业与债务人之间的财务关系

这是指企业将其资金以购买债券、提供借款或商业信用等形式出借给其他单位所形成的经济关系。企业将资金借出后，有权要求债务人按约定的条件支付利息和归还本金。

企业与债务人之间的关系也就是债权—债务关系。

6. 企业内部各单位之间的财务关系

这是指企业内部各单位之间在生产经营各环节中相互提供产品或劳务所形成的经济利益关系。企业在实行厂内经济核算制和企业内部经营责任制的条件下，企业供、产、销各个部门以及各个生产单位之间，相互提供劳务和产品要计价结算。

这种在企业内部资金使用中的权责关系、利益分配关系与内部结算关系，体现了企业内部各单位之间的经济利益关系。

7. 企业与职工之间的财务关系

这是指企业向职工支付劳动报酬过程中所形成的经济关系。职工是企业的劳动者，他们以自身提供的劳动作为参加企业分配的依据。企业根据经营者的职务能力和经营能力高低，根据一般职工业务能力和劳动业绩大小，用其收入向职工支付工薪、津贴和奖金，并按规定提取公益金等。

企业与职工之间是以权、责、劳、绩为依据的在劳动成果上的分配关系。

8. 企业与董事会、监事会的财务关系

董事会决定企业经营计划和投资方案，制定企业年度财务预决算、利润分配、弥补亏损和增减注册资本等方案，企业要为董事会支付董事会经费，因此，企业与董事会之间发生经济利益关系。监事会负责检查企业财务，企业执行董事会决议的一切财务收支，都要接受监事会的检查监督，同时企业也要支付一部分监事会经费，因此，也与企业发生经济利益关系。

8.1.2 财务关系的本质

认识财务关系的特征，必须把握财务关系的内涵。财务关系的一般内涵是指国家或企业经济管理过程中的资本金投入及收益、分配关系。它反映一般财务活动中的主体之间的特定的经济关系，财务关系是生产关系的具体体现，两者具有一致性，都反映经济活动中的人与人之间的关系。其区别无非是两者在研究问题的角度与范围上存在一定的非本质差异。生产关系是从社会再生产的角度考察经济活动，它既涉及宏观上的生产关系，又涉及微观上的生产关系。财务关系是生产关系的一个侧面，是围绕货币这一资本价值表现形式形成的经济关系。通过资金筹集、投入、耗费、收入、分配等具体形式表现出来。一定的生产关系总是适应一定生产力的状况建立起来的，生产力的发展变化决定生产关系的发展变化。

财务关系也是直接或间接地随着生产力的发展变化而发展变化，以适应生产力的要求，同时财务关系对生产力也具有反作用，它从宏观经济、微观经济、国家财政制度、财务管理体制、财务法律的角度影响生产力的发展变化。当一定的财务关系(财务体制和机制)已不适应财务活动发展的要求时，必须进行改革和创新，这就要有效地协调财务活动和财务关系，促进企业再生产的顺利进行。制定财务制度必须反映财务关系一定适应财务活动的客观要求。

目前要适应知识经济、经济全球化和现代市场经济条件下财务活动的新变化、新趋向，积极调整财务关系。对经济体制、企业体制的改革和创新具有重要的指导意义。

现代企业制度要求的现代公司制企业，不管是股份有限公司，还是有限责任公司，都是一种委托代理关系。投资者是委托人，管理者是代理人，委托人与代理人的目标经常不一致，为了保证代理人的行为符合委托人的意志，就必须妥善处理这种代理关系，否则就会导致委托人利益的损失。财务关系与代理关系的结合形成财务代理关系，这有助于企业财务活动的高效、良性进行，如在预算编制、规划的过程中，要防止代理人片面追求利益而出现财务腐败，要求财务要公开、真实，扩大披露信息层面和渠道，做到科学、具体，使预算编制工作建立在合理的基础上，从而公平、有效地评价代理人的业绩。

为有效实行财务监督，代理人应分担企业经营风险，使其任职条件、报酬与财务效益挂钩。

8.1.3 财务关系的基本特征

财务关系的特征是本质的反映。它区别于其他经济关系的特征，是由价值管理这个中心任务决定并由此展开的，主要有以下几点：

(1) 财务运营目的的效益性。财务管理的中心环节是追逐企业效益的最大化，企业资产保值增值是企业财务运作和处理财务关系的内在要求。在现代企业制度条件下，企业成为"法人实体"和"竞争主体"，企业经营者对资产所有者承担资产保值增值的责任最终通过财务关系表现出来，这是现代财务关系与其他经济关系的根本区别。

(2) 收益分配的科学性。科学合理地处理收益分配关系是财务关系中一个十分重要的内容，所有者和经营者之间的分配比例、生产和消费的分配比例、固定资产和流动资产的分配比例都是通过财务关系进行，分配的是否科学、合理是处理财务关系的基础。

(3) 债务偿付的合法性。现代企业占有资本额越来越大，负债经营是现代企业经营的一个重要特点。妥善处理企业债务关系，及时地清偿债务尤为重要。企业对银行及其他债权人要及时处理债务问题，认真履行经济合同，承担对债权人应尽的义务，严格守法。

(4) 财务行为的公正性。财务关系错综复杂，直接关系到各个相关主体的经济利益。企业在处理这些财务关系时应客观采取有效的措施和方法，反映公正、公平、公开的原则。在利益分配上要按照产权清晰、权责明确的要求进行。

8.1.4 财务关系的发展规律

财务关系发展规律是指财务现象和财务过程内在的本质的和必然的联系。一定的财务发展规律是在一定的财务条件基础上产生并发生作用的，它具有客观性和历史性。

1. 财务关系的基本规律

在财务活动运行过程中，有诸多规律在其中发生作用，推动着财务活动和财务关系的发展。其中必有一种规律是基本规律，它的存在和发展决定和影响着其他规律发生作用的程度。财务关系发展规律的基本内容是：在充分协调和发挥广大投资者、债权人及相关财务关系，主体积极性和创造性的基础上，构建科学有效的财务管理体制，努力实现资本的保值增值，在坚持客观、公正的前提下，切实维护各方主体的利益，不断增加企业经济效益和社会效益。这个规律主要包括以下几层含义：一是构建科学的财务管理体制；二是确定效益最大化的目标；三是坚持公开、公平、公正的原则。

2. 财务关系发展的具体规律

财务关系的形成、运作、发展有其特定的具体规律，这些具体规律反映财务关系的基本规律。

(1) 财务关系发展促进生产关系完善规律。财务关系的发展变化通过经济体制反映生产关系的特定内容和要求。财务关系的处理为经济体制和生产关系的健全和完善起着积极的作用。随着我国国有企业资产所有权与法人财产权的分离,国家与企业的财权结构发生了很大的变化,国家作为财务主体建立新的财务体制和运行机制,作为财务权利的代表监督管理宏观和微观财务活动,推动我国社会主义市场经济的发展。

(2) 财务关系发展适应理财环境变化规律。财务关系的发展要与特定的理财环境相适应,理财环境是财务活动赖以生存和发展的客观条件。宏观环境对财务关系影响是广泛的、间接的,而微观环境尤其是企业内部理财环境对财务关系的影响则是直接的、具体的。不同理财环境因素对财务关系影响的程度、范围、方式和方向各不相同。

(3) 财务关系的发展一定要适应财务活动的变化规律。财务关系是资本金运动过程中形成的特定的经济关系,财务活动的价值形成、实现、增值的活动是借助于筹资、耗资、收入、分配等具体环节实现的。

财务关系与财务活动的有机结合紧密相连,构成现代财务的基本内涵。财务关系受制于财务活动。财务关系对财务活动的变化具有反作用。

(4) 财权与物权的统一与背离规律。财权与物权是从两个方面对财务实行管理,即实物形态上的财产管理和价值形态上的财产管理,而财务管理侧重于对价值形态上的财产管理。财权与物权既统一、又分离,独立财权是现代企业财务区别于传统财务的根本标志。财权是前导,物权是基础,财权与物权适当背离的现象有利于协调财务关系,促进财务运行的良性循环与周转。

(5) 财务责权利相统一的规律。投资者、经营者等各方主体要求企业财责、财权、财利相统一,在责权利中责是核心,利是动力,权是保证。这一规律要求建立科学的财务体制,对于各个财务主体的责权利关系给出明确而合理的规范;适应财务体制制定具体的财务制度,使各方责权利关系的处理具有可操作性;适应经济发展及财务关系的变化调整,改革财务体制使财务责权利关系协调运转;要建设适合市场经济发展要求的财务法律、法规制度。

8.1.5 财务关系的管理策略

有关企业财务活动的思想、原则、技术和方法,借助于现代科技和管理的发展,日益趋于成熟和不断创新。以现代通信技术和计算机技术为代表的现代科技,正改变着整个世界经济交易的模式,也将对企业财务活动和财务关系产生深刻的影响。基于我国的社会经济文化环境和现实情况,有必要在财务理论和实践中加强财务关系的管理。

1. 以强化"关系资产"的管理改善财务关系

"关系资产"不同于物质资产,物质资产存在于人以外的物质,"关系资产"也不同于人力资产,人力资产存在于人体之中,"关系资产"存在于人与人之间,表现为人际关系。"关系资产"的价值在于为未来的交易和服务提供增加值,其内涵主要是关于他人的信息,具有某种特殊意义的关系、信任关系、合作关系等。在财务管理的实践中,企业与相关利益者之间的财务关系就属于关系资产。企业要在激烈的市场竞争中谋求发展和壮大，就必然妥善地处理和协调与各方面的关系，这其中很重要的部分就是财务关系，通过建立客户关系网络、在线财务管理和公共关系财务，形成企业与利益相关者之间的信息互动、信息传递和交流，提高财务服务效率和质量，加强财务关系。企业发展的瓶颈，可能不在于显而易见的生产流程或服务流程，而在于不显眼的诸如计划预算的协调等领域，在客户评价、销售计划和记录、分销商支援、合同管理和预算管理等方面的整合，发展系统的规划和必要的技术手段，旨在强化"关系资产"的管理，为企业经营创造良好的外部环境。

2. 以创新性思维方式管理财务关系

事实上，在改善企业财务关系方面，已经有了许多创新性的理念和方法。为了化解经营者与所有者之间利益的矛盾与冲突，减少"逆向选择"、"道德风险"对投资人的损害，以股票期权的创新方式，协调经营者与所有者之间的财务关系，使经营者的目标与所有者的目标保持一致。在企业与债权人、企业与企业职工之间，通过可转换债券、职工持股计划等，或合同条款的创新性思维，协调企业与他们之间的财务关系。在知识经济时代，知识将成为企业的核心竞争力，成为经营中起关键作用的要素。与其他生产要素不同的是，拥有知识的人是否愿意发挥其才能至关重要，如何调动科技人才的积极性，将成为企业财务关系中最重要的组成部分。以创新性思维方式管理财务关系，就是要根据客观变化了的环境，在制度、理念、方法和手段上不断创新，以更现实、更规范、更科学的方式，调整各种财务关系。

3. 以财务战略的眼光管理财务关系

以往的竞争是你死我活、两败俱伤的竞争，在网络经济时代，这种竞争方式已发生了变化，企业不可能在所有领域获得竞争优势，通过合作竞争，达到双赢或共赢成为企业共同的愿望。合作竞争意味着企业要在经营中扮演不同的角色，最大限度地发挥自己的优势。合作竞争的方式多种多样，以网络的、虚拟的、供应链的、兼并、持股和控股的方式所开展的企业间的合作，反映了企业的战略竞争思想、理念和态势，财务管理也需要做出相应的调整，以财务战略的理念，管理新型的财务关系，配合企业战略竞争的实现。与技术性财务的交易处理、资本募集、成本管理、会计控制、预算和财务报告编制的不同之处在于，战略性财务侧重于财务作业流程重组与再造、企业经营风险和机会的评估，企业增加值的营运分析，公司绩效管理框架的发展等具有战略性的业务，战略性财务必然涉及战略性财务关系的平衡和调整，调整和协商的思路应着眼于整体利益而不是局部利益关系，长期利益而不是短期利益关系，像海尔的国际化战略中的"先创牌、后创汇"的理念，调整平衡的可能不仅仅是资金问题，更重要的是财务关系问题。

4. 以企业文化为基石发展持久稳固的财务关系

企业文化就是企业的价值观、企业的信念和企业的灵魂。一个没有灵魂的企业，是不可能获得持久发展的。企业文化是一种力量，表现为企业的凝聚力、激励力、约束力、导向力、纽带力和辐射力。巧妙利用这些文化力，对改善和调整企业的财务关系将发挥积极作用。

海尔的企业文化是“顾客永远是对的”，这样的企业文化要求企业一切工作都要围绕顾客展开，为顾客着想，让顾客满意，实现的条件是“允许各自为战，不允许各自为政”，相应的财务管理只能是分权式财务管理模式，通过权力的分享和财务关系的调整，赋予下属企业更多的自主权、更大的灵活性，如允许下属企业在控制整体财务风险的前提下，进入国际资本市场，采取灵活的融资方式引进外资，以充实其经营资本。三株公司作为一个成功的民营企业，家族式文化决定了它所采取的是集权式的财务管理模式，从人事、核算、监督和经营方面强化财务管理。公司总部直接任命，财务中心直接领导子公司的财务人员，通过财务人员与子公司经理的相互牵制，将财权完全集中于总部，保证了公司经营高效、稳健。显然，这两家公司的财务管理模式大相径庭，但都适应于他们的企业文化，并建立起与企业文化相适应的稳固的财务关系，为企业的成长和发展提供了保障。

8.1.6 财务关系的四个层次

（1）主导性的关系：与国家、投资者、董事会和监事会的财务关系，是关系到企业的生存命运的关系；

（2）内政关系：内部各部门之间的关系；

（3）基础关系：与职工的关系，是企业正常生产经营的基础；

（4）与其他财务主体的关系。

搞好内政、外交是企业的经营之道，也是财务部门日常工作的主要内容。总之，应正确处理和协调与各有关方面的财务关系，取得国家、投资者和其他单位的信任，努力实现企业与其他各种财务主体之间的利益均衡，调动各个方面的积极因素，促进企业生产经营活动的正常开展，实现财务管理目标。

8.1.7 财务关系管理

从企业生存、发展和获利的总目标来看，实现这个目标需要在企业内部与外部建立起多层次的代理关系、客户关系、业务关系、人际关系等，其中财务关系是基础性的、关键性和核心性的关系。

然而，财务关系同其他关系往往你中有我，我中有你，相互影响和相互制约，使财务关系与其他关系剪不断，理还乱，增加了财务关系管理的难度。

在以往的财务关系管理中，一般将财务关系描述为股东与经营者、股东与债权人、企业与政府、企业与市场、企业内部的财务关系。这种从财务主体角度管理财务关系，容易使财务关系管理表面化、宽泛化和财务化。从财务关系不同视野研究和管理财务关系不难看出财务关系的复杂性、层次性，以及与其他管理的相关性。

财务关系管理的目标就是使利益相关者的利益能够达成一致的规则或制度安排，以保障其利益是可以预期的、持久的和互利的。上市公司股权分制改革就是在博弈、创新规则和强有力推进中完成利益相关者财务关系调整，为上市公司未来可持续发展创造市场化的基石。

企业战略联盟改变着企业未来经营成本与现金流，也改变着企业未来的销售和利润。在财务关系的博弈中，制度安排、规则制定、利益分享达成一致，联盟才能稳固而持久，而且伴随着交易频繁发生，信任性财务关系将变得更加稳健和可靠。麦当劳与供应商的定期会晤机制，以及与供应商的成本核算和利润分享安排，或许会给财务关系管理带来一些有益的启示。

8.1.8 财务关系与财务管理环境

财务管理环境是指影响财务主体财务机制运行的各种外部条件和因素。财务管理环境既有自然属性的一面，更有其社会属性的一面。因此，财务主体与财务管理环境的交互作用的结果，就不仅体现了一种技术关系，还包括了财务主体与其他财务主体之间的社会关系，这种社会关系则集中表现为各种财务关系。财务关系的存在说明财务管理绝不是类似自然科学的一种技术或方法，而是蕴涵了丰富制度内容的社会科学。

财务管理环境和财务主体之间存在着一种交互作用，这种交互作用不断演绎着新的财务关系。各种财务管理活动，究其实质，都是对财务关系进行调整和重新设计。因此，财务关系是财务管理的本质，而财务管理环境和财务活动则只不过是财务管理的表象。

电子商务与电子政务是协调好财务关系的重要平台。下面我们就电子商务与电子政务进行探讨。

8.2 电子商务的内涵与特点

电子商务是财务管理中财务关系依托的技术支持。

电子商务产生于20世纪70年代早期，当时首次出现了电子资金转账(Electronic Fund Transfer, EFT)这样的创新，即资金可以通过电子方式从一个企业转送给另一个企业。然而，这类应用只局限于大企业和金融机构之间。随后出现了电子数据交换(EDI)，这是一种以电子方式传输日常数据的技术，它使电子转账技术的应用从金融交易领域扩展到了其他交易领域，参与的企业也从金融机构拓展到了制造商、零售商、服务商及许多其他类型的企业。这种方式加快了供货方的处理速度，有助于实现最大化管理，且使操作更有效率。但早期的解决方式均建立在大量的、功能单一的、专用的软硬件设施基础上，因此其使用价格极为昂贵，仅大型企业才会采用。此外，早期网络技术的局限性也限制了其应用范围的扩大和水平的提高。

当前世界经济向全球化、一体化方向发展，使商务活动范围迅速扩展到了全世界的每一个地方，如何跨越不同的国家和地区来快捷地完成企业之间的交易也就成为企业的当务之急。Internet的发展为整个商务活动的自动化创造了有利的条件和全新的信息空间。在这空间里,人们用数字信号在网上交换邮件、讨论问题、阅读、写作,甚至游戏。商业活动,作为人类最基本、最广泛的联系方式,自然会渗透到这个空间中,于是人们想到了用数字信号在网上开展商务活动。可以说,电子商务是人类经济、科技、文化发展的必然产物。

电子商务发展,得益于全球经济一体化的迅速发展,得益于信息处理技术及通信技术的迅速发展和成熟,同时商业自动化、企业管理系统的完善及金融行业的自动服务系统的形成也为电子商务的产生和发展奠定了基础。目前,国际上已成立商务网络联合会、欧洲电子商务(EEC)、日本电子商务促进理事会等机构来领导电子商务。此外,与电子商务有关的一些组织包括世界贸易组织(WTO)、经济合作与发展组织(OECD)、世界知识产权组织(WIPO)、国际商会(ICC)、国际民航组织(ICAO)和联合国国际贸易法委员会(UNCIRTAL)等。

8.2.1 电子商务的内涵

所谓电子商务,就是指在网上开展商务活动。当企业将它的主要业务通过企业内部网(Intranet)、外部网(Extranet)及Internet与企业的职员、客户、供销商及合作伙伴直接相连时,其中发生的各种活动就是电子商务。

完整的电子商务的内涵应包括四个方面的内容,即电子信息技术,人的知识和技能,系列化、系统化的电子工具,以及以商品交易为中心的各种经济事务活动。

1. 电子信息技术

当今社会技术的代表应是电子信息技术,它是开发和利用资源(共享、再生、组合、产生新的信息)的有效工具,是实现电子商务的前提条件。

信息技术的广泛应用已经渗透到了人类社会的各个领域。在发达国家,信息化的程度已较高,如美国的信息产业(包括硬件产业、软件产业和信息服务业)已占美国经济GNP的60%以上,从而使美国进入了信息社会。其他发达国家也正不断增加信息经济的比重。我国正在奋起直追,在实现国家工业化的同时向信息化积极迈进,力求加速实现国民经济的信息化。

2. 人的知识和技能

电子商务的核心是人。第一,电子商务是一个社会系统,社会系统的重心必然是人;第二,电子商务系统实际上是由围绕商品交易的各方面和代表各方面利益的人所组成的关系网;第三,虽然在电子商务活动中,充分强调工具的作用,但归根结底起关键作用的仍然是人,因为工具的发明、制造、应用和效果的实现都是靠人来完成的,所以必须强调人在电子商务中的决定性作用。也正是因为人是电子商务的主宰,因而有必要考察什么样的人才是合格的。由于电子商务是信息现代化与商务的有机结合,所以能够运用电子商务理论与技术的人必然是掌握现代信息技术、现代商贸理论与实务的复合型人才。一个国家、一个地区能否培养出这样的大批人才,就成为该国、该地区发展电子商务的关键因素。

3. 系列化、系统化的电子工具

从广义上讲,凡应用电子工具,如电报、电话等电子工具从事商务活动都可以称为电子商务。狭义的电子商务是指印有很强时代烙印的高效率、低成本、高效益的电子商务。这里所说的电子工具并不是一般的电子工具,而是能跟上信息时代发展步伐的系列化、系统化的电子工具。

从系列化讲,我们强调的电子工具应该是包括商品需求咨询、商品订货、商品买卖、商品配送、货款结算、商品售后服务等,伴随商品生产、流通、分配、交换、消费甚至再生产的全过程的电子工具,如电视、电话、电报、计算机,以及EDI、EOS、POS、电子货币、电子商品配送系统、MIS、DSS售后服务系统等。

从系统化讲,我们强调商品的需求、生产、交换要构成一个有机整体,构成一个大系统。同时,为防止"市场失灵"还要将政府对商品生产、交换的调控引入该系统。而能达成此目的的电子工具主要有局域网(LAN)、城市网(CAN)和广域网(WAN)。它们将通信网、计算机网和信息网结合,可构建纵横相连、宏微结合、反应灵敏、安全可靠的电子网络,有利于大到国家间、小到零售商与顾客间进行的方便、可靠的电子商务活动。

4. 以商品交换为中心的各种经济事务活动

从社会再生产发展的环节看,在生产、流通、分配、交换、消费这个链条中,发展变化最快、最活跃的就是中间环节的流通、分配、交换。可以把这些中间环节看成是以商品的交换为中心来展开的,即商品的生产主要是为了交换——用商品的使用价值去换取商品的价值。交换必然产生流通、分配等活动,于是可以将以商品交易为中心的各种经济事务活动统称为商务活动。

8.2.2 电子商务的特点

综合看来,电子商务与以往的传统商务相比,有许多截然不同的特征。它主要有以下几方面特点:

1. 全球化

首先,在地理空间上,由于因特网可进行全球信息的传播,故全球性的交易再也没有地理位置的障碍限制,从而扩展了营销范围,把全球市场连成一个整体。在因特网上,任何一家企业都可以面向全球销售自己的产品或服务;其次,在信息资源上,因特网体系因具有近乎无限的信息存储空间,从而可以便捷地检索,迅速地传输商业信息,使不同地域的经济联系更加便利。

2. 虚拟化

电子商务的虚拟性源于网络的虚拟性,它不受传统的物理空间的限制,而是在数字化的虚拟空间中活动。电子商务中的网上商店是一个由图片和文字等信息所组成的虚拟商店;电子商务中的市场也不是一个实体的市场,而是集合了众多买卖信息的虚拟市场。贸易双方从贸易磋商、签订合同到支付等,无须当面进行,均通过因特网完成,整个交易完全虚拟化。卖方可以到网络管理机构申请域名,制作自己的主页,组织产品信息上网。而虚拟现实、网上聊天等新技术的发展使买方能够根据自己的需求选择产品或服务,并将信息反馈给卖方。通过信息的推拉互动,签订电子合同,即可完成交易并进行电子支付。整个交易都是在网络这个虚拟的环境中进行的。

3. 高效化

网络的发展使得各经济主体里最高决策者与最基层执行者之间建立起了直接的联系,且管理层次减少,这使得企业可以更加高效地运作,而且中间管理机构和组织也没有了存在的必要性。电子商务中数据的传递都是通过计算机瞬时完成的。这种方法克服了传统贸易方式费用高、易出错、处理速度慢等缺点,极大地缩短了交易时间,提高了商务活动的运作效率及资金的周转速度。电子商务也使得企业能够与消费者之间建立起更加有效的方式,使得企业可以对市场需求做出快速的反应,提高新产品设计和开发的速度。可以说,电子商务使得中介弱化、社会交易不断降低,经济效益不断提高。

4. 数字化

当商务及与商务活动相关的各种信息都以数字形式被采集、存储、处理和传输时,商务模式就发生了质的变化,数字生活、数字商务、虚拟企业等数字化形式就应运而生了。数字化具有易于存储、查询、修改信息等优越性,这将人类前进的方向与数字化牢牢地捆在一起。正是电子商务数字化的特点,使得商务活动的商流、资金流和信息流都能够在计算机网络中迅速传输,形成了“三流合 e”的商务模式,并使现代商务活动朝着“无纸”商务、信息商务、快速商务的方向发展。

5. 协同化

在电子商务这种虚拟商务模式中,几乎所有的信息交互都可以在瞬间完成,相关的所有商务活动都必须适应这种速度,这就要求企业各部门、生产商、零售商、银行、配送中心、通信、技术服务等进行通力合作。例如,企业在网上销售商品时,其相应的物流配送体系跟不上,消费者要等上一两个星期才能收到自己所购的商品,则这样的电子商务是不会成功的;又如,这家企业通过物流外包,使得商品配送的时间缩短至两三天,则这家企业的电子商务就可能获得成功。因此,从这个角度上讲,很多人又把电子商务叫做协同商务。

6. 个性化

由于电子商务是以网络为基础的,所以在企业和消费者之间可以轻松实现信息的自动化传递,并建立面向消费者的数据库系统。在网络营销和虚拟生产的理论指导下,企业可以充分利用数据库进行一对一的个性化营销、一对一的个性化设计和生产,实现企业和消费者之间全程的一对一个性化跟踪服务,从而最终实现企业的差异化经营战略。电子商务个性化服务的经典案例是 Dell 公司计算机生产、营销等的定制化服务。通过向其顾客提供计算机的定制化服务,Dell 公司极大地满足了消费者的个性化需求。

7. 全时化

由于信息网络每天 24 小时都在运转,所以基于网络的电子商务活动很少受时间因素的制约,可以全天候地连续进行。

8.3 电子商务对传统财务系统的冲击

8.3.1 电子商务对传统会计领域产生的冲击

1. 传统会计假设理论有待进一步完善

会计假设理论(即会计主体假设、持续经营假设、会计分期假设、货币计量及市值不变假设等)已无法满足电子商务发展的客观需求,暴露出许多局限性。例如,企业间虚拟联合、战略联盟的出现,打破了原来会计主体假设的活动范围;网上兼并、收购、破产对持续经营假设提出疑问;会计实时报告系统的出现,使得随时生成财务报告成为现实;电子货币、电子银行的出现,使得无纸化、非货币计量交易梦想成真。为了更好地适应电子商务时代的步伐,传统的会计理论必须不断完善、修正和改进。

2. 电子商务要求会计服务范围更加广泛

电子商务是信息社会的产物,它将原有的商务活动扩散,伸向商品生产企业的采购、销售环节,伸向政府的贸易、调控采购部门,伸向消费者的办公室、家庭等网络可以达到的一切地方,从而形成了全球统一、规范竞争的有序的大市场,其服务范围也应不断扩大,不但要服务于物质生产领域,还要服务于非物质生产领域,即面向政府、流通行业、生产行业、消费者及国内外贸易的各个方面。

3. 电子商务要求会计手段多样化、现代化

在信息时代,企业的竞争非常激烈,作为一种以财务信息为主的经济信息系统,为了不断地满足财务报告的要求,会计必须采用多样化、现代化的手段为企业服务。会计电算化、网络会计的出现,打破了原先束缚会计自由发展的桎梏。而会计实时报告系统的应用,更加速了财务报告生成的及时性,为会计的充分发展提供了一个新的契机。

4. 电子商务需要高素质的复合型会计人才

市场的竞争就是人才的竞争。完整的电子商务内涵由四个方面组成,即电子信息技术,人的知识与技能,系列化、系统化的电子工具,以及以商品交易为中心的各种经济事务活动。由此可见,电子商务的核心是人才。电子商务作为信息现代化与贸易有机结合的产物,既需要能够掌握及运用电子商务理论与技术的专业人才,又需要精通会计理论知识及具有实践工作经验的复合型、全方位人才。

5. 电子商务要求会计市场国际化

随着电子商务的不断发展、扩散,会计市场必将打破国界而趋于国际化,使得全球各地区的人们可以在国际化的会计市场中方便地寻求自己所需要的会计商品,同时为其他用户提供自己的商品,最大限度地实现会计商品等价交易的双重耦合。会计市场国际化也为电子商务的进一步发展提供了新的契机。

8.3.2 电子商务对现行财务报告的冲击

现行财务报告的局限主要表现在以下几个方面:

1. 现行财务报告体系重视对企业有形资产的报告,而对无形资产的揭示却不够。在网络时代,无形资产已取代有形资产在企业生产经营中的重要作用,如果在财务报告中不能对无形资产做出充分的揭示,将会妨碍信息使用者对企业整体价值的评估。

2. 现行财务报告所呈报的是一种历史的、货币化信息,难以对电子商务时代企业的生产经营状况做出全面揭示,其主要原因有以下几个方面:

(1) 缺少有关企业未来机会及风险的预测性信息。

(2) 缺少非货币信息。

(3) 信息缺乏时效性。受制于信息收集和处理的能力,现行财务报告不能将发生于企业的经济活动及时地向信息使用者进行披露,其所提供的信息主要是一种面向历史和过去的信息。

3. 现行财务报告体系是建立在历史成本计量属性基础之上的,这种呈报基础所反映的资产与其公布市价之间的差异,不利于信息使用者对企业整个规模和真实生产力做出准确的评估。特别是在网络时代,随着知识和技术的创新速度的加快,企业产品和设备的生命周期大大缩短,如仍根据历史成本对企业资产进行计量,将会极大地扭曲这些资产的现时价值及生产力,从而误导信息使用者。

4. 现行财务报告是一种通用型的财务报告,这种报告模式有以下两个明显缺陷:

(1) 忽略了不同信息使用者在信息需求和使用上的差别。

(2) 报告要素划分比较综合,许多会计数据在分类、加工、汇总的过程中失去了基本的含义。

而在“网络财务”概念中,网络计算将极大延伸会计核算的时间和空间范围,提高会计核算效率;动态核算将极大改善会计信息的及时性,丰富会计信息内容,提供会计信息价值;实时报告将极大提高会计信息质量,并且更有效地为会计信息使用者提供决策服务。

8.3.3 电子商务对传统财务管理的冲击

随着电子商务时代的到来,客户需求出现了新的变化。这些新的变化主要表现在需求个性化、随意性,以及由此带来电子商务模型的多样化等。这种变化必然对企业内部的资源配置效率提出更高的要求,其中对财务管理的要求尤为严格。

1. 电子商务对传统财务管理内容的冲击

(1) 无形资产管理将成为财务管理的重要内容

在工业经济社会,经济增长主要依赖于厂房、设备、资金等有形资产。而在电子商务时代,专利权、专用技术、商标、信息、计算机软件等以知识为基础的无形资产,对经济的增长起着决定性的作用。与此相对应,企业资产结构中无形资产的比重迅速上升,甚至成为企业的主要资产。为适应有形资产向无形资产转变的需要,企业财务管理的重点需转变到无形资产的管理上来。

（2）筹资管理与投资管理意识的转变

传统财务管理的筹资与投资主要指企业资金的筹集与应用。由于电子商务的应用扩展了企业资本的范围，故改变了企业的资本结构。在电子商务环境下，企业的资本包括物质资本和知识资本两大类，其中起主导作用的不再是物资资本，而是知识资本。企业财务管理应根据企业实际情况，对企业知识资本的筹集进行规划，加强对企业无形资产及人力资源的管理。筹集知识资本将成为企业未来财务管理的重要环节。企业拥有了大量的知识资本后，若使用不合理，也不能为企业创造财富。企业财务管理应帮助企业充分利用企业的知识资本，包括合理估计无形资产带来的价值与收益，使企业知识资本为企业带来源源不断的财富。

（3）在电子商务条件下，客户的需求产生了许多新的变化，主要表现为个性化及消费时机、地点的随意性趋势

随着整个企业组织经营流程围绕充满着不确定性的顾客要求而设计，上述压力定会给企业内部的生产、研发、质量管理、供应等环节带来倍数式的负面影响，即这种新的需求特性使得组织内部各个关键环节面临更多的不确定性，而这些环节的不确定性最终必然反映企业财务管理的不确定性，从而增加了企业财务管理的风险系数，这就促使企业进一步提高其风险管理水平。

2. 电子商务对传统财务管理职能的冲击

财务管理的主要职能包括决策、计划和控制职能。电子商务的发展加速了全球经济的一体化，给企业谋求全球发展带来了机会。又由于电子商务的迅速发展改变了传统的商业模式，所以企业财务管理职能的执行也呈现出不同于传统财务管理的新特点，具体如下所示：

（1）电子商务企业能在更广泛范围乃至全球范围内扩张及经营其业务。利用因特网技术，可实现信息技术和企业经营的有效结合，从而节约成本和时间。通过合并多个数据中心，可节省信息技术的管理费用并保护稀缺的信息技术资源。运用共享服务中心可提高经营效率并降低信息成本。财务部门可以在诸多关键领域运用共享服务中心，这些领域包括采购、付款、订单管理、收款、项目管理、资金管理、预算和报告等。通过集成信息和优化业务流程，可摒弃冗杂成分，减低企业财务管理的复杂程度。

（2）计算机及计算机网络的发展同时也铸就了最富有成效的财务分析。作为20世纪最富有创意的发明，计算机的数据处理、分析能力是无与伦比的。对于结构化财务决策，如财务管理中的最优库存模型的确定，可完全交由计算机来完成。

（3）与传统的财务管理相比，电子商务条件下的财务管理充分应用因特网技术，对企业财务进行了实时管理。首先，企业财务管理、会计核算从事后到实时，财务管理从静态走向动态，本质上提升了财务管理质量；其次，网络财务下的会计核算从事后的静态核算转变为事中的动态核算，丰富了会计信息内容，提高了会计信息的时间价值，因而产生了各种能有效反映企业经营和资金状况的动态财务报表和财务报告；最后，通过与网上银行的连接，可随时查询企业的最新银行资金信息，最大限度地加快资金流程。

企业还可针对瞬息万变的市场,及时掌握第一手信息并做出反应,部署经营活动和做出财务安排。

(4)整合企业财务资源,实现财务与业务的协同。在电子商务条件下,企业能够更有效实现整体管理,这样可以整合整个组织的财务资源,实现财务与具体业务的协同,从而改变过去财务与业务各行其是且非常松散的情况,使企业的财务资源与业务运作直接挂钩,从而实现资源配置的最优化。

8.4 网络财务与电子商务之间的关系

8.4.1 网络财务是电子商务发展的客观要求

在电子商务的环境下,企业的经营活动依托于网络,这就要求企业拥有基于网络的财务系统。因此,电子商务的迅速普及必然会推动网络财务的出现和发展。可以说,网络财务是电子商务发展的客观要求,这种要求体现在以下两个方面:

1. 企业内部组织结构的过程中,必然要对其内部的组织机构进行相应的调整。各个部门之间将由原来的相互隔离转变成相互协调。部门之间协同作业,从而可实现信息共享。财务部门作为企业当中比较重要的一个部门也必须适应这种变化。通过网络财务来共享公司的财务信息,可以从根本上改变由财务、业务运作时间差产生的信息不对称的滞后状况,使财务、业务协同进行。

2. 财会信息有用性属性要求建立和发展网络财务。电子商务的发展,使企业不仅十分关注获取信息的及时性,而且更加关注信息的有用性。在电子商务环境下,企业针对日益激烈的市场竞争,在随时根据需要做出经营决策的同时,也要确保决策的正确性,这对信息的质量和有用性提出了更高的要求。由于因特网提供了广泛、低成本、及时的在线商业信息,故通过网络财务系统,财务部门可收集到同行业其他企业的财务指标等信息并做出财务比较分析,从而正确预测企业发展趋势。

8.4.2 网络财务是电子商务的基础

电子商务要求企业通过网络实现从原材料的查询、采购、产品展示、订购到出品、储运及电子支付等一系列贸易活动。在这些活动下,企业与企业之间、企业与银行之间是通过因特网进行财会业务往来的,不可避免地要发生支付、清算和税务等对外的财务往来业务。要想高效地完成这些财务往来业务,企业就必须拥有一套完备的能够支持电子商务的财务软件系统,以自动无误地帮助企业完成这些工作,这套财务软件系统就是“网络财务软件”。因此,电子商务不仅需要有因特网作为物质基础,还需要有功能强大的“网络财务软件”来支持其运作。

网络财务能够很好地支持企业内外的协调业务。从内部的协同来看,网络财务使得财务部门的预算控制、资金准备、网上支付、网上结算等工作与业务部门的工作协同进行;从外部的协同来看,网络财务使得企业的网上询价、网上催账、网上保险、网上报税等工作与其他企业和社会部门的工作协同进行。另外,网络财务能够支持电子单据与电子货币,改变财务数据信息的获取利用方式;财务数据也从传统的纸质页面数据、磁盘数据发展到页面数据,解决了网络环境下电子商务运行过程结算、付款及其他经济业务的难题。总之,网络财务充实了电子商务的运行体系,使电子商务的实施更加完善、可靠,促使电子商务向更高的水平发展。

8.4.3 网络财务与电子商务相互促进

网络财务概念的推出是一场运营与管理的革命,极大地推动了电子商务的发展。

1. 网络财务拓展了财务管理的时间和空间

在时间上,网络财务使得会计核算从事后走向实时,财务管理从静态走向动态。在空间上,由于具有远程处理的功能,网络财务的管理能力可以延伸到全球的任何一个节点,从而使得企业特别是企业集团能轻易实现其遍布全球各分支机构的管理。网络财务使得财务管理人员从桌面走向网络,实现了远程处理;使物理距离变成了鼠标距离,突破了时间界限,为实现远程电子商务提供了条件。显然,财务管理时空的改变从本质上极大地提高了财务管理水平与效率,也拓展了电子商务的应用深度,这对于电子商务的发展来说是一个很大的贡献。

2. 网络财务使财务工作的介质和工作方式彻底改变

电子单据、账表甚至电子货币的广泛应用,使网上支付、网上结算这些事物的关键环节成为现实,为电子商务的普及扫清了很大的障碍。

可以看出,网络财务的发展促进了电子商务的进一步发展,使电子商务的水平跃上了一个新台阶。网络财务的出现,使企业在网络上实现的经济行为更多,更有可靠性。因此,企业对电子商务的信心也更足了,企业会把更多的经济业务行为放在网络上,这又会促进电子商务的发展。网络财务在技术上和学术上的客观要求,会给电子商务技术带来许多新问题,而这些新问题的解决不仅会给予网络财务领域技术前进的动力,更会给电子商务技术的发展助一臂之力。

8.5 什么是电子政务

电子政务是协调财务关系的又一个平台,包括企业业务咨询、办理各种证照、网上纳税、办理货物进出口报关手续等。

8.5.1 电子政务的含义

电子政务,目前有很多种说法,如电子政府、网络政府、政府信息化管理等。真正的电子政务绝不是简单的“政府上网工程”,更不是为数不多的网页型网站系统。

严格地说,所谓电子政务,就是政府机构应用现代信息和通信技术,将管理和服务通过网络技术进行集成，在互联网上实现政府组织结构和工作流程的优化重组，超越时间和空间及部门之间的分隔限制，向社会提供优质和全方位的、规范而透明的、符合国际水准的管理和服务。

电子政务在管理方面与传统政府管理之间有显著的区别。

8.5.2 电子政务的具体内容

电子政务的内容非常广泛，国内外也有不同的内容规范，根据国家政府所规划的项目来看，电子政务主要包括这样几个方面：

1. 政府间的电子政务

政府间的电子政务是上下级政府、不同地方政府、不同政府部门之间的电子政务。主要包括：

(1) 电子法规政策系统。对所有政府部门和工作人员提供相关的现行有效的各项法律、法规、规章、行政命令和政策规范，使所有政府机关和工作人员真正做到有法可依，有法必依。

(2) 电子公文系统。在保证信息安全的前提下在政府上下级、部门之间传送有关的政府公文，如报告、请示、批复、公告、通知、通报等，使政务信息十分快捷地在政府间和政府内流转，提高政府公文处理速度。

(3) 电子司法档案系统。在政府司法机关之间共享司法信息，如公安机关的刑事犯罪记录、审判机关的审判案例、检察机关检察案例等，通过共享信息改善司法工作效率和提高司法人员综合能力。

(4) 电子财政管理系统。向各级国家权力机关、审计部门和相关机构提供分级、分部门历年的政府财政预算及其执行情况，包括从明细到汇总的财政收入、开支、拨付款数据以及相关的文字说明和图表，便于有关领导和部门及时掌握和监控财政状况。

(5) 电子办公系统。通过电子网络完成机关工作人员的许多事务性的工作，节约时间和费用，提高工作效率，如工作人员通过网络申请出差、请假、文件复制、使用办公设施和设备、下载政府机关经常使用的各种表格、报销出差费用等。

(6) 电子培训系统。对政府工作人员提供各种综合性和专业性的网络教育课程，特别是适应信息时代对政府的要求，加强对员工与信息技术有关的专业培训，员工可以通过网络随时随地注册参加培训课程、接受培训、参加考试等。

(7) 业绩评价系统。按照设定的任务目标、工作标准和完成情况对政府各部门业绩进行科学的测量和评估。

2. 政府对企业的电子政务

政府对企业的电子政务是指政府通过电子网络系统进行电子采购与招标，精简管理业务流程，快捷迅速地为企业提供各种信息服务。主要包括：

(1) 电子采购与招标。通过网络公布政府采购与招标信息，为企业特别是中小企业参与政府采购提供必要的帮助，向他们提供政府采购的有关政策和程序，使政府采购成为阳光作业，减少徇私舞弊和暗箱操作，降低企业的交易成本，节约政府采购支出。

(2) 电子税务。使企业通过政府税务网络系统，在家里或企业办公室就能完成税务登记、税务申报、税款划拨、查询税收公报、了解税收政策等业务，既方便了企业，也减少了政府的开支。

(3) 电子证照办理。让企业通过因特网申请办理各种证件和执照，缩短办证周期，减轻企业负担，如企业营业执照的申请、受理、审核、发放、年检、登记项目变更、核销，土地和房产证、建筑许可证、环境评估报告等证件、执照和审批事项的办理。

(4) 信息咨询服务。政府将拥有的各种数据库信息(如法律法规规章政策数据库、政府经济白皮书、国际贸易统计资料等信息)对企业开放，方便企业利用。

(5) 中小企业电子服务。政府利用宏观管理优势和集合优势，为提高中小企业国际竞争力和知名度提供各种帮助。包括为中小企业提供统一政府网站入口，帮助中小企业同电子商务供应商争取有利的能够负担的电子商务应用解决方案等。

3. 政府对公民的电子政务

政府对公民的电子政务是指政府通过电子网络系统为公民提供的各种服务。主要包括：

(1) 教育培训服务。建立全国性的教育平台，并资助所有的学校和图书馆接入互联网和政府教育平台；政府出资购买教育资源，提供给学校和学生；重点加强对信息技术能力的教育和培训，以适应信息时代的挑战。

(2) 就业服务。通过电话、互联网或其他媒体向公民提供工作机会和就业培训，促进就业。例如，开设网上人才市场或劳动市场，提供与就业有关的工作职位缺口数据库和求职数据库信息；在就业管理和劳动部门所在地或其他公共场所建立网站入口，为没有计算机的公民提供接入互联网寻找工作职位的机会；为求职者提供网上就业培训，就业形势分析，指导就业方向。

(3) 电子医疗服务。通过政府网站提供医疗保险政策信息、医药信息、执业医生信息，为公民提供全面的医疗服务，公民可通过网络查询自己的医疗保险个人账户余额和当地公共医疗账户的情况；查询国家新审批的药品的成分、功效、试验数据、使用方法及其他详细数据，提高自我保健的能力；查询当地医院的级别和执业医生的资格情况，选择合适的医生和医院。

(4) 社会保险网络服务。通过电子网络建立覆盖地区甚至国家的社会保险网络，使公民通过网络及时全面地了解自己的养老、失业、工伤、医疗等社会保险账户的明细情况，有利于加深社会保障体系的建立和普及；通过网络公布最低收入家庭补助，增加透明度；还可以通过网络直接办理有关的社会保险理赔手续。

(5) 公民信息服务。使公民得以方便、容易、费用低廉地接入政府法律法规规章数据库；通过网络提供被选举人背景资料，促进公民对被选举人的了解；通过在线评论和意见反馈了解公民对政府工作的意见，改进政府工作。

(6) 交通管理服务。通过建立电子交通网站提供对交通工具和司机的管理与服务。

(7) 公民电子税务。允许公民个人通过电子报税系统申报个人所得税、财产税等个人税务。

(8) 电子证件服务。允许居民通过网络办理结婚证、离婚证、出生证、死亡证明等有关证书。

8.5.3 我国电子政务发展的策略

在信息时代,就像管理信息系统是管理企业必备的手段一样,电子政务已成为治国不可或缺的工具。信息化使许多政府原来不可能做到的事情不仅可以做到,而且可以做得更快、更好,帮助政府实现对国家的有效管理。今天,无论经济与社会的发展或者国家安全的保障,都离不开电子政务的支持。

在经济和信息全球化快速发展的情况下,一个信息化的政府已经成为一个国家或地区在全球竞争中的一个竞争力要素,也是提升国家和地区全球竞争力、争得经济和社会发展"先机"的关键。

电子政务的发展对我国的经济和社会发展,特别是信息产业的发展将有着十分重要的影响。电子政务的发展还将对我国各行各业信息化的发展,包括电子商务和电子社区的发展起着示范作用。

如何实现由"现有的政务"到"电子政务"的转变,是一个十分复杂的问题。借鉴国外许多成功的经验和失败的教训,我国电子政务的发展应从以下几方面考虑:

1. 发展电子政务的中国国情

就整体而言,比起发达国家来,信息技术在我国各级政府中的应用起步较晚,计算机和网络技术在我国的应用时间还不算长,特别是一些经济相对不发达的地区情况更是如此。虽然近年来,计算机的应用在各部门的发展很快,但总的来说,在政府内部业务流的计算机化方面我们还有很长的路要走。政府内部业务流的计算机化是政府实现对用户服务信息化的基础,把政府内部的管理信息系统建设与面向用户的服务信息系统建设结合起来,综合加以考虑和规划,充分利用我们的后发优势,争取实现跨越式的发展。

由于电子计算机在政府中的应用时间不长,在我国政府各部门中还没有真正建立起一种有利于电子政务和信息化发展的计算机文化。电子政务的发展,无论在它的内容和方法上,将不可避免地遇到各种各样的社会阻力。特别是当电子政务的发展与某些部门或集团的利益发生冲突的时候,当电子政务的发展影响到少数人的权利和利益的时候,当电子政务要求政府行为更加透明而使得贪污、渎职不易发生的时候,这种阻力更为突出。因此,在电子政务的发展过程中,如何克服形形色色的社会阻力是电子政务能否成功的重要因素之一。

2. 审慎规划,小步快走

"想得要大,起步要小,扩张要快"是全球对信息系统工程建设的共识。这个原则是由信息系统工程项目自身的特点所决定的，如资金和技术密集、对项目管理的要求比较高、信息技术本身发展快、不断提供新的设备和手段等。

“想得要大”是指根据对信息技术发展的预期审慎地确定电子政务的长远发展目标，或一个期望实现的“电子政务”蓝图。这个规划的目标应该是产出明确的、可以测量的，而不是抽象的、概念化的；规划要“大处”着眼、“远处”着眼，要有足够的洞察力和想象力。

“起步要小”是指要以小的、容易实现的、效果明显的项目起步，确保“初战必胜”，或者将大的项目分解成若干个小的项目组织实施。在实践中锻炼队伍，取得领导的信任和用户的支持。

“扩张要快”是指在已经取得经验和效益的基础上，加快系统扩张的步伐，尽快拿下这个系统所应有的全部经济和社会效益，充分享受信息化和信息技术带来的好处，扩大影响，在更大程度上取得政府和相关部门的支持。

3. 电子政务实现中优先级的考虑

从目前世界各国的情况来看，大致可以从三个角度来考虑我国电子政务发展的优先级问题，即经济效益、社会效益和政府自身能力的建设。

(1) 从经济效益出发的优先级设定

经济效益显著的电子政务项目可以列举下面一些例子。

① 增加税入。各种税收管理系统，如所得税、增值税、财产税、海关管理系统（确保关税收入），以及各种费用管理系统，如公共卫生费、车辆费、注册费、执照费等，以帮助政府增加收入。

② 财务管理，包括工资管理、支付和开支管理、各种投资和建设项目的管理等，主要目的是保证资金进出的有效管理，实现“节流”。

③ 资源和计划管理，如地理信息系统、资源信息系统、国有资产管理系统、城市规划与建筑管理系统等。这类系统通过有效和高效的管理间接产生经济效益。

④ 营造良好市场和投资环境，如工商企业管理系统、进出口管理系统、国内与国际贸易管理及市场信息系统、产业部门统计分析与市场预测、经济分析及投资数据、新技术及技术转让信息、专利信息、外资管理信息系统，以及各种相关的政府法规信息及服务系统等。

我国的“金关”工程和“金税”工程的成功是这类项目的典型例子。国际上，许多政府都将与“增加税收”有关的系统列为电子政务工程的第一优先。北京市开发的网上企业登记注册审批系统则是营造良好的市场和投资环境的典型例子。

(2) 从社会效益出发的优先级设定

社会效益比较明显的电子政务项目可以列举以下几个方面：

① 面向居民的各种服务系统，如居民登记系统，包括出生、死亡、婚姻、迁移等，居民身份证、护照发放系统，自行车、汽车执照和驾照发放系统，各种证件的防伪系统，社会保障系统，社区的各种服务和管理系统，土地和住房的注册登记系统等。

② 警察与公安系统，如出入境管理系统、罪犯管理系统、监狱管理系统、毒品管理系统，交通检测和管理系统以及其他的公安管理系统等。

③ 公共教育和文化系统，如电子入学管理系统、大中小学上网、毕业证书和学位证明查询系统、数字图书馆、数字博物馆、社区公共信息中心等。

④ 医疗与保健系统，如医院信息系统、网上挂号系统、远程医疗系统、网上药物销售系统、器官移植信息中心、血液中心、医疗保险系统等。

⑤ 环境保护和环境信息系统，如环保信息系统、气象预报系统、地震检测系统等。

(3) 从政府自身建设出发的优先级设定

① 提高政府核心业务运行的有效性和效率，如国防、安全、情报系统、首脑机关的各种监控系统，决策信息系统，公文流动管理系统，内部通信系统，信息与知识管理系统等。

② 增加政府的透明度和反腐倡廉，如财务管理系统、人事管理系统、电子采购系统、政府工程招标系统等。

③ 政府信息资源的开发，如各种法律信息系统、政令信息系统、文件管理系统、档案管理系统等。

上面所列举的仅仅是发展电子政务时从不同的角度可以考虑的一些系统和项目，而电子政务所覆盖的政府业务范围则远比这里所列举的要多得多。

4. 以政府业务而为主线发展电子政务

从国外的情况看，无论是中央政府，还是地方政府，在电子政务的发展中均以政府的业务流为主线，一个一个地实现政府业务流的信息化，以避免强化现有的政府结构。

以政府的业务流为主线就是根据轻重缓急将政府职能中带有不变性的业务流一个一个地计算机化和网络化，既满足了政府的急需，又有利于政府的职能转变和政府的重构。

以政府业务流为主线发展电子政务实际上就是利用信息技术给政府重新"梳一次辫子"。把那些最急需的政府业务流的"辫子"先梳理出来，等到按照优先顺序把"辫子"梳完了，一个电子政务的总体结构就出来了。那些没有梳进"辫子"的业务流就是要转变的政府职能，而那些没有梳进"辫子"的部门就是要调整的政府机构。

5. 以标准化和规范化的方法发展电子政务

我国大大小小的政府机构数以万计，如此巨大的电子政务建设规模，如果采用个体经济的办法任由部门各自开发自己的系统，不仅浪费大量的资源和时间，而且由于缺乏标准和规范，政府之间、政府部门之间的各种系统势必难以兼容，信息资源难以共享。

实际上，电子政务中包含许多的标准"零部件"，如人事、财务、计划、公文、档案、日程安排、国有资产、器材、图书资料、考勤管理及政府网站等，不下数十种。如果这些"零部件"都规范化和标准化并由企业来开发，不仅可以节约大量的资源，而且可以形成和支持一个相当大的软件产业。"零部件"规范化和标准化的关键则在于政府业务过程的规范化和数据模型的标准化。

从国外的经验来看,电子政务的标准化和规范化并不一定都需要通过行政命令来实现,有些可以通过技术政策来引导和推进,有些则可以依赖于市场的作用,让市场占有份额大的产品成为事实上的标准或规范。建立政府与企业某种形式的伙伴关系有可能使双方都从中受益。

其实,政府信息系统的建设并不一定非要政府投资不可。政府的职责是完成法律赋予的职能,不是信息系统的开发。因此,在电子政务的发展中,政府的角色是准确地提出对信息系统的要求,实现对信息化的有效管理,系统开发的任务应该留给企业去做。如果每一个政府部门都建立一支队伍去搞部门的系统开发,不但成果不能商品化,而且为内部人员非法修改系统和犯罪提供了机会。

目前,国内有一种趋向,好像建一个系统就要搞一个独立于互联网的专网,理由是要确保系统的安全。专网太多,不仅使电子政务的投资急剧增加,而且也会造成极大的浪费。专网太多,还给政府信息系统的资源共享造成许多壁垒,降低了作为一个整体的政府信息系统的效率,给中央政府为了监控和决策而获取信息带来了很多困难。

为了保证国家的机密,有必要建设若干个独立于互联网的专网。但是,进入这种专网的系统越少越好。因为,进入这种专网的系统越多,专网的安全就越没有保证。

6. 电子政务的安全管理

电子政务的安全管理可以通过安全评估、安全政策、安全标准、安全审计四个环节来加以规范,进而实现有效的管理。

(1) 安全评估

什么系统需要专网,什么系统不需要专网;什么系统需要加密措施,什么系统不需要加密措施,应该通过系统的安全评估来回答。安全评估应该根据系统中信息的重要性,以及可能受到的潜在威胁的严重性来确定系统需要采取什么样的安全措施。对我国电子政务安全评估有必要建立一套标准程序,而任何系统在可行性论证前都必须完成安全评估。

(2) 安全政策

在政府对电子政务安全评估的基础上制定安全政策,包括政府信息系统安全等级的分类、与安全等级相对应的安全措施的要求、对参与系统开发和运行的企业(特别是外企)的要求和约束、系统安全的审计、安全问题的报告制度和程序、紧急情况的处理和应急措施等。

(3) 安全标准

在电子政务安全政策的指导下,需要制定具体的、对每一个安全等级的政府信息系统安全标准,包括硬件、软件、人员、系统安全,运行规范,数据和软件备份,系统的物理安全等。有了这些标准,每一个政府信息系统只要"对号入座"参照标准执行即可。这样,不仅有利于安全管理,还可以节省各部门和系统在安全问题上耗费的人力和财务资源。

(4) 安全审计

每一个政府信息系统在建成和运行的过程中,都应该接受部门的安全审计,以确保政府安全政策和安全标准的落实。

我国政府信息系统对于网络的使用可以考虑分为公用网(互联网)、公用专网(虚拟专网)与专网(光纤网),根据安全评估的结果按安全标准选择使用。政府信息系统应该充分利用虚拟专网技术,既使系统有必要的安全保障和专业化的网络管理,又可以节省大量的专网建设投资。

电子政务不是计算机室的工作,不是体制改革办公室的工作,而是各级领导、尤其是领导班子一把手的工作。

电子政务系统的建立不是一朝一夕可以完成的,电子政务的上述业务内容和服务也不是一出现就具备了的。在系统建立方面,是一个从简单到复杂的发展过程,是逐步建立和完善起来的过程;在服务内容实施方面,是一个从试行到适应、由怀疑到自觉贯彻的长期过程。在这里,各层领导的决心、各层领导的示范和带头作用,既是建立电子政务系统的关键,也是实施电子政务的关键。其中,领导班子里的第一把手又起到了决定性的作用。

8.6 网络财务与其他商务的支持

8.6.1 网络财务与其他业务的一体化

网络财务与其他业务的一体化主要体现在网络系统与企业的其他业务系统之间的一体化上。网络财务系统与企业的每一个业务系统(生产管理系统、客户关系管理系统、会计信息系统、存货与物流管理系统等)形成了集成化的网络系统,系统之间可实现基础数据共享。网络财务系统中的数据库不再孤立地用于会计与财务用户,而是延伸到了支持企业的战略管理和供需链管理。企业财务从单纯的业务性和局部性控制转向战略性和全局性控制管理。企业财务强调企业财务系统、购销系统、制造系统、人力资源系统及决策支持系统的整体应用,这种系统间的整合设计形成了一个物流、资金流相统一的企业内部价值链,从而能够实现 JIT 管理、全面质量控制,并且能变“结果管理”为“过程管理”,并可全面支持电子商务。

财务业务一体化信息平台是电子商务的构建基础。若忽视企业内部流程和外部交易的整合,仅仅为了实现前端网上交易而使得内部业务和管理不能与之配套、整合,则电子商务只能成为空谈。通过采用“电子资金支付转移系统,对企业的资金结算和销售管理实施实时监控”这种协同化财务管理方式,能消除财务活动与业务活动在动作上的时间差,使企业的财务资源配置与业务运作协调同步,从而最终实现资源配置的最优化。

8.6.2 电子商务对网络财务软件的要求

基于因特网的电子商务要求财务软件必须向网络化方向发展，即发展为网络财务软件。网络财务软件是网络财务的重要组成部分，是基于网络计算技术，以整合实现企业电子商务为目标，能够提供因特网环境下财务管理模式、财会工作方式及其各项功能的财务管理软件系统。它可以帮助企业实现财务与业务协同、远程报表、报账、查账、审计等远程管理，实现实时动态会计核算与在线财务管理，实现集团型企业对分支机构的集中式财务管理。

为了适应电子商务的要求，网络财务软件必须提供全新的特性，具体如下：

1. 财务与业务协同

在企业内部，网络财务软件系统必须能够与企业的每一个业务系统（生产管理系统、客户关系系统、会计信息系统、存货与物流管理系统等）形成集成化的网络系统，系统之间要能够实现基础数据共享。在企业外部，网络财务软件系统要提供一些标准接口，能够实现企业与社会相关部门（如工商、税务、金融、保险）之间的协同。

2. 远程处理

为了适应电子商务的发展，企业财务管理的能力必须能够延伸到全球的任何一个节点，可以顺利实现远程报账、远程报表、远程查账和远程审计，实现网上询价、网上采购、网上销售、网上催账等在线供应链服务。因此，网络财务软件的远程处理功能必不可少。

3. 动态核算

传统的财务处理是对企业经营结果的表态进行的统计，它只能在一个假设的会计周期后对生产、销售、成本等经营参数进行统计计算。在网络财务方式下，随着技术手段的发展，动态核算逐步取代了静态核算，业务活动方式也由定时转变为了即时。另外，财务报表和财务报告也突破了原有会计周期的限制，使财务数据更具有决策意义。因此，动态核算应该成为网络财务软件一个必备的功能。

4. 采用基于B/S模式的网络架构

在网络得到广泛应用以前，传统的企业管理软件大都是在于C/S（Client/Server）结构基础上开发而成的，即大家熟知的客户机和服务器结构。它是软件系统体系结构，通过它可以充分利用两端硬件环境的优势，将任务合理分配到Client端和Server端，从而降低系统的通信开销。传统的C/S体系结构虽然采用的是开放模式，但这只是系统开发一级的开放性，在特定的应用中无论是Client端还是Server端都需要特定的软件支持。由于没能给用户提供真正期望的开放环境，所以C/S结构的软件需要针对不同的操作系统开发不同版本的软件，加之产品的更新换代十分快，已经很难适应百台电脑以上局域网用户的同时使用。另外，C/S结构还具有使用代价高、效率低的特点。

随着网络技术的不断发展和网络应用的不断普及，一种新的基于B/S模式的开发结构应运而生，即B/S（Browser/Server）结构，也即浏览和服务器结构。它是对C/S结构的一种变化或者改进。在这种结构下，用户工作界面是通过网络浏览器（IE 等）来实现的，极少部分事务逻辑在前端（Browser）实现，但是主要事务逻辑在服务器端（Server）实现，从而形成了所谓三层结构。这样就大大简化了客户端的电脑负载，减轻了系统维护与升级的成本和工作量，降低了用户的总成本。

以目前的技术看，在局域网中建立 B/S 结构的网络应用，并通过 Internet/Intranet 模式进行数据库应用的方式相对易于把握，其成本也是较低的。这种方式是一次性到位的开发，能实现不同的人员从不同的地方以不同接入方式（如 LAN、WAN、Internet/Intranet 等）访问和操作共同的数据库；这种方式还能有效地保护数据平台和管理访问权限，服务器数据库也更安全。特别是在 Java、C#等平台语言出现之后，B/S 架构管理软件更方便、快捷、高效。

8.6.3 网络财务中的电子商务接口

电子商务作为一种全新的商务模式，对传统支付结算模式的冲击很大。传统的支付结算系统是以手工操作为主，以银行的金融专用网络为核心，通过传统的通信方式（邮递、电报、传真等）来进行凭证的传递，从而实现货币的支付结算，在电子商务环境下，传统的支付手段被电子支付取代。网络财务软件在因特网和电子商务的开放式环境下运作，要实现其远程处理、集中处理、信息共享和支付电子商务的基本功能，实现跨越时空的实时业务处理，就必须拥有一个高效、可靠的信息门户和安全屏障——电子商务接口。如前所述，电子商务接口应具有信息交换管理、安全控制管理、电子票据管理、工作流管理和网上支付管理等功能，它们之间相互联系、紧密配合，形成了一个安全、可靠的介于网络财务软件和企业外部、企业其他信息子系统之间的安全信息通道。由此可见，电子商务接口在网络财务软件具有重要地位。

1. 电子商务接口是网络财务软件的信息用户

通过使用电子商务交换（Electronic Data Interchange，EDI）和基于因特网的开放式采购（Open Buying Over the Internet，OBI）等结构化事务数据交换技术，将 EDI、OBI 系统集成于电子商务接口的信息交换管理模块中，结合内部的其他交换技术，能够即时接收和发送有关的信息，实现网络财务软件与企业外部、企业内部其他信息系统之间的双向信息交流，从而保证信息通道的唯一性。

2. 电子商务接口是网络财务软件的信息安全屏障

电子商务接口通过提供安全控制管理、工作流管理功能，分别从安全技术机制、业务规则机制对流出或流入网络财务软件的信息进行控制，从而可实现对有关信息的保护，确保信息的安全性和可靠性，并为网络财务软件的信息安全提供一道保护屏障。

电子商务接口的信息实现交换管理模块，解决了网络财务软件系统与企业其他管理系统之间的双向信息交换问题；通过电子票据管理、网上支付管理，解决了电子商务的无纸化处理和支付问题，从而为财务与业务协同、电子商务的开展提供了全方位的支持。

综上所述,电子商务接口是网络财务软件的信息门户和安全屏障,在网络财务软件中具有重要地位。一个设计良好的电子商务接口,将是网络财务软件开发成功的关键。电子商务接口作为网络财务软件与企业外部、企业内部其他信息子系统之间的桥梁,对企业整体电子商务的成功实施起着至关重要的作用。

本章小结

企业的财务活动表面上看是钱和物的增减变动,其实钱与物的增减变动离不开人与人之间的经济利益关系,这就是我们讲的财务关系。财务关系体现着财务活动的本质特征,并影响着财务活动的规模、速度。

财务关系有四个层次:

(1) 主导性的关系,指与国家、投资者、董事会和监事会的财务关系,是关系到企业的生存命运的关系;

(2) 内政关系,指内部各部门之间的关系;

(3) 基础关系,指与职工的关系,是企业正常生产经营的基础;

(4) 与其他财务主体的关系。

搞好内政、外交是企业的经营之道,也是财务部门日常工作的主要内容。总之,应正确处理和协调与各有关方面的财务关系,取得国家、投资者和其他单位的信任,努力实现企业与其他各种财务主体之间的利益均衡,调动各方面的积极因素,促进企业生产经营活动的正常开展,实现财务管理目标。

电子商务是基于网络信息技术的一次商业革命,它不仅涉及电子技术和商业交易本身,而且涉及诸如金融、税务、教育等社会其他层面。它是处理好财务关系的一种很好手段。

电子政务是协调财务关系的又一个平台。它包括企业业务咨询、办理各种证照、网上纳税、办理货物进出口报关手续等。

练习题

1. 名词解释

(1) 电子商务

(2) 电子政务

(3) 电子商务的特点

(4) 网络财务软件

(5) 电子商务接口

2. 选择题

(1) 国家以收缴各种税费的形式,与企业之间产生财务关系,企业应照章纳税,这是一种强制性(　　)关系。

A. 分配　　B. 收缴　　C. 分开　　D. 理解

(2) 电子商务对(　　)提出了更高的要求,也是对网络财务的有力支持。

A. 会计核算　　B. 财务管理　　C. 固定资产折旧　　D. 工资计算

(3) 企业文化就是企业的价值观,企业的信念和企业的灵魂。一个没有灵魂的企业,是不可能获得(　　)的。企业文化是一种力量,表现为企业的凝聚力、激励力、约束力、导向力、纽带力和辐射力。

A. 胜利　　B. 获益　　C. 持久发展　　D. 共同进步

(4) 网络财务能够很好地支持企业内外的(　　)业务。从内部的协同来看,网络财务使得财务部门的预算控制、资金准备、网上支付、网上结算等工作与业务部门的工作协同进行;从外部的协同来看,网络财务使得企业的网上询价、网上催账、网上保险、网上报税等工作与其他企业和社会部门的工作协同进行。

A. 共同　　B. 一起　　C. 合作　　D. 协调

(5) 在网络财务方式下,随着技术手段的发展,动态核算逐步取代了静态核算,业务活动方式也由定时转变为了(　　)。

A. 即时　　B. 当地　　C. 快速　　D. 加速

3. 判断题

(1) 企业与职工之间是以权、责、劳、绩为依据的在劳动成果上的分配关系。(　　)

(2) 现行财务报告体系重视对企业有形资产的报告,而对无形资产的揭示却不够。在网络时代,无形资产取代了有形资产在企业生产经营中的重要作用,如果在财务报告中不能对无形资产做出充分的揭示,也不会妨碍信息使用者对企业整体价值的评估。(　　)

(3) 与传统的财务管理相比,电子商务条件下的财务管理充分应用因特网技术,对企业财务进行了实时管理。(　　)

(4) 网络财务的发展促进了电子商务的进一步发展,使电子商务的水平也没有跃上了一个新台阶。(　　)

(5) 电子商务的迅速普及不一定会推动网络财务的出现和发展。(　　)

4. 复习思考题

(1) 怎样理解电子商务的内涵?

(2) 我国电子政务发展的策略是什么?

(3) 电子商务是从哪些领域对传统财务系统产生冲击的?

(4) 怎样理解网络财务与电子商务之间的关系?

(5) 电子商务和电子政务对网络财务管理的支持体现在哪些方面?

第9章　网络财务应用案例

——信阳师范学院的网络财务管理

本章框架结构

高校财务管理：
- 高校网卡财务系统的建设
- 基于IT结构的高校预算管理系统
- 高校的预算绩效指标评价体系
- 智能网络财务分析系统
- 财务信息网上查询系统

本章学习目标

- 了解网络财务应用在高校中的案例；
- 理解高校网络财务系统的建设；
- 掌握高校预算管理系统。

网络财务的发展日新月异，当前应用计算机网络技术、实现学校网络财务管理已是学校实现现代财务管理的必然选择。现结合信阳师范学院应用网络财务的实践，对单位运用网络财务进行管理提出一些思考，以飨读者。

信阳师范学院是一所师范专业为主体、具有学士学位和硕士学位授予的河南省本科院校，是河南省两所重点高等师范院校之一，也是河南省基础教育师资培训的重要基地。经过三十多年的艰苦创业，学校已经发展成为具有47个本科专业，涵盖文、史、哲、经、管、法、教、理工等9大学科门类的本科院校。校园占地面积79.5万平方米，校舍建筑面积49.8万平方米，教学仪器设备总值7 614.66万元，图书馆藏书163.03万册，中外文期刊3 875种。基础数学、汉语言文学等18个专业招收硕士研究生。设有河南省基础教育研究中心，拥有两个河南省普通高校人文社会科学重点研究基地和3个省级重点学科。建有网络信息与计算机中心，有各类实验室55个，多媒体教室、微机教室18个，教学仪器设备总值8 000多万元。现有职教工1 259人，其中，具有高级职称教师300多人，硕士、博士学位教师400多人。在校硕士研究生、普通本专科学生1.6万余人，成人教育学生6 000余人。

计算机在学校财务上应用是1992年先从工资合算开始,逐步过渡到整个财务系统的合算,1997年在原有单机核算的基础上转向应用计算机网络技术,建立了学校内部的会计电算化局域网,实现了学校财务网络管理。经过多年来的运行,给整个学校的会计核算方法、财务工作方式、跨级监控职能和财务实务管理等方面带来了深刻变革。

(1) 依托实时生成功能,实现财务信息实时化。网络财务的一大特点就是财务信息的实时生成。无论会计业务发生在何时何地,一旦确认都将存入相应的服务器,并主动送到网络财务管理系统,进行实时处理并自动生成,使会计核算实时和迅速。信阳师范学院在学校财务处设立网络财务服务器,学校各单位的财务进行网上核算,并通过出纳、会计账务、学生收费、工资管理、经费查询和预算管理等子系统资料的无缝连接,形成了学校内部计算机联网运行的局域网,实现了会计核算的实时处理、实时汇总、实时反映。

(2) 依托远程处理功能,实现财务管理集中化。在实施网络财务核算之前,由于下属各单位的办公楼宇分布分散与交通通信等限制,学校内部上下之间在信息沟通、管理幅度、集权决策等方面都存在着困难,导致上下信息不对称、财务决策迟缓,影响了整个学校财务管理的效率。应用网络财务后物理空间距离变成鼠标距离,使学校的管理能力延伸到任何一个结点,财务管理集中化变为现实。

(3) 依托网上理财功能,实现财务监控动态化。网络财务的最大优势就是能够在网上进行理财活动,不仅实施财务核算和分析,更重要的是实施远程控制和监督,使财务控制从事后的静态控制发展为事中的动态监控。尽管内部组织层次复杂、管理链条长,但通过网络财务能够突破时间和空间的限制,随时监控各级的经营动作、财务动态。在空间上是全面监控,通过各部门及各种业务与网络财务联网,对整个单位正常运营过程中的成本、业务动态,实行全面监督与控制;在时间上是全程控制,利用网络技术的远程处理和集中处理能力,通过网络系统实时信息进行过程控制。例如,学校领导通过"财务信息综合查询决策系统",随时掌握某单位某笔业务的发生情况,对单位异常的财务活动随时通过网络"下达"新的财务决策指令,所属单位也可以通过系统随时"上传"请示,从而实现了上情下达、下情上报的无纸化办公,提高了财务决策的实效。同时,学校可以把网络系统连接到单位的审计部门,使原来事后审计变为实时审计、过程审计,有效地制止了财务决策失误与资金流失等问题的发生。

(4) 依托网络技术功能,实现财务工作网络化。如今学校的管理,各个部门之间、各种业务之间在分工进一步细致的同时,相互之间的关联却是越来越紧密,运作也是更加精密,这就要求网络财务和内部各业务关联系统"无缝连接",实现财务、业务一体化,财务工作网络化。信阳师范学院的具体做法:一是学校内部信息"三流和一",即物流、资金流、信息流的高度统一,网络财务已经是与学生管理、资产管理、人事工资等进行连接,形成了学校内部信息网络系统,进行联网申报连接,实现资源共享;二是与社会外部的联网运行,就是通过互联网,实现与学生、教职工及业务客户之间的协同,与网上银行、税务机关的协同。如学校网络财务已实现与网上银行联网,可以随时查询各二级单位银行账户最新资金信息,并随时可以通过网上调度划转资金,直接进行网上支付和网上结算,显著加快了资金周转速度,提高了资金使用效益。

9.1 高校网卡财务系统的建设

网络财务系统是学校管理信息系统的重要组成部分,是站在整个学校管理的角度来设计和开发的,是在提供完整的财务核算功能的基础上提供很强的财务分析和决策支持功能,充分考虑与其他子系统的关系和资料接口,能和学校管理的其他子系统一起构成一个资料高度共享、协调运作的有机整体。

网络财务系统是对学校教学、科研及管理等活动中产生的价值信息即资金流进行采集和处理,为各级管理人员及信息使用者提供相应的汇总、分析、预测和信息的集合。

9.1.1 学校财务管理模式

学校网络财务系统的设计是以实现业务处理、管理职能与会计核算和财务监控的协同管理为目标,依据业务重组理论、决策理论,提供满足决策目标的预测、控制和分析手段,并有效地控制学校的各项支出。建立在协同运作基础上的财务软件能够跨部门应用,使信息资源充分共享,资源在系统间传递非常流畅,学校各个管理部门都能够直接得到其最重要的相关信息,从而以最快速度做出决策,能够达到学校资金流与物流的一体化管理目标。随着经济体制改革的深入进行,市场经济要求高校在国家宏观调控和指导下自主办学,相应地,努力拓宽筹资渠道、优化支出结构、追求最大的办学效益成为财务管理的基本目标。同时,科学技术(信息技术、通信技术)的飞速发展,新型的社会环境所创造的新技术条件优化了网络财务系统的客观环境。

提供及时、正确、相关的会计信息是高等院校网络财务的功能与作用的具体体现。网络财务会计目标的强化可以体现在其所提供信息的质量特征上。可靠性、相关性、及时性都由于大功能电子计算机运用而更容易实现也更加必要了。由于采用先进的技术手段,不仅会计工作效率、提供和处理信息的能力大为提高,而且可以更好地做到如实反映,使网络财务系统的信赖度增加,可靠性提高。

校园网是整个学校信息管理系统建立的基础,也是网络财务系统运行的基础。没有校园网,学校内部的各种信息就没有充分发挥作用的舞台。网络财务是现代财务会计管理与计算机技术的高度结合,其主要特点是"技术—业务—财务—管理"四方面信息的高度共享,而信息共享、资料交换、良性循环、高效运作的必要条件就是必须有计算机网络,只有这样网络财务的经济效益和社会效益才能得以充分体现。

校园网作为学校内部信息管理和交换的基础设施,是 Internet 技术在学校内部信息系统的应用和延伸,但又不局限于学校内部。它基于 TCP/IP 协议和 www 技术规范,通过简单的浏览接口,方便地集成现有的各类系统,其节点由一个或几个防火墙保护,防火墙之间由安全性高的虚拟网连接,它是一个开放、分布、动态的双向多媒体信息交流环境,是对现有网络平台、应用技术和信息资源的重组与集成,是 Web 协议构建的信息集成和信息服务的信息设施。校园网除了具有 Internet 的所有特点外,最明显的不同在于学校的某些信息可能要对外保密,外来者的访问要受到防火墙的限制,但学校内部用户可以根据所授权限的不同而获得不同级别的信息,而且内部用户还可以有限的链接到外部 Internet,达到内外相通,但又不受外部干扰,可以更快地传递更加丰富的信息形式。

学校管理信息系统应是对学校各职能部门、各院系、科研等管理子系统产生的信息的集合,即把教务管理系统、学生管理系统、人事管理系统、资产管理系统、网络财务系统、图书馆管理系统、科研管理系统等以及各系院的管理系统发送到校园网 Web 网页的信息加以整理、集合形成新的信息系统数据库的资料,即中心数据库的资料。该数据库资料的录入、修改、删除权限授予资料所属的部门,其他部门或人员只能根据所受权限进行查询。学校管理信息系统与学校办公自动化相辅相成,成为学校各级领导决策的依据。

信阳师范学院网络财务系统的运行模式有以下特点:

1. 根据业务流程重组的原理对会计业务流程进行重组

网络管理信息系统在高校管理活动中的广泛应用,特别是网络财务系统的跨部门应用,使得学校的管理组织结构、会计组织结构将发生很大变化。会计信息将伴随着各管理部门或院系的业务活动的发生而产生,会计信息的采集端将前移至各业务部门,业务活动所携带的价值信息将从网上由经办部门直接传递至财务部门。此信息一经财务部门确认,其后的信息处理将自动进行,如账务处理、银行转账等。

2. 根据事项会计理论,网络财务系统应对各项交易活动的事项进行存储、传递

系统的设计者先分析出不同会计信息使用者所需要的信息种类,然后针对各种信息处理结果设计出各自的对事项进行积累、分配和价值计算的事件驱动型。这样会计信息使用者就可以驱动相应的事件,系统就执行相应的信息加工处理程序,从而提高相应的信息加工处理结果。这种模式下,人们由被动接受单一的财务报表转换到自主选择财务信息,从而实现了网络财务系统的质的飞跃。

3. 网络财务下会计信息处理方式采用事件驱动处理方式,而非手工系统的单一顺序处理方式

在传统财务系统下,会计凭证作为记录经济业务的最小单元,会计科目作为会计分类的最小单元,经过账簿的分类汇总,并经过平行登记、过账、结账、对账等手段,最后通过提供会计报表的方式来提供会计信息。而网络经济社会中,上述传统的会计凭证所记录的信息就远远不能满足需求。因此,以经济活动事项作为会计分类的最小单元,在网络财务日常核算中,仅仅将各项交易活动的事项进行存储、传递。网络财务系统在设计时,先分析出不同会计信息使用者所需求的信息种类,然后对各种信息处理结果设计出各自的对事项进行积累、分配和价值计算的事件驱动模型。这样,会计信息使用者就

可驱动相应事件，系统就执行相应的信息加工处理程序，从而提高相应的加工处理结果。

根据决策理论，运用事件驱动方式，利用学校办公自动化系统，采用各项决策模型，学校的高层领导、管理部门即可根据网络财务系统提供的精确会计资料及相关的会计信息做出决策。

9.1.2　信阳师范学院的网络财务系统

计算机网络的普及带来了会计工作方式和会计人员职能的转变，电子商务的发展，使传统的财务管理模式受到了前所未有的挑战，也带来了全新的发展机会，促进了财务管理的网络化，即网络财务的实现，从而使传统的财务管理从桌面走向网络势在必行，建立基于 Internet/Intranet 的网络财务系统也是顺理成章、大势所趋之事。

1. 网络财务系统的总体设计

（1）网络财务系统的总体目标分析

① 促进财务管理工作的现代化。财务管理以计算机网络为基础，将有关的工资、学生收费、账务处理、固定资产管理等工作联成一个整体，使财务的信息搜集、处理更迅捷、准确，从而减少因信息整理和加工延误造成的损失。

② 建立信息集中统一的基础数据库。建立账务处理、工资和学生收费等信息数据库，由网络资料共享性，对财务信息资料进行统一管理，为平时的财务管理、分析提供可靠的信息来源。

③ 利用现代化的计算机技术，保证资料的一致性和完整性。利用计算机网络通信技术与数据库管理技术，提高数据处理的及时性和资料使用的准确性，实现一次录入，多次使用，多次共享，保证资料的一致性。

④ 有良好的可靠性，可维护性。系统应该具有良好的容错能力，抵御外界干扰，同时在总体分析的基础上，可以根据需要比较容易地进行功能的扩充与修改。

⑤ 系统易学习，易操作。系统应具有良好的人机界面、操作方便易学，有关人员通过简单讲解便可掌握。

（2）网络财务系统的总体框架设计

以行政事业单位会计的代表之一高等学校网络财务系统为实例原型，根据信阳师范学院的实际情况，利用已有的计算机设备，设计出如图 9-1 的网络财务系统的总体框架。

2. 网络财务系统的实现

（1）系统选型

系统主要采用了微软公司的服务器、数据库以及 Internet/Intranet 的网络产品。服务器端采用 Microsoft Windows NT4.0 + SP5.0，Microsoft Internet Information Service 4.0（IIS 4.0）；数据库采用了 Microsoft SQL Service 9.0；客户端采用 Microsoft Internet Explorer 5.0 为主的 Web 浏览器。

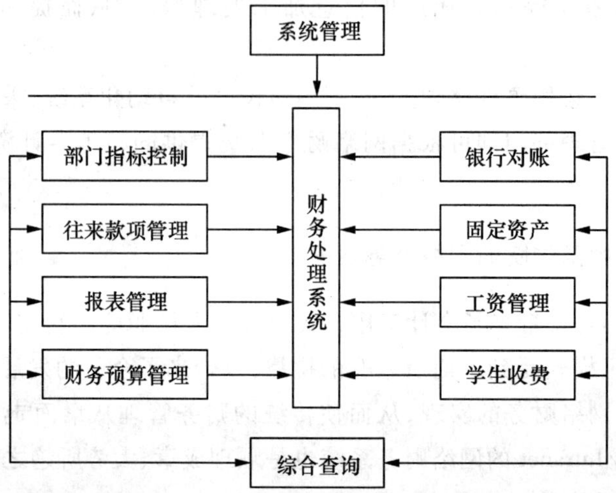

图 9-1　网络财务系统的总体结构图

系统所具备的特点如下：

第一，功能强大、可靠性高、操作简便。

Microsoft Windows NT 4.0 server 是完全客户机/服务器结构的 32 位网络操作系统，支持多任务、多线程调度，可充分发挥硬件资源能力，在 Microsoft Windows NT server 上，所有的应用程序均运行在独立的地址空间，因而可靠性高；它的安全性符合美国国防部的 C2 级安全标准，具有多层次的安全保护功能，可有效地防止对系统的非法访问和破坏。Microsoft Windows NT 4.0 server 的远程联网与异种机联网性能优越。

Microsoft SQL Service 是具有工业程度的、企业级大型数据库系统，其具有优化查询技术，使得查询速度不会因处理资料而显著增加，它的安全性、事务处理能力误差均符合事务处理要求。其智能服务器技术增强了服务器上的资料整体性，减少了维护成本。

第二，提供了完整的 Internet/Intranet 解决方案。

微软 Internet/Intranet 的应用与开发提供了大量系统程序与工具。Microsoft Internet Information Service 是微软公司的 Internet 服务器系统，具有可伸缩、高性能、安全的特点。目前已成为 Microsoft Windows NT serve 的标准部件，并与之无缝集成，组成 www、FTP、Gopher 服务器，与(ISAPI)结合，能开发出功能强大、高效的服务器应用程序，以扩展服务器功能。

Internet Database Connector(IDC)技术在 Web 浏览器上和 SQL Server(或其他 ODBC 资料源)之间建立联系，它作为 ISAPI 的扩展在进程中高效运行，支持丰富的静态查询与动态查询/更新，访问储存过程，使得 Web 页面能够及时、动态、交互访问，修改服务器的数据库内容。

(2) 网络财务系统规划

综合考虑投入资金、使用要求、管理维护以及高校财务管理本身的特殊性，他们于 2000 年初决定：网络采用一台 HP 高性能服务器和 9 台工作站，Windows NT 4.0 网络操作系统、星形网络拓扑结构。

各工作站分别用于处长查询各种报表及财务指标、对各单位经费指标及学生收费查询、学生收费、工资核算、财务处理和各项财务指标的综合分析。银行业务的工作站在进行资金拨款时断开与网络财务系统的网络接口,通过校园网进入网上银行系统,工作完成后可断开与校园网而接通网络财务系统进行财务处理。财务信息网查询财务信息,管理员定期将网站网络财务系统中的资料导入网上查询系统。在资料导入时断开与校园网的连接而进入网络财务系统。最后建成的网络财务系统网络的结构如图 9-2 所示。

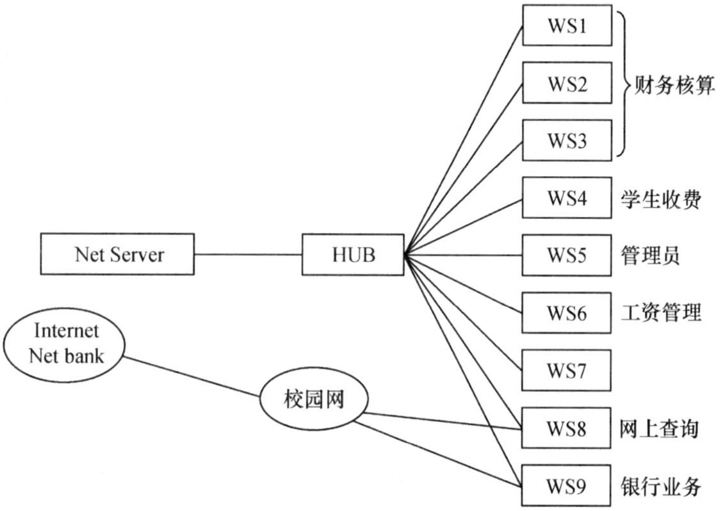

图 9-2 网络财务系统的网络结构图

3. 网络财务系统的实施方案

(1) 硬件平台

① 服务器:采用 Pentium Ⅳ 及其以上的专用服务器。

② 客户机:选配 Pentium、Pentium Ⅱ 或其以上型号的机器。

③ 通信线路:网卡接入校园网,拨号电话线接入 Internet 和网上银行。

(2) 软件平台

① 服务器:操作系统采用 Microsoft Windows NT server 4.0 网络操作系统;网络平台采用了 Microsoft Internet Information Service 4.0 以及 TCP/IP 协议、NETBEUI 与 HTTP 协议;数据库采用了 Microsoft SQL Server 7.0;材料连接、查询与修改采用了 ODBC 支持下的 IDC 技术或 ASP 技术。

② 客户机:操作系统采用 Microsoft Windows 98 及以上;浏览器采用 Microsoft Internet Explorer 5.0 为主。

③ 网上查询系统采用 PIV CPU 的高性能微机,以 Windows 2000 作为操作系统保证了系统的安全。

开发工具:Microsoft FrontPage 2000。

客户端:为方便人员浏览查询,采用 Microsoft FrontPage 2000 编制了若干 Web 页面,通过嵌入 HTML 页面的 Java Script 程序,调用服务器的 IDC 文件,并接收由服务器传回的 HTML 文件显示在浏览器中。

服务器端:根据用户需求不同,分别编制了 IDC 文件与 HTX 文件,其中 IDC 文件内容包含相关的 SQL 语句,HTX 文件返回结果所用的 HTML 模版文件。

4. 设备的选购

(1) 硬件设备的选择

① 网络服务器:HP Net Server LC 2000,PIII 366CPU,128MB 内存,2 × 18.4GB 硬盘,带有 3.5 寸软驱和 40 速光驱各一个;由于系统升级,现已更换为浪潮服务器,原服务器用做网上查询系统的专用服务器。

② 工作站:网络管理员,联想奔月 2000,PIV1.4GCPU,256MB 内存,60GB 硬盘,并带有扫描仪和 HP 刻录机等外设;其余各工作站选用的微机分别为 PII 以上的机器,内存为 64MB 以上,硬盘多为 2GB 以上,并且办理银行业务的工作站接有一 56Kbps 的 Modem 通过拨号上网,现已全部升级为 Pentium IV 及其以上档次的机器;一个 D-link 16 口的 HUB 将服务器与各工作站相连,网卡为 10/100Mbps 自适应网卡,现已升级为高性能的交换机。

③ 网线:因所有办公室均在同一层楼房,距离较近,传输介质选用的是屏蔽 5 类双绞线。

④ 打印机:HP 6L 激光打印机一台和 HP LaserJet1020 激光打印机两台,主要用于打印文件和报表等;Star AR6400、AR3240、Epson LQ1600K 针式打印机和票据打印机 6 台,分别用于打印记账凭证、工资表、学生收费单据和各种报表等。

(2) 操作系统与应用软件的选择

① 服务器:网络操作系统采用了 Microsoft Windows NT 4.0 server + SP5.0;网络平台采用了 Microsoft Internet Information Service 4.0(IIS 4.0)以及 TCP/IP 协议、NetBEUI 与 HTTP 协议;数据库采用 Microsoft SQL Server 9.0。

② 工作站:操作系统全部采用了 Microsoft Windows 98,现已将操作系统全部升级为 Windows 2000;浏览器采用了 Microsoft Internet Explorer 5.0 为主;办公软件为 Microsoft Office 2000 系列。

5. 技术路线

(1) 查询服务器的设置

构建单位网络财务系统的目标是让所有合法用户都能自由地共享、使用信息。在这些环境下的信息来源于许多地方,其范围涉及讨论组以及专用系统等。对于"海量"信息来说,最好的一个保存场所就是数据库。通过将数据库放置到 Intranet 环境,可使这些信息变得更有意义。同时,还能在不需要任何特殊软件的前提下,向用户提供有效的数据库访问途径。为通过 IIS 系统进行数据库访问,需要对 HTML 页赋予 ODBC 连接能力,以便当用户发出数据库请求后在服务器上进行查询。

① 在服务器上安装 IIS 4.0,并在安装时复选 ODBC 选项,以便激活 IDC 功能。

② 为了让 IIS 能正确地访问数据源,微软款为 ODBC 配置添加了一个新的选项,用它运行“Ststem DSN”。这些特殊的数据源为我们提供了设置全局(公用)数据源的一种途径。

③ 由于登录进入的用户可能设置了对系统和资源的不同访问方式,所以需要用 System DSN 保证它们访问的都是正确的数据库,在配置中必须添加 MS SQL(SQL Server)的选项,同时在相应的位置填入所要使用的数据库名和其库所位于的服务器名。

(2) ODBC 的安装

ODBC 是 Microsoft 公司提出的结构化查询语音(SQL)访问数据库的标准,它的全称为 Open Database Connectivity,即开放式数据库连接。SQL Server 9.0 包含升级的 SQL ODBC Server 3.7 驱动程序,符合 Open Database Connectivity 3.51 规范,包含了 ODBC 3.7 Driver Manager。通过 ODBC 接口驱动程序,应用程序可以打开和查询数据库。

安装 ODBC 资料源:单击【开始】→【设置】→【控制面板】→【ODBC 资料源(32 位)】→双击“添加”按钮,然后根据提示进行设置即可。

从 Internet 进行 ODBC 部件下载:ODBC Setup 已经打包成 Cabinet 文件了,从而可以直接从 Internet 进行 ODBC 部件下载。Cabinet 文件(ODBC 30. cap)能够在 HTTP://activex. Microsoft. com/com/controls/vb5 下找到。

(3) 数据查询流程数据

查询的工作流程简介如图 9-3 所示。

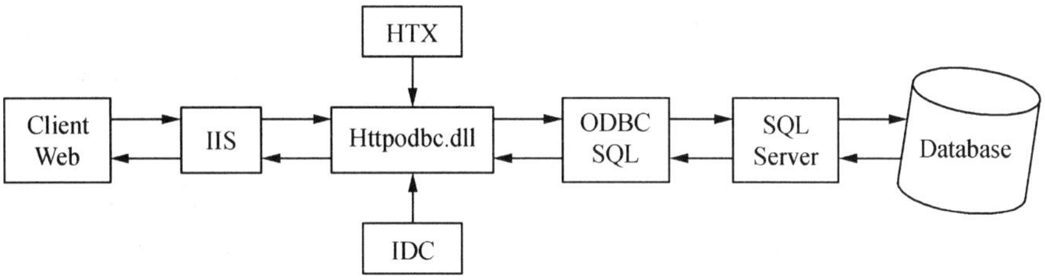

图 9-3 查询工作流程

① 用户通过 Web 浏览器调用页面,浏览器以 HTTP 协议方式向 Web Server 发出请求,请求中含有相应的 IDC 文件。

② 运行 Windows NT Server 4.0 上的 Microsoft 4.0,接收到 Web 浏览器发来的 HTTP 请求后,以 Internet Server API 方式调用 ODBC 动态链接库(HTTPODBC. D11)。

③ ODBC 根据请求中 IDC 文件的 URL,读取服务器的 IDC 文件,取出其中与请求相对应的 SQL 语句,启动 ODBC 驱动程序(ODBC for SQL Server),通过 SQL Server 完成查询与修改功能。

④ ODBC 驱动程序收到 SQL Server 返回的结果,传给 HTTPODBC. d11。

⑤ ODBC 驱动程序根据 IDC 文件保存的 HTML 扩展模板文件(HTX),调用相应的

HTX 文件,将结果放入文件中、生成普通的 HTML 文件,传给 IIS。

⑥ IIS 的 HTML 文件以 HTTP 协议传给浏览器,完成一次全过程。

综上所述,基于 Intranet 的网络财务系统的实现是一项庞大而又复杂的系统工程,不仅要考虑选择的设备、网络操作系统、网络拓扑结构及资料的安全性等诸多问题,而且要在程序的设计上实现用户接口的友好、操作的方便等。用户在建立基于 Intranet 的网络财务系统时,要因地制宜,理论联系实际,不但要建立一个高效、安全的网络,而且要注意选择的设备具有良好的性能价格比,同时更要考虑到计算机技术和网络应用技术的飞速发展,不至于网络系统才建成就处于落后的局面。

9.2 基于 B/S 结构的高效预算管理系统

随着分布式计算机技术的发展,出现了具有负载均衡、数据安全及完整性特点的客户机/服务器(Client/Server)结构的应用系统,但随着单位规模的日益扩大,应用程序的复杂程度不断提高,C/S 结构的应用系统逐渐暴露出开发成本高、移植困难、升级麻烦和难以维护及兼容性差等不足。因此,随着 Internet 和网络技术的兴起,浏览器/服务器(Browser/Server)应用系统应运而生。在这种结构下,用户界面完全通过 www 浏览器实现,只处理少量事物逻辑;主要事物逻辑在服务器端实现,并且根据服务器处理业务的层次划分,形成业务扩展维护简单方便、开发简单、共享性强、具有分布性特点的所谓 3 层 B/S 结构。

显然,B/S 结构的系统相对于传统的 C/S 结构是一个巨大的进步,越来越多的单位考虑采用 B/S 结构的系统来解决实际应用问题。长期以来,预算编制特别是高效制定年度预算是一项非常艰苦的工作,预算的监控执行更是使高校管理者们伤透了脑筋。然而,基于 B/S 结构的预算管理系统将使高校管理者们告别过去依靠手工报表层层上报、层层审批、层层下达的历史,高校管理者特别是对高校决策者真正实现"无须远行,无须久等"地进行整个单位的预算工作。本系统正是基于以上这些需求,将信息管理引入高校预算管理中,以计算机网络和数据库技术为基础,实现高校对预算管理的需求和分析监控。

9.2.1 系统的网络结构分析

传统的 C/S 结构模式是两层的,如图 9-4 所示。每个应用程序由两个功能部分组

图 9-4 C/S 结构模式

成,一个部分负责启动通信请求,另一个部分则对它的请求做出应答反应。启动通信的进程是客户机,对请求做出应答的进程是服务器,等待来自客户机的请求,并执行它所请求的操作,再将结果返给客户机。这样就可以从服务器那里访问数据。

在 B/S 结构模式中,增加一个 Web 服务器应用层,它分别与浏览器和数据库服务器打交道,用户的全部数据信息存放在数据库服务器上。数据库服务器只与 Web 服务器打交道,整个系统的管理、资源分配、数据库操作、业务逻辑部件的管理及动态加载等工作都集中于应用服务器,这样可以提高整个系统的运行效率。B/S 结构式的三层结构,如图 9-5 所示。

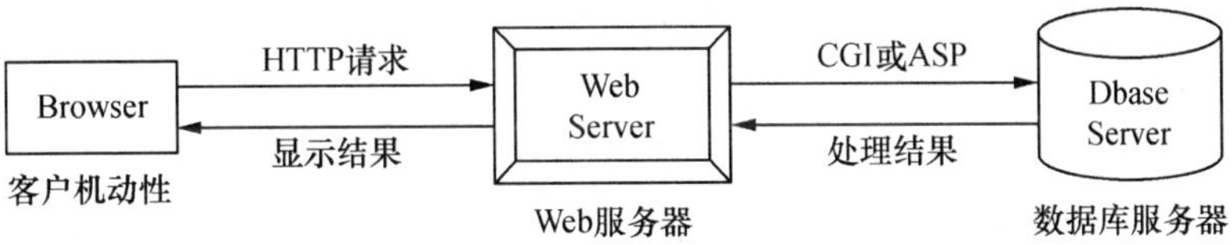

图 9-5　B/S 结构模式

其三级结构组成如下:

(1) 第一层浏览器是表示层,完成用户接口功能。在客户端向 URL(Uniform Resource Locator)指定的 Web 服务器提出服务请求,Web 服务器用 Http 协议把所需文件资料传给用户,客户端接受并显示在 www 浏览器上。

(2) 第二层 Web 服务器是功能层,完成客户的应用功能,即 Web 服务器接受客户请求,以 CGI 或 ASP 与数据库连接,进行申请处理,而后数据库结果返回至 Web 服务器,再传至客户端。

(3) 第三层数据库服务是数据层。数据库服务器应客户请求独立地进行各种处理。

根据学校的具体情况和对两种系统结构模式的比较分析,我们构建了三层 B/S 结构的预算管理系统。本系统以校园网为依托,校园内部使用局域网,通过校园网与 Internet 相连接。各部门通过光纤接入中心路由交换机,形成典型的星形的星形结构;同时,各部门内部每个 HUB(交换机)和计算机连接也为星形的级联,这样既方便了网络的扩充,也为将来财务管理业务功能的扩充打下了基础。

9.2.2　基于结构的高校预算管理系统

1. 高校预算管理系统设计的预算流程

在预算管理系统开发之前,我们对学校的工作流程进行了重组优化,确定了将“自上而下”与“自下而上”相结合进行预算管理这一先进的管理方法作为系统开发的指导思想。这种方法在预算的形成过程中,不但能够促使全校上下对年度总目标达成高度的共识,而且还能顺利地贯彻学校的预算目标。

这种上下结合的预算编制流程如图 9-6 所示。

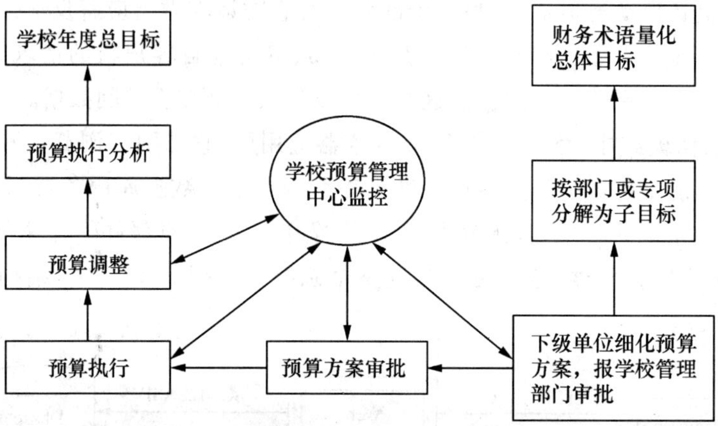

图 9-6 高校预算管理系统设计的预算流程图

(1) 学校决策层制定年度发展总体目标；

(2) 财务部门将总体目标分解成一个个子目标，并用财务术语进行量化，下发到各单位；

(3) 各预算单位根据自身业务特点，制订本部门预算的细化方案；

(4) 各预算单位将细化的预算方案上报预算管理中心(财务部门)进行审批；

(5) 预算管理中心对下属各预算单位的申请进行研究、调整、审批、下达；

(6) 各预算单位执行下达后的预算方案；

(7) 预算管理中心对预算执行过程进行实时监督、信息反馈，并根据实际情况做出预算调整；

(8) 年终，对本年度的预算执行情况进行分析、考评；

(9) 根据考评的结果及下一年度的学校总体目标，编制新年度的预算。

2. 高校预算管理系统的功能

该 B/S 结构模式高校预算管理系统的主要任务是建立一个基于 Internet/Intranet 环境上的管理信息系统。该系统针对高校传统预算方法的缺点，对传统预算方法的业务流程和信息流程进行分析和改造，从而实现整个预算管理流程的电子化、无纸化和网络化。该系统的主要功能如下。

(1) 预算编制：制定具体部门(项目)的年度预算金额，同时可以反映预算的审批情况。

(2) 预算审批：学校预算管理中心完成预算审批、预算调整。

(3) 预算调整标准制定：学校制定具体某个科目的预算调整标准及范围。

(4) 预算执行情况查询：考查具体单位或项目的预算执行情况。

(5) 预算执行分析：对具体每个单位、项目的预算执行情况进行分析评比。

3. 高校预算管理系统的结构

高校预算管理系统设计的总体要求是，预算编制过程可量化、提供多层面的分析、与财务管理系统自动衔接。因此，在结构设计上我们应充分考虑上述要求及功能实现

（如图 9-7 所示）。

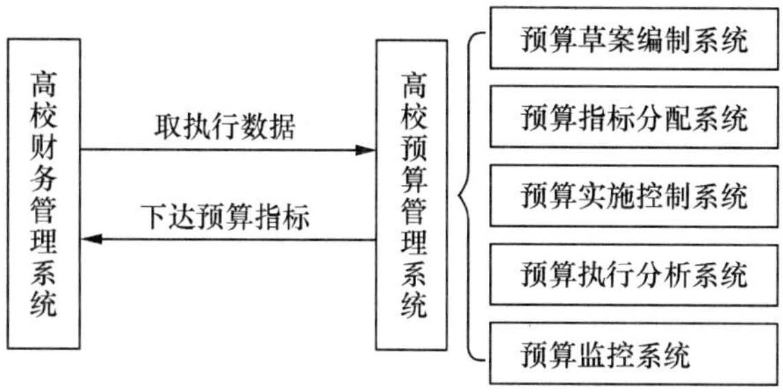

图 9-7　高效预算管理系统的结构图

高校预算管理系统从预算草案编制系统开始，经过“两上两下”的预算制定过程完成编制，经学校决策确定进入预算指标分配系统；预算指标分配系统通过会计凭证将指标下达到财务管理系统，同时又通过网上传达到各项目实施部门；预算实施控制系统是将财务管理系统的数据实时或定期获取，并对其实施内容进行控制；预算执行分析系统将已核算并审核的数据进行归类分析，找出差异原因；预算执行反馈系统将分析结果传达到各相关管理者或部门，同时传达各方的反馈意见，以便加强或调整预算管理目标及实施方案。

9.2.3　建立基于 B/S 结构高校预算管理系统应注意的问题

1. 实施经济管理责任制是建立高校预算管理系统的前提条件

按照教财【2000】14 号文件《关于高等学校建立经济责任制，加强财务管理的几点意见》的文件要求，高校应在学校建立校级财务负责人、部处级财务负责人和基层财务人员等若干个层次的预算收支管理体系。因此，高校的经济管理责任制是建设好预算管理系统的前提条件。

预算管理应适应学校管理的效率需要和效益需要，把重点放在落实责任、落实目标、落实权力、落实考核上，用简洁的预算组织形式替代多层次、繁杂的预算组织形式，例如可在财务处只设一个预算管理员，强调预算是主管财务校长的最重要的职能之一，预算过程和执行过程是各部门负责人的一部分，必须由各部门负责人直接负责。预算管理员的职责也仅限于对预算执行状况做及时的统计分析并报告管理层和相关负责人，以起到督促、监察和指导的作用。

2. 上下互动、层层畅通的信息传递与反馈网络是建立高校预算管理系统的关键环节

结合学校实际，在内部建立一套以财务部门为中心，上通学校决策层、下联各单位的预算执行信息传递与反馈网络。一方面，可利用计算机网络对整个学校及下属各单位的预算计划及执行情况进行实时监控，严格控制资金流向，一旦发现超计划或无计划用款现象等，立刻提出预警或禁止信息。另一方面，还可利用学校内部局域网等工具及时地将整个学校和各单位的预算执行进度和情况上报，及时总结经验或分析偏差及原

因,提出整改相关信息并反馈给财务部门。这样上下互动,使高校内部预算执行情况的信息传递与反馈网络能及时、高效地运行,从而更好地做好高校的预算管理工作,保证预算管理系统的运行。

3. 校院两级管理体制改革是建立高校预算管理系统的根本保证

《高等学校财务制度》的颁布和实施,确定了"高等学校预算是指高校根据事业发展计划和任务编制的年度财务收支计划"。高校预算是大收大支的全口径预算,它打破了原有预算内外界限,打破了学校一级是否可支配的界限,要求高校预算涵盖高校全部收支。它反映的是学校全部资金收支计划,建立的约束不仅仅是校级预算约束,还有二级单位的预算约束。

实施校院两级管理模式,高层管理者主要是运行预算管理系统通过科学、合理的预测制度目标,并对预算目标的实施情况进行严格的考评。目标通过,预算编制得到具体的落实,预算目标的约束作用与学校的激励机制相配合,进一步激发了预算执行者的工作主动性。一般情况下,预算一旦编制完成,就具有一定的刚性,不能随意修改。在实施过程中,预算是限制和约束执行者行为的标准,推行该模式使高层管理者从事无巨细的管理事务中摆脱出来,管理方式由直接管理转向间接管理。

4. 科学的监控评价体系是建立高校预算管理系统的必要手段

预算体系建立起来,预算指标分配下去,如何评价预算执行情况成为预算管理的一个难题。很多人由于受传统计划经济的影响,只重视成本费用的支出,不关心与成本费用支出相关的效益,预算指标的完成程度成了反映预算执行情况好坏的唯一标准,其结果必然导致一些部门编造各种理由要钱花钱,甚至出现有的部门要了钱却花不出去的情况。结果学校预算年年增加,但是效果却不尽如人意,或者相应的效益难以体现。

预算监控和评价作为高校预算管理的重要环节,通过预算监控强化预算的约束性,如果缺乏有效的预算监控,再好的预算计划也难以达到预期目的。学校通过设置"预算拨款"和"预算分配"科目反映各部门的预算指标,控制部门支出,防止随意超支;"预算分配"与"预算拨款"科目具有独立的对应关系,在使用过程中不与其他的科目发生关系,保持了会计核算体系的完整,从而达到预算控制的目的。预算指标评价体系是预算执行效果的真实体现,通过对预算收入、支出完成情况的分析评价,一方面能够揭示高校多渠道筹资能力、资金配置的合理性及使用效益;另一方面,可以考核各责任部门对预算收支任务的完成情况,分析影响预算完成的主客观因素,落实责任,严格奖惩,促进全员预算参与意识的提高,维护预算的严肃性。

利用上述的设计思想方法和实现技术,他们开发并实施了高校预算管理系统。系统使用 ASP(Active Server Page)作为开发工具,数据库采用 SQL Server 2000 和 Web 浏览技术,结合单位的实际需求情况,在确保系统安全和可用的前提下,充分考虑到易用性和可维护性,着力于克服系统预算方法的缺点。该系统体现了现代化的管理思想、管理方法和管理手段的有机结合,充分发挥了高校预算信息资源的作用,基本上实现了预算工作无纸化、规范化、网络化和标准化,为学校决策提供更加及时、准确的信息。整个系统具有结构清晰合理、技术先进、运行安全可靠且具有良好可扩展性和可维护性等特点，有效地解决了学校预算中的实际问题。

9.3 高校的预算绩效指标评价体系

随着我国社会主义市场经济的建立和高等教育体制改革的深入发展，高等学校从传统的政府附属机构逐步转为面向社会自主办学的“自主经营、自负盈亏”的法人实体。高校的经费来源从单一的财政拨款转变为以财政拨款为主，多渠道筹资办学。各种新的管理理念正日渐渗透至高等教育领域，作为高校财务管理工作的核心和基础，预算管理工作面临着新的机遇和挑战。

高校在西方国家一般都采用高度自治的管理体制，高等学校从来就是盈利机构，是以人才培养、科学研究和社会服务为主，这种创造性强的活动被认为是需要充裕的资金和宽松民主的环境氛围的支持。绩效评价起源于西方国家，建立绩效预算管理的约束机制与激励机制既而向公众披露的绩效报告制度，是绩效改革有序推进的重要保证。美国、瑞典、加拿大、英国等国家通过建立规范的绩效评价制度，推行权责发生政府会计，全面、完整地反映预算信息和支出成本，广泛接受社会公众的监督，基本形成了一套比较完善的绩效管理体系。

相对独立在资金约束下求得最大利益，高等学校获得资源的能力有限，依靠国家的拨款又不能保证在低成本下运行，严重影响了高等教育的质量，与高等教育规模扩大的预期经济增长结果相背离，也影响了高校的进一步发展。如何树立以效率为中心的理财思想，优化高校资源配置，建立科学、合理、高校的预算绩效指标评价体系，对推进高校稳定、协调、快速发展具有重要的意义。

9.3.1 高校预算管理引入绩效评价的宏观背景

1. 发达国家的预算绩效管理已由重投入走到了重产出阶段

从 20 世纪 90 年代开始，美国、英国、加拿大等西方国家已经基本建立了较为完善的绩效评价制度和体系。1993 年美国第 103 届国会颁布了《政府绩效与结果法案》，通过设定政府财政支出的绩效目标，比较绩效目标和实施成果，进行年度绩效评价，提高了联邦政府的工作效率和责任心。英国政府也于 1997 年颁布了《支出综合审核》，要求政府部门每年与财政部签订《公共服务协议》，确定绩效目标，进行年度的绩效评价，向议会提交《秋季绩效评价报告》。澳大利亚于 1997—1998 财政年度开始推行以公共支出绩效评价为核心的绩效预算改革，将权责发生制引入预算管理，实现了从收付实现制向权责发生制的会计制度改革。其后，新西兰、瑞典、瑞士等国仿效澳大利亚政府，纷纷建立起自己的绩效评价体系。西方国家政府对预算绩效的评价遵循如下“3E”原则。

(1) 经济性：在财政支出管理中建立有效的支出决算机制和支出优先安排机制，克服支出过程中的严重浪费和分配苦乐不均的问题。

(2) 效率性:政府及民众对财政支出在项目决策机制、实施进度、经济效益和社会效益等方面的要求的具体体现。

(3) 有效性:财政支出所取得的最终成果的具体体现,需要结合当前利益和长远利益来衡量。

2. 我国已逐步推进和规范中央部门预算支出的绩效评价工作

根据党的十六届三中全会提出的"建立预算绩效考评体系"的要求和财政部统一部署,我国从2001年开始在湖北进行了支出绩效评价工作小规模试点。2002年,湖北省在全省范围内进行扩大试点,又在河北、湖南、福建等省进行小规模试点。2004年,全国首个省级财政支出绩效评价机构在广州市设立。通过这些试点,摸索了一些经验,取得了初步成效。2005年中央财政出台了《中央部门预算支出绩效考评管理办法》,试行预算支出绩效考评,文件中明确规定了绩效考评主体、对象、程序等。2006年教育部在布置"一上"预算时下发了财政部楼继伟副部长的讲话,讲话中说,要逐步推进和规范中央部门预算支出的绩效考评工作,切实推进试点工作并明确绩效考评的经费的计提比例。要求加大宣传力度,树立"重产出而不是投入"的绩效管理理念,营造"讲绩效,重绩效"的社会风气。探索建立适合我国国情的、既定性又定量的部门预算支出绩效评价体系是我国预算管理的重要任务。

3. 目前我国高校预算还未建立完善的预算绩效指标评价体系

近年来,高校迎来了前所未有的快速发展时期,整体规模逐步扩大,办学实力明显增强,财务收支总量迅速增加尤其是支出在大幅度的增加,对高校的事业发展起了重要作用。但应当看到经费投入的方向和支出效益并不乐观。由于高校预算支出的激励与约束机制尚未建立起来,资金的使用效益缺乏应有的考核、监督和评价,存在着"重投入,轻管理"、"重支出,轻考核"的现象,资金紧张与损失浪费的现象并存。国家近年来对高校加大了财政监管力度和监督检查,也多是在审查支出的合法性和合规性,在经济性、效率性和有效性上缺乏有效的评价。

高校经过这几年的超常规发展,已经完成了量的扩张,今后发展的主要矛盾在于内涵的提升。尽管我国高校还未建立完善的预算绩效指标评价体系,还面临着许多困难和问题,但随着国家预算绩效评价的逐步推进,各类评估会越来越多,也越来越重视支出预算的效益考核。

9.3.2 实施高校预算绩效指标评价体系的构想

1. 高校预算绩效指标评价体系的组织结构

为保证预算绩效指标评价的顺利发展,就必须处理好预算绩效评价组织的结构问题。

(1) 确定学校预算管理体制,组建校级预算管理委员会。预算管理组织结构按照"统一领导,分级管理"的原则及管理上的要求设置,分决策层、管理层、执行层三个层次:学校成立预算管理委员会作为预算管理的决策机构即决策层。决策层由财务、审计、人事、设备、教务、科研、学生管理等主要部门组成,负责审议决策全校预算,监督预算实施,协调预算编制及执行过程中出现的问题,并按照情况调整预算,管理层应为主管财务校领导,主管财务校领导可委托财务部门实施具体的预算管理,作为预算管理日常办事机构。学校各个部门及下属学院则作为执行层,即预算责任中心。预算责任中心一般以处或下属学院为单位划分,处长或下属学院院长为预算责任中心负责人;对于临时性较大的项目或跨年度的工程项目,可设置单独的、临时的预算责任中心,项目的负责人为该预算责任中心的负责人。

(2) 建立党委书记责任的预算绩效评价委员会,实行预算绩效评价必须解决的第一问题是谁来对预算绩效负责。我国香港和美国、澳大利亚高校的做法是设立专门的预算绩效委员会来对预算绩效负责。但这个预算绩效评价委员会由谁来牵头呢?学校认为,高校能够选择最佳的方案是将预算绩效评价委员会设在校党委会,由党委书记对其负责。这是因为:高校财务部门是制定预算政策和分配预算资金的职能部门,是学校资金管理和监督主体,但由于财务部门的本身局限性,以及预算资金涉及教学、科研、资产、后勤、财务、审计等部门处长为成员的预算绩效评价小组,以提高评价结果的权威性,建立收支预算计划、决策、管理的监督和制约机构,实现预算绩效评价考核工作制度化、规范化、法制化。

(3) 预算绩效指标评价的实施主体是校(院)务委员会中层单位及个人,作为最高决策机构的预算管理委员会在预算绩效评价中的职责定位应该根据要求对预算方案的审批、对预算决定的下达、对预算矛盾的协调以及对预算结果的考核,而不是对预算的具体分解和执行。预算实施的最高主体是校(院)务委员会。除此之外,根据预算绩效评价涉及高校的各个方面,并对高校中每个组织甚至每个人都提出目标要求和考核措施。因此,其调动起了各个组织的参与意识,无形中赋予了每名教职员工的实施责任。校(院)务委员会和中层单位及个人在承担预算实施责任中的侧重点会有所不同,前者主要侧重于对整个预算实施的组织,后者主要侧重于对具体预算指标任务的落实。

2. 高校预算绩效指标评价体系的设计理念

(1) 根据学校的长远规划,在考虑经济效益的基础上,确定学校当年预算管理的总体目标,这项工作由学校预算管理委员会完成。该委员会由主管校长领导,以财务处为中心,由审计、人事、教务、科研、基建、后勤等部门人员组成。该委员会除拟定预算管理目标外,还要确定优先安排的事项清单。同时,对预算编制和预算执行进行全程控制。

(2) 根据总体目标进行细化和分解,在推行部门预算的基础上形成各部门的具体目标。

(3) 根据部门目标,编制支出预算,预算由营运预算与资本预算组成。其中,营运预算是高等院校为维持日常运转而编制的预算,以货币计量为单位,将学校全部收入和支出编制全口径的收支预算。资本预算是一种对可能会改变学校资产结构的建设项目规划和候选方案进行汇总加以评估的预算。将目标分解为预算,从而为预算管理委员会提供决策依据。

(4) 根据学校下达的预算指标,结合各单位及项目的执行情况,依据学校制定的预算绩效指标评价体系进行分析、总结,按照规定进行奖惩,并适时调整、完善预算绩效评价指标体系。

9.3.3 高校预算绩效指标评价体系的建设

1. 高校预算绩效指标评价模型

高校预算绩效评价是以管理学中的战略绩效管理理论为基础的。这一理论来源于企业行为研究领域。绩效评价早在19世纪初已见雏形,发展到20世纪90年代后,美国哈佛商学院Robert S. Kaplan教授提出平衡计分卡,标志着绩效评价进入战略绩效管理(Strategic Performance Management)阶段。战略绩效管理是将企业战略目标进行层层分解,并通过平衡计分卡(Balanced Score Card,BSC)、关键绩效指标(Key Performance Index,KPI)和层次分析法(Analytic Hierarchy Process,AHP)等方法制定的绩效指标体系,然后再通过确定绩效目标和编制预算统一协调企业内部行为,从而实现战略目标的一个循环往复的动态过程。与企业类似,高校绩效评价与预算同样存在着紧密的联系。以目标分解为基础的高校预算绩效评价管理模型如图9-8所示。

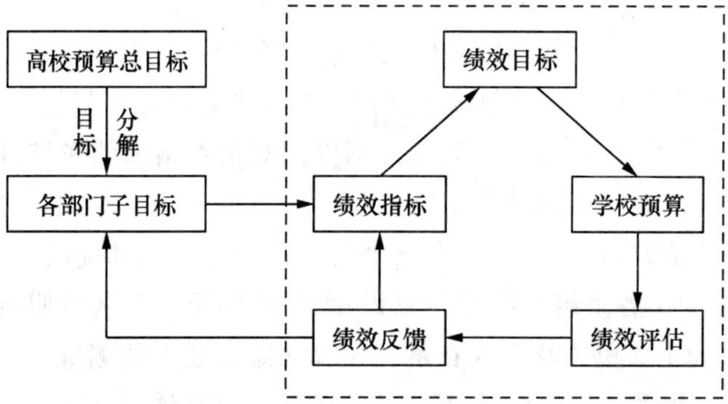

图9-8 以目标分解为基础的高校预算绩效评估模型

2. 制定高校预算绩效指标评价体系的工具

根据绩效评价管理理论,平衡计分卡、关键绩效指标、层次分析法是战略绩效评价管理体系得以运作的基本工具。来自管理学领域的这三大工具同样适用于高校预算绩效指标评价体系的制定。

(1) 平衡计分卡评价体系初创于20世纪90年代初,并最早为营利组织所使用。他改变了之前单纯的财务指标评价体系,强调预算的过程和结果、短期与长期、侧面与全局的综合考虑和平衡。由于平衡计分卡体系的各个维度可以根据高校的特殊性质进行调整,其实施过程和制定过程充分满足高校内部组织结构的要求,能有效地解决高校面临的外部环境问题和内部管理问题。可以说,平衡计分卡评价体系的指导理念是科学地将组织的整体战略目标划分为若干具有内部逻辑关联性的层次,由平衡计分卡方法得到的绩效指标评价体系应该是一个以组织战略为中心的层次清晰的网络体系。

(2) 关键绩效指标体系强调对组织运营至关重要的若干绩效驱动因素,这些因素对企业整体战略目标的实现至关重要,关键绩效指标是将这些绩效驱动因素进行目标式量化管理的指标,其一般具有明确性(Specific)、可度量性(Measurable)、可行性(Attainable)、现实性(Realistic)和实效性(Time Bound)五个特性,也就是通常所称的SMART原则。

(3) 层次分析法是由美国著名运筹学家、匹兹堡大学教授Saaty于20世纪80年代创立的。由于它在处理复杂问题上的实用性和有效性,很快就在世界范围内得到普遍的重视和广泛的应用,其应用遍及经济计划和管理、教育、医疗、环境等领域,涉及决策、评价、分析、预测等多种问题。这是一种定性定量相结合的、系统化的、层次化的分析方法,尤其对于高校预算这样的多目标、多方案的决策评价,这种方法可以有效地进行处理。

9.3.4 高校预算绩效指标评价体系的内涵

高校预算绩效指标的评价是一个多目标的系统,这一系统可以按层次分析法的思想,以动态的管理要求为对象,建立以绩效评价为核心的评价系统,全面揭示高校财务资金运行状况。因此,构建高校预算绩效指标评价体系可以使用平衡计分卡评价体系和关键绩效指标体系相结合的方法,借鉴英、美等发达国家高校预算绩效指标体系的做法,根据层次分析的思想,首先将高校内部的部门按职能划分为五大类,然后将学校的预算总目标划分为基本预算和项目预算两大层次,最后在这些层次中选取若干个关键绩效指标,对各部门的预算执行结果进行汇总加以评价。

1. 高校内部的部门分类

高校预算绩效评价主要是以部门为依托,以部门为基础单元进行绩效预算编制、执行、控制和评价。高校的部门一般可按职能分为五大类:

(1) 以教学工作为主的院、系、教研室为主的院、系、教研室;

(2) 以党务、行政管理为主的部、处、办公室;

(3) 以科研工作为主的处、所、实验室;

(4) 附属单位(如附属医院、校办经济实体);

(5) 提供后勤服务的集团、公司。

其中,前两类部门的工作业绩不宜采用货币计量,但仍可进行量化;后三类部门主要采用货币计量确认业绩,用产出与经费投入之比衡量效率,其中为学生服务的收费项目采用校内计价核算。

2. 部门预算绩效指标的确定

高等学校实行预算绩效评价,就是预算管理的出发点和着眼点转移到部门,以部门为依托,围绕加强部门预算绩效管理形成一个更为开放和宏观的预算绩效管理系统。

(1) 基本支出预算是为保证学校正常运转、完成日常工作而编制的年度基本支出计划,其内容包括人员经费和日常公用经费两部分。对于人员经费,预算要按在职职工、离退休人员、学生的数量与结构、支出定额以及各种补贴的支出标准和补助比例进行测定。对于公用经费，要根据教学院系、行政单位、管理部门、后勤部门等经费性质不同，实行分类分档管理。教学院系按学生人数、层次采取日常维持费、教育维持费、实验实习费、专项补助费等综合定额与专项定额相结合的方式确定；党政机关、纯行政处室和职能处室等根据部门职责范围不同，制定不同标准的分类分项定额，并对职能处室的特殊支出如引进人才、学科建设、教改项目等，实行专项、补助专项核算；后勤经费区别社区管理，校园保洁、水、电、暖消耗，按经费的不同用途，分别按学生人数、保洁面积和实际成本消耗，采取不同的取费模式和取费标准确定。

对于预算绩效评价指标设定，针对上述五类单位的不同，设立生均培养成本、生均后勤支出、生均图书经费支出、行政管理部门支出、行政管理部门支出总量增长率、消费支出与业务支出结构指标、设备运营成本指标等经济指标，设立学生考试合格率师生比，工作效率、职工结构、校园案件率、师生满意程度等社会效益指标。

（2）项目预算是高校预算的重要组成部分，关系着高校的持续长远发展。项目经费预算确定，要根据国家有关规定和学校的长期发展规划，对项目立项的可行性进行研究，运用成本—效率分析法，组织专家从社会效益和经济效益、近期效益和长期效益方面对项目预期产生的绩效结果进行实事求是的科学评审预测。根据项目轻重缓急，编制 3—5 年的中长期项目备选规划预算，每年视学校财力情况，选定实施项目，编制年度项目预算。

项目支出绩效考核指标设定，针对基本建设、实验室建设、学科建设、队伍建设、基础设施改造等项目，设立基本建设计划完成率，实验室设备利用率，国家重点学科、一级学科、二级学科增长率，博士生、硕士生、教授、副教授青年教师人数各占教师总数的比例等社会指标。以成本收益率为宗旨，设立考核项目投入使用增加的收入或节约的成本的经济效益指标，以及评价项目的工程技术、实施效率和施工质量的项目投资评价指标。

在预算绩效指标评价体系中，有时难以根据计划多重目标界定“成功”标准。如何应用评价结果修订计划、从利益相关者获得信息的准确性问题；如何促进评价结果为政策制定者使用；如何确保评价反映了对理论和政策良好理解、采用更好的评价模型、工具和数据等问题，都需要在实践中采取一定的对策与措施以提高预算绩效指标评价效果。

总之，与高校办学水平综合评价和教学评价相比，预算绩效评价在高校的应用尚处于探索阶段，相关的研究比较少，实际操作中面临的问题还很多，尤其是学校类型的不同、层次不同，难以拿出统一的各项指标评价标准。但实际开展预算绩效评价时还有很多工作要做，如预算绩效目标的确定和分解问题，尤其是已有资产的计价问题，校内服务项目的收费问题，产出的数量化计量问题，这些问题还需要广大理论和实际工作者去进一步探索和完善。但可以肯定的是，在高校中运用本评价指标体系有助于各个部门按照成本效能、效益效能、水平效能原则优先配置资源，大大提高预算绩效评价结果的准确性,对于高校合理分配有限的资金、提高资金运行效益有着重要意义。

9.4 智能网络财务分析系统

目前,我国的网络财务系统已得到广泛应用,全国大部分企业和行政事业单位都建立了相应的网络财务系统,网络财务系统的应用大大提高了企业的工作效率。但是对于财务分析却做的不多,或者没有引起足够的重视,无法实现财务信息的共享和充分利用。与此同时,网络财务分析系统的使用,可以降低企业的经营风险,提供大量的有利于决策的财务信息,提高领导的决策能力,为企业的发展带来举足轻重的作用。然而,随着电子商务和计算机网络技术的发展,网络财务分析系统又面临新的挑战。由于现有的财务分析系统在设计方法和现实技术上还存在不少问题,例如智能水平较低、不适应电子商务、缺乏有效的决策支持与优化能力,所以亟待研究新的网络财务分析系统。

9.4.1 智能网络财务分析系统的设计思想

为了适应知识经济时代电子商务和网络市场的形势,提高网络财务分析系统的智能水平,需要研究开发新一代的网络财务分析系统。为此,他们在现有网络财务分析系统与人工智能相结合的基础上,提出了建立智能网络财务分析系统(Intelligent Net Finance Analysis System, INFAS),其主要设计思想如下。

1. 集成化

通过方法集成与技术集成,实现功能集成。INFAS 不仅具有财务分析功能,而且具有决策支持、信息管理、财务处理及信息发布等集成功能。INFAS 的集成使系统一体化功能的多样性基于 Web 功能不断扩充。企业内部的产、供、销等信息通过 Internet 发布,虽然目前网上交易还未被人们普遍接受,但是随着电子商务的发展,企业一定会向网上采购、网上订单、网上交割的方向发展。到那时,采购人员不必到生产地点去,只要在计算机上便可采购到如意的商品或原料;贷款也可不必用支票、汇票支付,而是直接通过网上划拨相应的款项;同样,产品的销售通过网上订单和网上购物即可完成。因此,只有企业内部的产、供、销通过 Internet 形成信息一体化,将网络财务分析系统的信息发送到基于 Web 的网上信息发布系统,才是可以信赖的信息,从而实现企业信息化、现代化的目的。

2. 协调化

采用广义管理模型、智能优化方法、多媒体人机智能接口和多库协同软件等智能管理系统的关键技术,设计和实现 INFAS,不仅可以为单位管理决策人员提供友好的人机界面,还可以实现人机合理分工、人机智能结合、提供计算机智能分析的会计人员协同工作环境,实现基于广义模型和智能优化的协调管理。

根据上述设计思想,INFAS 的基本解决方案如图 9-9 所示。

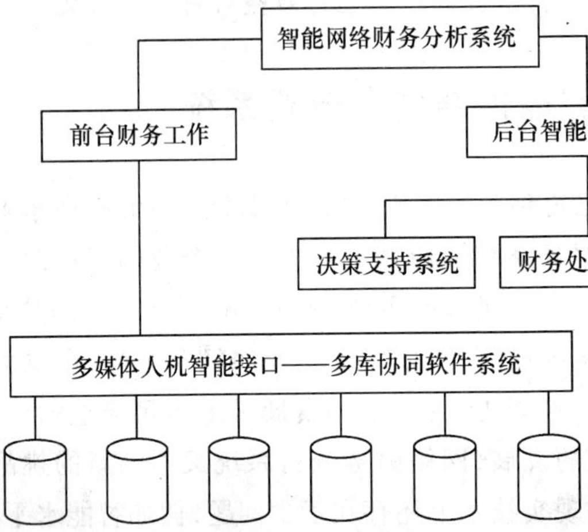

图 9-9　INFAS 基本解决方案

3. 智能化

网络财务分析系统的智能化是将基于资料与模型的传统系统与基于知识的模块相结合。它主要包括如下内容：

(1) 操作过程智能化。在接收资料和信息的输入过程中实现智能化，从而使操作过程更加简化、方便。

(2) 业务分析智能化。业务分析的前提是业务的分类，会计核算中的一级科目有几十个，明细科目有几百个，目的之一就是分析。目前国际上流行的是一种新的理论——业务流程重组(BPR)，指的是会计业务除了传统的流程之外，还可以随时根据需要，进行若干次的重新组合并对其进行分析。

(3) 决策支持智能化。就是在决策过程中，将人类的知识、经验、创造性思维、直觉判断等能力用计算机语言来表达，模拟电脑来进行决策。

在系统设计和实施过程中，将人工智能、神经网络、模式识别、机器学习、知识发现、知识挖掘和面向智能体的方法和技术以及 Power Builder 数据库应用程序开发工具应用于 INFAS 设计，提高网络财务分析系统的智能水平，特别是从大量以往的成本、费用、收入等资料和市场信息中发现知识以及适应国内外市场形势和科学技术进步的自适应学习功能。

4. 网络化

计算机网络技术是当今世界发展最快、使用最广泛的技术之一。一方面，在如今的信息时代，信息的流量越来越大，需要处理、分析的资料越来越多，以前单用户处理的财务分析软件往往无法满足需要，而网络财务分析系统所提供的联机、信息共享等功能，使得这一困难变得十分容易解决，所以财务分析走向网络化将成为必然的趋势。另一方面，财务分析软件的网络体系结构也随着计算机网络技术的发展而发展，20 世纪 90 年代中期以前是使用微机局域网的文件/发服务器(F/S)模式，90 年代中期以后从 F/S 结构发展到基于两层客户机/服务器(C/S)模式，接着又从二层 C/S 模式发展到多层

C/S 模式,最后又发展成为新的浏览器/服务器(B/S)模式。C/S 可以解决分布式处理,网络负担小,可建立大型网络;而 B/S 模式则适应跨平台的应用,可解决多网络、多结构的分布式处理,尤其是能友好地支持 Internet/Intranet/Extranet。可以预见,随着企业信息化进程的推进,网络财务系统的体系结构将会转向采用多层 C/S 模式和 B/S 模式。

采用浏览器/服务器(B/S)模式、Web 技术和 Power Builder 语言,设计基于 Intranet INFAS,实现与 Internet、Extranet 的“无缝连接”,为企业开拓信息高速公路上的网络市场提供条件。

9.4.2 基于智能的网络财务分析系统模型

为了实现现有不同操作平台运行的各种应用系统(库存、供应、销售和财务等)与财务分析系统的有效集成,适应对各种用户的信息服务,下面提出一种基于智能财务分析系统模型,如图 9-10 所示。

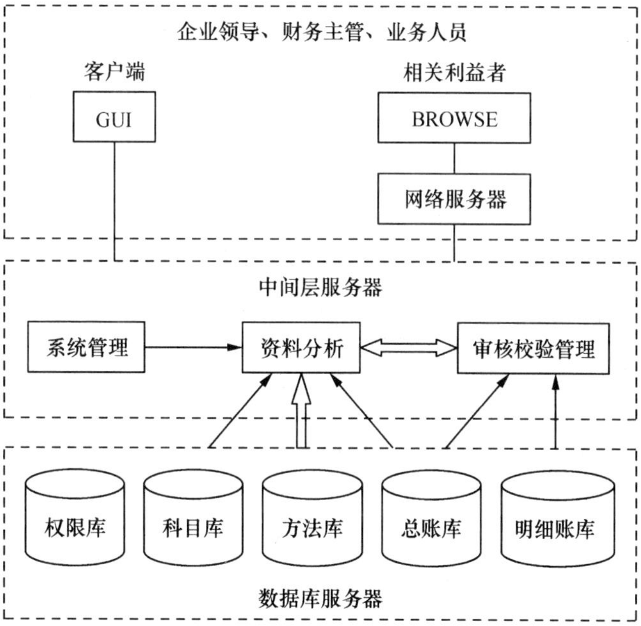

图 9-10 基于智能的财务分析系统模型

1. 客户端

客户端是用户的接口外壳,不具有任何的复杂运算,主要用来将中间层传入的业务对象资料放置在接口,如图形窗体、浏览器等。通过中间层财务分析组件,实现不同风格的客户端服务,用户可以根据自己的喜好和工作性质来选用不同类型的客户端。一般说来,图形用户接口 GUI 适合企业内部相关人员使用,而企业外部人员或远程用户可以通过 Browser 客户端访问财务资料。

2. 中间层服务器

封装所有网络财务处理和分析逻辑的组件,系统的大部分的计算机工作在此完成。

首先,中间层与数据库打交道,维护同数据库的连接,采用“资料缓冲”和“代理连接”,保证只有较少量的用户资料连接,并将资料按照一定的规则打包成业务对象资料,最后将其传向客户端。中间层拥有自己的内存和CPU,并且可根据不同应用需要进行分布式计算。

3. 数据库服务器

包括所有财务数据库,为中间层服务器的分析提供资料源。资料源可以采用MS SQL Server 7.0、Informix、DB2和Oracle等大型数据库管理系统或任何与OLEDB或ODBC兼容的资料源,从而实现异种数据库相连。

9.4.3 INFAS的组成结构

1. 系统的组成

INFAS的组成如图9-11所示。它由模型库、规则库、事实库、数据库、算法库、资料转换表和规则、模型库管理系统、知识库管理系统、数据库管理系统、处理机等组成。

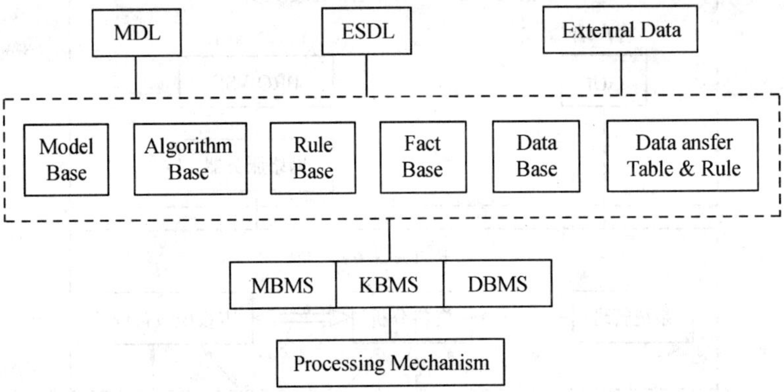

图9-11 INFAS的组成结构

2. 模型部分

INFAS模型部分由模型库、算法库、模型库管理系统组成,并可通过MDL进行模型描述。

模型库:采用三层存储结构,包括模型库字典、各类模型的描述文件以及相关信息等。

算法库:存放INFAS中所有的算法源程序和目标程序。

模型库管理系统:对模型进行统一管理,通过增加或删除模型描述来增加或减少模型。

3. 知识部分

INFAS知识部分主要由规则库、事实库、知识库管理系统等组成,运行知识工程的技术来解决经验类决策问题及各类检验原则。它既有人类自然语言的产生式规则知识表示语言(ESDL),又有规则的分类、冗余性、矛盾性检验机制,具有规则的搜索和增删改管理功能。

规则库:包括决策描述规则库和资料转换及检验规则库。

事实库:采用数据库技术,存放各类决策用事实和资料转换用事实。

知识库管理系统:对规则和事实进行统一管理。

4. 处理机

处理机是 INFAS 的核心。它主要负责:资料抽取、模型处理(模型调入、模型链接和模型传递等)、知识调度、决策处理与分析等。

9.4.4 智能网络财务分析系统中的实现技术

INFAS 的设计与实现需要采用和开发如下相应的关键技术:

1. 广义模型的方法和技术

INFAS 具有决策支持和优化管理的功能,需要建立相应的决策分析模型以及系统管理模型,而大规模、复杂的财务分析系统具有随机性、模糊性、主动性和不确定性等特性,仅用传统的建模方法是难以实现的。因此,应采用广义模型化的方法。

广义模型是包括集成模型、智能模型、控制者模型等模型的体系,其中集成模型可由知识模型、数学模型和网络模型集成构建。

2. 知识发现的方法和技术

为了从大量财务资料和市场信息中发现有用的知识,需要采用知识发现的方法和技术。它是在人工智能、机器学习与数据库、在线资料分析等结合的基础上开发的从数据库中发现知识的方法和技术。知识发现的过程如图 9-12 所示。

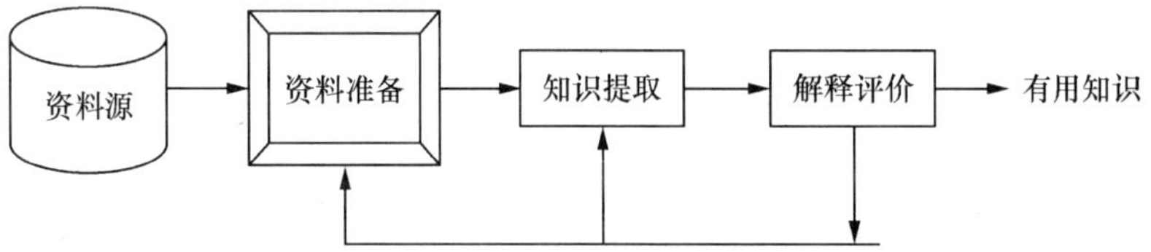

图 9-12 知识发现的过程

其中资料准备包括三个子步骤,分别是资料选取、资料预处理和资料变换;知识提取是根据知识发展的要求,选用适当的资料挖掘算法,从资料中提取有用知识;解释评价是对所提取的知识进行解释和评价,并根据评价结果对资料准备、知识提取进行反馈校验。

3. 智能优化的方法和技术

由于传统的数学模型的最优化方法难以在 INFAS 中应用,所以在 INFAS 中采用智能优化的方法。智能优化的类型取决于所采用的广义模型,如当集成广义模型由知识模型和数学模型构成时,相应的智能优化方法是知识推理与数学演算相结合的方法。典型的智能优化具有启发式动态规划和自适应学习非线性规划等,可用于 INFAS 的优化设计和优化运行。

4. 多库协同软件的方法和技术

为了实现 INFAS 的软件技术,对知识发现、广义模型、智能优化及多媒体人机智能交换接口提供软件支持,需要运用和开发多库协同软件的方法和技术。

多库协同软件系统是由知识库、数据库、模型库、方法库、图形库、图像库、语料库和动画库等通过协同器连接而成。

5. 面向智能体的方法和技术

为了设计 INFAS,需要从面向对象设计方法发展到面向智能体设计方法。面向智能体的方法可视为面向对象方法的发展。智能体具有智能型、自主性、反映性、主动性、可动性及群体性等特性。因此,面向智能体的方法和技术具有更高的智能水平、更丰富的功能内涵和更广泛的应用领域。

6. 人机协同多媒体接口的方法和技术

INFAS 是由会计人员和计算机软硬件组成的人机系统,因此,人机协同是 INFAS 设计和运行的关键问题。为了实现人机协同,一方面,在 INFAS 设计中要做到人机合理分工;另一方面,在 INFAS 中提供多媒体的人机智能接口,以便在系统运行中能够进行人机友好交换,以声、图、文并茂的方式进行通信,实现人机智能结合和人机协同工作。

在多库协同软件支持下,可以为 INFAS 设计和实现可视化的多媒体人机智能接口,建立人机协调的 INFAS。

总之,INFAS 的设计与运行大大提高了财务信息的利用效率,开拓了领导决策的能力,为企业进入网络信息高速公路提供了强有力的支持。但是,由于目前许多智能及优化方式还处于研究阶段,在真正实现信息的实时智能动态处理过程中,还有待于进一步完善和深化。

9.5 财务信息网上查询系统

9.5.1 系统简介

信阳师范学院采用的财务信息网上查询系统是由上海财大科技发展公司在研发系列高校财务软件(主要有财务管理软件、收费软件、工资软件)的基础平台上,最新研制采用的 B/S(浏览器/服务器)方式的财务信息网上查询系统。

1. 系统构架

系统构架如图 9-13 所示。

2. 系统模块结构

主要包括财务信息、学生收费信息和工资信息三大查询模块。

(1) 财务信息查询。财务信息查询分为项目查询、汇总查询。项目查询是指单个的科研项目/经费包干使用情况的查询;汇总查询是指指定人员(校领导、各部门领导、项目负责人)对部门包干经费包括预算、本部门科研等项目经费使用情况的明细及汇总

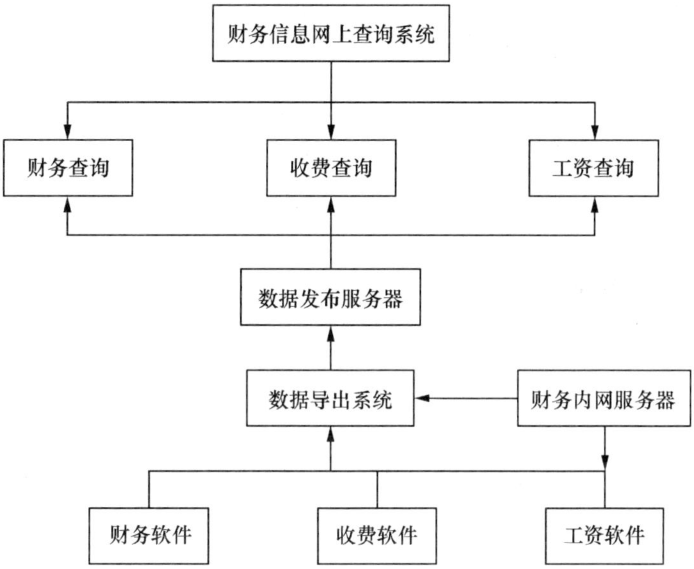

图 9-13 系统构架

查询，同时可进行经费使用的财务分析。

（2）工资信息查询。工资信息查询包括工资项目、工资外收入（奖金、课时费、校内津贴等）、个人所得税和个人基金等当月和历史情况，并提供各级领导的汇总查询，每类查询包括明细和汇总。

（3）学生收费查询。学生收费查询分为学生个人查询、各级领导汇总查询。学生个人查询包括所有的交费、欠费情况和明细清单（按收据）；各级领导汇总查询包括各部门学生交费、欠费情况的汇总及明细，学生减免、调整、变动情况，分析本部门的学生收费情况。

3. 系统的特点

（1）安全性。为了保证财务内网数据安全，系统经专用程序向指定计算机（数据发布服务器）传输数据，并将数据发布服务器作为网上查询的数据源，且无须专业 SQL 技能，简化操作。

（2）灵活性。可由管理人员根据要求对各级领导、部门、个人进行全方位的授权，进行参数化设定形成多层次、多结构的汇总综合查询。

（3）可操作性。系统提供了强大的数据操作功能，包括组合检索功能，记录筛选功能，字段筛选功能，提供简单的查询方法，获取到自己所需的信息。

（4）维护管理简单。后台维护人性化，直观易用，数据交换无须进入 SQL 数据库系统操作。

（5）美观专业化。凡明细情况均采用画面展开/折叠技术，能在同一页面中显示，摈弃传统的弹出新页面技术。

（6）所见即所得。所有查询的结果页面显示后都可以打印出来。

4. 数据发布服务器/财务内网主服务器/网页程序的连接方式

(1) 数据发布服务器和财务内网相连

① 网页程序位于数据发布服务器上,如图9-14所示。

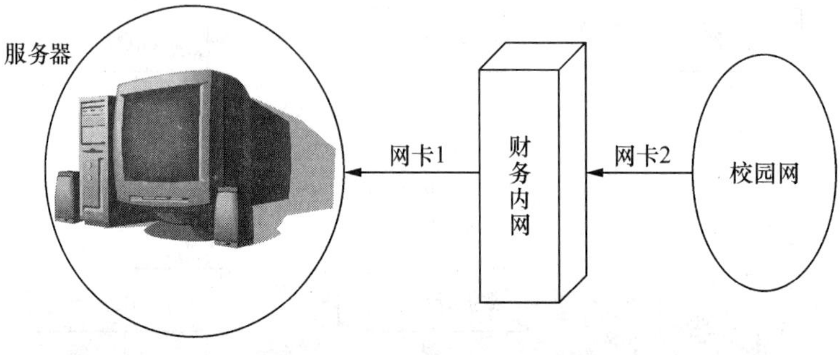

图9-14 数据发布服务器(同时存放网页程序)

② 网页程序不在数据发布服务器上,如图9-15所示。

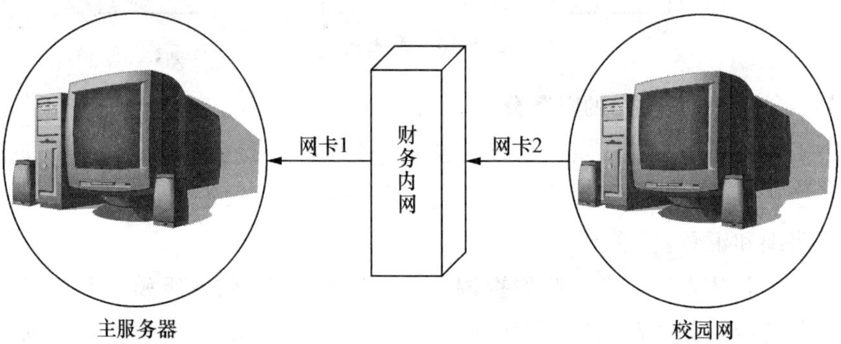

图9-15 数据发布服务器

说明:数据发布服务器上安装两块网卡,分别连接财务内网和校园网。这样数据发布到数据发布服务器上简单方便,发布完毕可断开与财务内网的连接,以保证内网安全。

建议:为管理方便,请将网页系统集中于数据发布器上,并将数据发布服务器存放于财务部门;如网页系统存放于网络中心的电脑上,则数据发布服务器也存放于财务部门。

(2) 数据发布服务器不和财务内网相连

数据发布时需将数据通过介质复制到数据发布服务器上,再运行DBTOOL系统将数据传送至数据发布库中。这种做法完全保证内网安全,适用于定期发布数据,若每天操作可能比较麻烦。

5. 系统环境

(1) 后台。数据发布服务器:高档PC或专用服务器,安装WIN 2000SERVER和SQL7.0或SQL 2000,且与校内网相连,去掉WIN 2000SERVER的默认共享(可运行软件光盘上的share-remove工具),安装防火墙,关闭135、139等端口(以防病毒攻击,具体联系校园网管)。

(2) 前端。IE浏览器5.0以上。

9.5.2 系统安装

注意:财务软件的部门/项目字典中每个项目的特征不能为空或该特征其实并不存在,特征码不能包含*和%符号。

1. 安装查询数据库

将软件光盘上的KEFA目录复制到数据发布服务器上。在KEFA目录下运行DBTOOL.EXE程序,选择SETUP进行系统注册。

安装时的目的服务器库就是数据发布服务器的名字或IP地址,选择查询数据库安装后与存放的目录。系统安装后数据发布服务器上生成的财务/收费/工资的发布数据库分别为KFCW/KFSF/KFGZ。

2. 数据的导出

运行dbtool数据导出系统,将相关数据从财务内网的主服务器导出到数据发布服务器的sql系统中(该操作也是每天或定期的数据更新步骤)。

注意:进行数据传送时请断开数据发布服务器和校园网连接。

(1) 选择数据类型。

(2) 源服务器及源数据库参数设置。

如数据发布服务器和财务内网相连,则起始年份使用科发财务软件的首年份,终止年份为当前年份(说明:年份设置只有财务数据导出需要,意义为导出该段年份范围内财务数据,用户可根据情况设置,一般第一次需要,以后起始/终止均为当年,即只导出当年数据,因为当年数据需要不断更新);源服务器中输入主服务器名,数据库为主服务器上的科发软件的数据库名,默认分别为XXCW/XSSFW/KFTYGZ/FADB,如果不是则输入相应的数据库名或点击“刷新”选择,再点“下一步”。

(3) 选择需导出的表(收费/工资跳过该步骤)。默认为cwl,cbm,cbmb,cwmc.budget,ct4.且为必须,以后都是如此。

如果有历年数据且网上需要查询,若前一步骤的起始年份有误,则第一次还需选择以上表(除ct4)的历年表,如wl2006,cbm2006\cbmb2006\cwmx2006,budegt2006等,如前一步骤的起始年份正确,则系统已自动选择,只需检查。以后不需要再选历年表,只需按默认的选择,直接选下一步。

(4) 目标服务器及目标数据库参数设置。输入数据发布服务器或IP地址,数据库分别为KFCW/KFSF/KFGZC,再选下一步完成导出。

如数据发布服务器不和财务内网相连,则需将主服务器上的数据备份后(可用财务/收费/工资/固定资产软件的数据完全按备份功能或用sql备份)经存储介质(U盘或移动硬盘等)恢复到数据发布服务器中(可先在数据发布服务器上安装财务/收费/工资/固定资产软件,再用软件中的数据完全恢复功能),再运用dbtool数据导出系统,此时源服务器和目的服务器均为数据发布服务器,源数据库和目的数据库同上。

3. 信息发布

在数据发布服务器上的控制面板的管理工具中运行 HS(即 Internet 服务管理器,如没有则在控制面板的"添加/删除程序"——"添加/删除 windows 组件"中的"Internet 信息服务 IIS"前打钩进行安装),鼠标右键点击"默认的 WEB 站点",选择"新建——虚拟目录",在别名中输入合适的名称(如 kfweb,以下均以该名为例),在目录中输入或搜索 kefa 目录,连续点击下一步后完成。然后鼠标右键点击该别名,在"属性"中的"文档"中删除已有的默认文档,添加 main. htm 为默认文档,设置完成后退出。鼠标右键点击该别名选择浏览,浏览器应出现系统主页面。

9.5.3 系统设计及查询

1. 后台初始设置

(1) 在浏览器地址栏中输入以下地址以进入后台设置页面,分别进行财务/收费/工资设置。

财务查询:http://localhost/kfWEeb/kfcw/admin/Admin_Index. ASP

收费查询:http://localhost/kfWEeb/kfsf/admin/Admin_Index. ASP

工资查询:http://localhost/kfWEeb/kfgz/admin/Admin_Index. ASP

说明:① 该操作为后台(财务)管理员所使用。② 为了后台管理安全,该页面操作的链接没有放在主页面上,需要管理员在浏览器中输入以上地址。

localhost 可改为数据发布器名,kfWeb 为 IIS 中设置虚拟目录名;

输入用户名:admin;

密码:1234;

进入后台系统(进入后可更改密码)。

(2) 点击"数据源管理"。进行数据源设施(即设置网上查询的数据库是什么),选择"sql"方式,服务器名为数据发布服务器的名字,数据库分为如下:

财务查询:kfcw;收费查询:kfsf;工资查询:kfgz。

Sa 的密码为该数据发布服务器上 sql 的系统管理员密码(默认为空,否则与网管联系)。点击"确定"后显示"数据源设置成功",如不成功请检查相关设置和网络连接。

(3) 点击"形成登录表"。第一次需要,以后不用再做。

(4) 点击"密码管理",选择相应的参数进行密码的批量设置。

说明:财务查询中"按数据源生成密码"是指同步财务软件——对外查询中设置好的已有密码。

(5) 点击"用户管理",设置汇总查询用户,并设置相应的权限(即可查那些部门或项目)。

说明:① 一般这些用户为某部门的负责人,则他的查询权限即为该部门;如是上级领导,则可设置多个甚至所有部门;也可设置该部门下的某些项目。② 财务查询中,如某人为多个课题/项目的负责人,即使他不是该部门的负责人,也可设置相应的用户代码,权限就是他的所有项目。③ 财务查询中,因不同的年份中可能存在不同的项目(或项目),所以需对不同的年份设置不同的部门设置,可先对本年设置后,复制到历史年份。

2. 前端浏览使用

(1) 进入主页面,选择相应的查询,如以财务查询为例。

说明:请将桌面设置成 1024 * 768 的显示模式以达到最佳浏览效果。

(2) 输入项目码/学号/工资号和密码,如财务查询还需选择所查年份。如为领导等综合汇总查询则点击"汇总查询"。

(3) 进入查询后可点击任意栏目排序,如有预算数则点击"预算数(明细)"显示预算下达明细情况,再次点击"预算数(明细)"则折叠起预算明细画面。用户可修改自己的秘密,可打印当前页面。

3. 系统日常维护

(1) 经常检查并确保基本数据没有问题(特别是财务查询的项目账数据,因为有些学校的项目账数据因各种原因本身有些问题,则可在后台管理员页面中密码修改中将项目暂时封存,以避免检查)。

(2) 将项目号(财务软件中)/学号(收费软件中)/工号(工资软件中)/汇总查询用户代码及密码以一定的形式通知广大师生员工。

(3) 在前端所有用户第一次登入后,应及时修改自己的密码,以保证安全。

(4) 如已有财务部门的网站,则可在网站中增加一个查询链接,指向数据发布服务器上建立的虚拟目录的地址,如 HTTP://192.168.0.188/kfWeb。

(5) 每天或定期更新数据,即执行前述 9.5.2.2-(3) 中操作。如使用异常请检查网络连接情况。

(6) 每次数据更新时如数据发布服务器位于财务部门内,则请停止 IIS 服务或断开数据发布服务器和校园网的连接,更新完毕再恢复;如在网络中心等其他部门,则通知网管进行相应的操作。

本章小结

应用计算机网络技术,实现学校网络财务管理的问题,已是学校实现现代财务管理的必然选择。网络财务系统是对学校教学、科研及管理等活动中产生的价值信息即资金流进行采集和处理,为各级管理人员及信息使用者提供相应的汇总、分析、预测和信息的集合。

学校网络财务系统的设计是以实现业务处理、管理职能与会计核算和财务监控的协同管理为目标,依据业务重组理论、决策理论,提供满足决策目标的预测、控制和分析手段,并有效地控制学校的各项支出。

信阳师范学院网络财务系统的运行模式有以下特点:

(1) 根据业务流程重组的原理对会计业务流程进行重组。

(2) 根据事项会计理论,网络财务系统应对各项交易活动的事项进行存储、传递。

(3) 网络财务下会计信息处理方式采用事件驱动处理方式,而非手工系统的单一顺序处理方式。

基于 Intranet 的网络财务系统的实现是一项庞大而又复杂的系统工程,不仅要考虑选择的设备、网络操作系统,网络拓扑结构及资料的安全性等诸多问题,而且要在程序的设计上实现用户接口的友好、操作的方便等。用户在建立基于 Intranet 的网络财务系统时,要因地制宜,理论联系实际,不但要求建立一个高效、安全的网络,而且要注意选择的设备具有良好的性能价格比,更要考虑到计算机技术和网络应用技术的飞速发展,不至于网络系统才建成就处于落后的局面,应使建成的网络系统不但方便实用,而且要跟上时代的潮流。

系统以校园网为依托,校园内部使用局域网,通过校园网与 Internet 相连接。各部门通过光纤接入中心路由交换机,形成典型的星形的星形结构;同时,各部门内部每个HUB(交换机)和计算机连接也为星形的级联,这样既方便了网络的扩充,也为将来财务管理业务功能的扩充打下了基础。

高校预算管理系统从预算草案编制系统开始,经过"两上两下"的预算制定过程完成编制,经学校决策确定进入预算指标分配系统;预算指标分配系统通过会计凭证将指标下达到财务管理系统,同时又通过网上传达到各项目实施部门;预算实施控制系统是将财务管理系统的数据实时或定期获取,并对其实施内容进行控制;预算执行分析系统将已核算并审核的数据进行归类分析,找出差异原因;预算执行反馈系统将分析结果传达到各相关管理者或部门,同时传达到各方的反馈意见,以便加强或调整预算管理目标及实施方案。

使用后,还需要对预算绩效指标进行评价,并对智能网络进行财务分析。

在研发系列高校财务软件(主要有:财务管理软件、收费软件、工资软件)的基础平台上,最新研制采用 B/S(浏览器/服务器)方式的财务信息网上查询系统。

练习题

1. 名词解释

(1) 校园网

(2) 学校管理信息系统

(3) 高校预算管理系统

(4) 平衡计分卡

(5) 网络财务分析智能化

2. 选择题

(1) 如何应用计算机网络技术,实现学校网络财务管理的问题,已是学校实现现代财务管理的必然(   )。

A. 评价　　B. 要求　　C. 影响　　D. 选择

(2) 网络财务的一大特点就是财务信息的(   )生成。

A．延时　　B．后来　　C．实时　　D．将来

（3）B/S 结构的系统相对于传统的 C/S 结构是一个巨大的（　　），越来越多的单位考虑采用 B/S 结构的系统来解决实际应用。

A．变化　　B．进步　　C．跨越　　D．后退

（4）实施校院两级管理模式，（　　）主要是运行预算管理系统通过科学、合理的预测制定目标，并对预算目标的实施情况进行严格的考评。

A．高层管理者　　B．中层领导　　C．基层干部　　D．普通职员

（5）数据发布服务器上安装两块（　　），分别连接财务内网和校园网。这样数据发布到数据发布服务器上简单方便，发布完毕可断开与财务内网的连接，以保证内网安全。

A．硬件　　B．软件包　　C．芯片　　D．网卡

3．判断题

（1）学校的管理，各个部门之间、各种业务之间在分工进一步细致的同时，相互之间的关联却是越来越紧密，运作也更加精密，这就要求网络财务和内部各业务关联系统"无缝连接"，实现财务、业务一体化，财务工作网络化。企业与职工之间是以权、责、劳、绩为依据的在劳动成果上的分配。（　　）

（2）网络财务系统是学校管理信息系统的并非重要组成部分。企业与职工之间是以权、责、劳、绩为依据的在劳动成果上的分配。（　　）

（3）Microsoft SQL Service 是具有工业程度的、企业级大型数据库系统，能够优化查询技术，查询速度不会因处理资料而显著增加，它的安全性、事务处理能力误差均符合事务处理要求。企业与职工之间是以权、责、劳、绩为依据的在劳动成果上的分配。（　　）

（4）科学的监控评价体系是建立高校预算管理系统的必要手段。预算体系建立起来，预算指标分配下去，如何评价预算执行情况成为预算管理的一个很容易的事。企业与职工之间是以权、责、劳、绩为依据的在劳动成果上的分配。（　　）

（5）每次数据更新时如数据发布服务器位于财务部门内，则请停止 IIS 服务或断开数据发布服务器和校园网的连接，更新完毕再恢复，如在网络中心等其他部门则通知网管进行相应的操作。企业与职工之间是以权、责、劳、绩为依据的在劳动成果上的分配。（　　）

4．复习思考题

（1）经过多年的实践，整个学校的会计核算方法、财务工作方式、会计监控和财务实务管理等方面有哪些深刻变化？

（2）网络财务系统是怎样进行总体设计的？

（3）高校预算管理系统是如何进行系统网络结构分析的？

（4）高校预算管理系统具有哪些功能？

（5）智能网络财务分析系统的设计思想是什么？

参考文献

1. John Milan Davis, *The Use of Performance Indicator Systemsin Public Hducation*. Virginia: The College of William AND Wary, 2003.

2. Joseph C. Burke, Henrik Minassians, Linking state re-sources to campus results: From fad to trend-the fifth annual survey. New York: The Nelson A. Rockefeller Institute of Government, 2001.

3. Joseph C. Burke, Henrik Minassians, Linking state re-sources to campus results: From fad to trend-the fifthnnual survey. New York: The Nelson A. Rockefeller Institute of Government, 2001, 23(2).

4. K. M. VAN, *Hec: Information System Engineering*, Cambridge Up, 1994.

5. lamM, Neural network techniques for financial performance prediction: Integrating fundamental and technical analysis. *Decision Support Systems*, 2004(37).

6. Mike Shaipless, David Hogg etc., *Computer and Thought: A Practical Introduction to Artificial Intelligence*, The MIT Press, Cambridge, London, England, 1989.

7. Philip Kotler, *Marketing Management*, The Millennium Edition Prentice-Hall Press, 2000.

8. Sandy Jap, Marketing channels readings, Sloan School of Management at MIT, 1999.

9. Stanley Zarowin, Wayne E., Harding: Business talks the same language, *Journal of Accountancy*, Aug 2000.

10. Tom M. Mitchell, Mitchell, Tom M., *Machine Learning*. (Asia): McGraw-Hill Education, 2003.

11. Tommy M. Onich, The warning signs of financial distress, *Commercial Lending Review*, 2007(1).

12. W. R. Scott, *Financial Accounting Theory*, Prince Hall, Inc., 1997.

13. 常剑锋. 事件驱动型会计信息系统内部控制业务处理和信息处理的风险与控制. 中国管理信息化, 2005(8): 29—32.

14. 陈昂宇, 陈培久. 实现企业信息化控制的 COBIT 模型初探. 计算机与现代化. 2005(1): 48—51.

15. 陈庆保. 实施网络财务——一项系统工程. 当代财经. 2001(3): 71—74.

16. 邓宝玲. 电子商务下的网络财务问题探讨. 商业经济,2005(5):49—50.

17. 冯群英,陆斌. 浅析电子商务条件下的网络财务系统. 财经理论与实践,2001(12):109—110.

18. 〔美〕哈格. 信息时代的管理作息系统. 6 版. 北京:机械工业出版社,2007.

19. 韩丹. 基于电子商务的财务管理研究. 西安电子科技大学. 硕士论文,2005.

20. 何小敏. 基于网络的财务系统解决方案. 安徽电力职工大学学报. 2000(12):80—82.

21. 何玉,张天西. 自愿实施网络财务报告公司的特征研究. 会计研究. 2005(12):77—96.

22. 黄德红. 网络经济下的经济活动创新. 科技创业月刊,2005(4):38—39.

23. 黄洁玲. 浅议电子商务环境下的网络财务软件. 现代商业,2008(24):256—257.

24. 黄莉娟. 基于网络环境下的会计信息系统内部控制研究. 南京大学硕士论文,2007(6).

25. 黄益键. 内部控制体系设计与业务流程研究. 财会月刊,2007(6):16—17.

26. 贾光辉,刘文达. 企业筹资方式探讨. 财经界,2008(2):26.

27. 荆新,王化成,刘俊彦. 财务管理学. 北京:中国人民大学出版社,1998.

28. 李凤艳. 电子商务与网络财务的初步探讨. 辽宁大学学报(哲学社会科学版),2004,32(2):118—122.

29. 李钢,陈萍,齐二石. 综合评价指标体系设计及其在企业信息化中的应用. 计算机成制造系. 2008(1):96—101.

30. 李萍,胥璞. 基于 INTERNET/INTRANET 技术的网络财务管理模型. 中国管理信息化,2007(10).

31. 梁惠金. 电子商务环境下企业实施网络财务的对策. 闽西职业大学学报. 2001(2):29—35.

32. 刘群,章卫东. 财务管理学. 北京:中国人民大学出版社,2008.

33. 刘志远,刘洁. 信息技术条件下的企业内部控制. 会计研究,2001(12):32—36.

34. 卢燕. 事件驱动会计信息系统风险与内部控制设计. 南京审计学院学报,2007(5):49—52.

35. 吕巍. 电子商务与网络财务. 沈阳大学学报,2003,15(1):24—26.

36. 马光华. 电子商务与网络财务. 商场现代化,2006(9):95—96.

37. 孟卫东,刘斌,李嘉明. 网络财务. 北京:电子工业出版社,2001.

38. 彭郧. 电子商务中的网络财务问题研究. 武汉理工大学经济学院,2002.

39. 任迎伟. 电子商务中的网络管理的冲击与创新. 西华大学学报,2004(10):44—46.

40. 邵兵家. 电子商务概论(第 2 版). 北京:高等教育出版社,2006.

41. 王棣华. 网络财务信息系统的实施方案研究. 财会研究. 2002(12):30—31.

42. 王化成. 公司财务管理. 北京:中信出版社,2008.

43. 王笑娜. 基于电子商务的网络财务管理. 大连海事大学硕士论文,2006.

44. 王鑫. 电子商务基础. 北京:清华大学出版社,2006.

45. 王元珑. 企业网络化管理. 成都:四川科技出版社,2006.

46. 魏丽娟. 网络财务管理研究. 广东工业大学硕士论文,2006.

47. 吴万盛. 网络环境下会计信息系统内部控制研究. 西北农林科技大学硕士论文,2007(5).

48. 阎达五,张瑞君. 会计控制新论——会计实时控制研究. 会计研究,2003(4):3—9.

49. 杨涛. 网络会计信息系统内部控制研究. 重庆大学硕士论文,2007(5).

50. 杨周南. 论会计管理信息化的 ISCA 模型. 会计研究,2003(10):30—33.

51. 殷功芹. 网络环境下企业财务风险控制. 中国水运(理论版·社会科学),2006,4 (2):162—163.

52. 余锋. 网络财务相关问题的探讨. 暨南大学,2000.

53. 云文. "网络财务"的应用前景与实施条件. 商业会计. 2006(3):59—60.

54. 张克友. 网络财务理论及应用研究. 郑州:郑州大学出版社,2009.

55. 张晓旭. 试论企业财务风险管理. 中国西部科技,2008,7(29):72—73.

56. 章壮洪,张小丽. 电子商务下的网络财务初探. 山西财经大学学报,2001,23(6):91—94.

57. 邹志波. 网络理财学. 北京:中国财政经济出版社,2001.

附录　参考答案(部分)

第 1 章

1.（略）

2.（1）A（2）B（3）C（4）D（5）A

3.（1）√（2）×（3）√（4）×（5）√

4.（略）

第 2 章

1.（略）

2.（1）A（2）A（3）B（4）B（5）C

3.（1）×（2）√（3）×（4）√（5）×

4.（略）

第 3 章

1.（略）

2.（1）A（2）B（3）C（4）D（5）A

3.（1）√（2）√（3）×（4）√（5）√

4.（略）

第 4 章

1.（略）

2.（1）A（2）B（3）C（4）D（5）A

3.（1）√（2）√（3）√（4）×（5）×

4.（略）

第 5 章

1.（略）

2.（1）A（2）A（3）A（4）B（5）B

3.（1）√（2）√（3）×（4）×（5）√

4.（略）

第 6 章

1.（略）

2.（1）A（2）B（3）C（4）D（5）A

3.（1）√（2）×（3）√（4）×（5）√

4.（略）

第7章

1.（略）

2.（1）A（2）B（3）C（4）D（5）A

3.（1）×（2）√（3）×（4）√（5）×

4.（略）

第8章

1.（略）

2.（1）A（2）B（3）C（4）D（5）A

3.（1）×（2）√（3）×（4）√（5）×

4.（略）

第9章

1.（略）

2.（1）D（2）C（3）B（4）A（5）D

3.（1）√（2）×（3）√（4）×（5）√

4.（略）

教师反馈及教辅申请表

北京大学出版社以“教材优先、学术为本、创建一流”为目标，主要为广大高等院校师生服务。为更有针对性地为广大教师服务，提升教学质量，在您确认将本书作为指定教材后，请您填好以下表格并经系主任签字盖章后寄回，我们将免费向您提供相应教辅资料。

书号/书名/作者			
您的姓名			
校/院/系			
您所讲授的课程名称			
每学期学生人数	______ 人　　_____年级	学时	
您准备何时用此书授课			
您的联系地址			
邮政编码		联系电话（必填）	
E-mail（必填）			
您对本书的建议：		系主任签字 盖章	

我们的联系方式：

北京大学出版社经济与管理图书事业部

北京市海淀区成府路 205 号，100871

联 系 人： 徐　冰

电　　话： 010-62767312 / 62757146

传　　真： 010-62556201

电子邮件： xubingjn@yahoo.com.cn　em@pup.cn

网　　址： http://www.pup.cn